Idee, redaktionelle Koordination, Herausgeber und Mitautor:
Claus-Peter Hutter
Autoren:
Dr. Gottfried Briemle,
Dipl.-Ing. Landespflege Conrad Fink
Wissenschaftliche Beratung:
Prof. Dr. Hans-Dieter Knapp, Intern. Naturschutzakademie Insel Vilm
Dr. Jürgen Marx, Landesanstalt für Umweltschutz Baden-Württemberg, Karlsruhe
Prof. Dr. Gerhard Thielcke, Bund für Umwelt und Naturschutz Deutschland, Radolfzell
Dr. Frank Neuschulz, Projekt Nationalpark Unteres Elbtal, Gorleben
Dr. W. Dietl, Eidg. Forschungsanstalt für landwirtschaftlichen Pflanzenbau, Zürich
Dr. Karl Buchgraber, österr. Bundesanstalt für alpenländische Landwirtschaft, Gumpenstein

Bibliographische Information der Deutschen Bibliothek

Die Deutsche Bibliothek verzeichnet diese Publikation in der Deutschen Nationalbibliografie; detaillierte bibliografische Daten sind im Internet unter http://dnb.ddb.de abrufbar.

ISBN 3-7776-1190-5

Wiesen, Weiden und anderes Grünland ist die überarbeitete Neuausgabe des ursprünglich im Weitbrecht Verlag erschienenen Buches.

Ein Markenzeichen kann warenzeichenrechtlich geschützt sein, auch wenn ein Hinweis auf etwa bestehende Schutzrechte fehlt.

Jede Verwertung des Werkes außerhalb der Grenzen des Urheberrechtsgesetzes ist unzulässig und strafbar.
Das gilt insbesondere für Übersetzungen, Nachdruck, Mikroverfilmung oder vergleichbare Verfahren sowie für die Speicherung in Datenverarbeitungsanlagen.

© 2002 S. Hirzel Verlag, Birkenwaldstraße 44, 70191 Stuttgart
Printed in Germany
Layout: Walter Lachenmann, Schaftlach
Technische Zeichnungen / Grafiken: Wolfgang Lang, 71120 Grafenau
Einbandgestaltung: Neil McBeath, Stuttgart
Satz, Druck und Bindung: Universitätsdruckerei H. Stürtz AG, Würzburg

Hirzel BiotopBestimmungsbücher

Inhalt

Kleine Wiesenkunde

Die ersten Urwiesen · Wiesen in Europa · Das Auf und Ab der Wiesen 7

Die Weidegründe des Mammuts – Zur Entstehung von Wiesen und Weiden 8
Keine Wiese gleicht der anderen 15
Natürliches Grünland (Naturrasen) 26
Wiesen, die eigentlich keine sind 29
Landschaftsökologische und gesellschaftliche Funktionen des Grünlandes. 38

Wiesen, Weiden und anderes Grünland erkennen, bestimmen, schützen

Steckbriefe zu den einzelnen Grünland-Biotoptypen . . 47

Welcher Biotop ist das? 48

Das Ende der Wiesen und Weiden

Der Strukturwandel in der Grünlandwirtschaft · Die Gefährdung von Wiesen und anderem Grünland 103

Bauernsterben – Wiesensterben – Artensterben 113

Die Aktion

Schutz und Erhaltung artenreicher Wiesen, Weiden und anderer Grünlandbiotope · Ansatzpunkte · Konkrete Maßnahmen · Praktische Ratschläge 119

Grünes Grünland oder buntes Grünland? 120
Programme für Landwirtschaft, Landschaft und Natur. 122
Wiesenschutzprogramme und Artenschutz. 125
Kleines Lexikon zum Wiesen-Biotopschutz 143

Anhang

Wichtige Kontaktadresse zu Fragen des Arten- und Biotopschutzes 146
Literatur. 148
Herausgeber. 149
Autoren 150
Bildnachweis 150
Stichwortverzeichnis 151

Wiesen, Weiden und anderes Grünland

Biotope erkennen, bestimmen, schützen

Claus-Peter Hutter
Gottfried Briemle
Conrad Fink

Hirzel

Gaukelnde Schmetterlinge, summende und brummende Bienen und Hummeln und eine überschwängliche Blütenfülle zwischen filigranen Gräsern; so oder ähnlich stellen wir uns die Welt der Wiesen vor und verknüpfen vielfach damit auch Kindheitserinnerungen.

Wiesen und Weiden sind nicht nur Bindeglieder von Natur und Kultur, sondern auch ein Stück Heimat. Geht nicht ein Stück Heimat verloren, wenn wir an Orte der Kindheit oder eines früheren Urlaubs kommen und ein Wiesenstück, das uns mit seiner bunten Blumenpracht begeisterte, nicht mehr da ist, weil es, wie so viele andere, der landwirtschaftlichen Intensivierung zum Opfer gefallen ist?

Vieles geht verloren, bevor wir genug darüber wissen. Wie sind die ersten Weiden entstanden? Wie unterscheiden sich die verschiedenen Wiesentypen? Woher kommen überhaupt die Wiesenpflanzen und warum werden die blumenbunten Wiesen immer seltener? Hierüber gibt das Buch „Wiesen, Weiden und anderes Grünland" Auskunft.

Es zeigt die naturhistorische und kulturhistorische Entstehungsgeschichte der Wiesen und Weiden auf und hilft durch gesonderte Steckbriefe, die verschiedenen Gründlandtypen des westlichen Mitteleuropa zu erkennen und zu bestimmen. Denn um Biotope als solche überhaupt erst einmal zu kennen, müssen wir wieder lernen, in den Landschaften zu lesen. Von den Salzwiesen der Nordsee über die typischen Magerrasen und Streuwiesen bis zu den Almen der Alpen erläutert dieser Band aus der Reihe BiotopBestimmungsBücher alles Wissenswerte über die vielfältigen Grünlandbiotope und deren Erhaltung in unseren faszinierenden Landschaften.

In einer Zeit, in der das Wissen um die Zusammenhänge in der Natur immer mehr schwindet, versteht sich das Buch auch als Liebeserklärung an Heimat und Landschaft, als Naturerlebnisführer und als praktische Handlungsanleitung zum Biotopschutz für unsere Wiesen- und Weidenbiotope.

Claus-Peter Hutter

Wie mit zarten Schleiern bedecken Nebelschwaden den Talgrund. Nur spärlich dringen die Strahlen der Morgensonne auf die Erde. Doch sie reichen aus, um mit ihrer ,,Wärme den noch kühlen Boden zum Dampfen zu bringen. Noch ist es still im Tal. Wenig später durchbricht das monotone Motorengeräusch eines schweren Traktors die Ruhe. Ein riesiger Pflug hängt am schweren Schlepper und senkt sich, durch hydraulische Kraft gesteuert, langsam auf die Wiese.

Der Landwirt gibt Gas. Wie spitze Messer graben sich jetzt die stählernen Pflugscharen in die Grasnarbe, die sie fast zentimetergenau umwenden. Schlaufe um Schlaufe zieht der Bauer mit seinem Schlepper. Zwei Stunden später ist von der Wiese nichts mehr übrig. Dort, wo noch im vergangenen Jahr Kiebitze brüteten, Kuckuckslichtnelken und Sumpfdotterblumen am Wiesengraben um die Wette leuchteten und Ringelnattern durch das Gras schlängelnd auf Froschjagd gingen, dehnt sich jetzt eine nackte Ackerfläche. Schon bald wird hier Mais eingesät werden, wie in so vielen Gegenden Deutschlands, Luxemburgs, Österreichs und der Schweiz.

Überall in Mitteleuropa waren die Bauern gezwungen, durch Intensivierung der Landnutzung die Erträge zu steigern, um einer schier unersättlichen Gesellschaft immer mehr und immer billigere Produkte zu liefern. Weil aber diese Gesellschaft – zu der wir letztlich alle gehören – bis heute kaum bereit ist, die Produkte der Landwirte so zu bezahlen, dass auch die landschaftspflegerischen Leistungen honoriert werden, konnten die Bauern nur noch über die Steigerung der Mengen einigermaßen am Einkommensniveau mithalten. Und das ging oft auf Kosten einer in Jahrhunderten gewachsenen, durch Sense, Mähbalken und die Mäuler des Weideviehs entstandenen Kulturlandschaft. Auf Kosten einer überaus reichen Tier- und Pflanzenwelt. Auf Kosten der Böden, des Grundwassers und letztlich auf unsere eigenen Kosten.

Es ist schon ein Dilemma. Dort, wo die Landwirtschaft als Landschaftspfleger gebraucht würde, damit etwa Halbtrockenrasen erhalten bleiben, hat sie sich zurückgezogen. Und dort, wo eine weniger intensive Bewirtschaftung erforderlich ist, damit Natur, Landschaft und Kultur wieder in das Gleichgewicht kommen, wird immer intensiver gewirtschaftet, sind die Wiesen zu artenarmen Grasäckern geworden.

Die Vielfalt der Grünlandbiotope als eines der wesentlichsten Elemente unserer Kulturlandschaften kann nur dann erhalten und wiederhergestellt werden, wenn die heute zu Agrarproduzenten degradierten Landwirte wieder zu Bauern werden können. Das muss uns höhere Preise wert sein. Und dies erfordert eine Landwirtschaftspolitik, die sich an den jeweiligen Regionen und deren Menschen orientiert. Wir brauchen Landwirte, die auch ökologische Erfordernisse in ihre Arbeit einbeziehen und nicht auch noch den letzten Ackerrandstreifen – von dem ihre Existenz nun wirklich nicht abhängt – unter den Pflug nehmen. Und wir brauchen ein neues Naturverständnis.

Doch Umwelt kann nur schützen, wer Natur kennt. Wie unterscheidet sich die Pflanzen- und Tierwelt einer Mähwiese von einem beweideten Halbtrockenrasen? Wie entstanden überhaupt Wiesen und Weiden? Und wie kann das Grünland so erhalten werden, dass auch die Kinder kommender Generationen noch bunte Muttertagssträuße pflücken können?

Zu diesen und anderen Fragen will dieses Buch aus der Reihe *BiotopBestimmungsBücher* Antworten geben, konkrete Schutzmöglichkeiten aufzeigen und Mut machen. Mut zu einem anderen Umgang mit Natur und Landschaft und somit mit unseren eigenen Lebensgrundlagen.

Kleine Wiesenkunde

Die ersten Urwiesen

Wiesen in Europa

Das Auf und Ab der Wiesen

Kleine Wiesenkunde

Die Weidegründe des Mammuts – Zur Entstehung von Wiesen und Weiden

Wir versetzen uns in das Jahr 42 000 vor unserer Zeitrechnung. Der kurze sibirische Sommer geht zu Ende. Über die Weiten der spärlich bewachsenen Tundra trottet gemächlich eine kleine Herde der größten Landsäugetiere, die je in unserer Hemisphäre gelebt haben. Die größten unter ihnen sind viereinhalb Meter hoch und gut vier Tonnen schwer. Ein zottiges, bis zu einem halben Meter langes Fell schützt sie vor den eisigen Stürmen und den langen Wintern, die kennzeichnend für diese eiszeitliche Erdepoche sind. Mit ihren weit ausladenden gebogenen Stoßzähnen, die wahrscheinlich im Winter als Schaufeln dienten, um die Nahrung unter dem Schnee freizulegen, machen die Mammuts einen wahrhaft imposanten Eindruck. Geschickt rupfen sie mit ihren Rüsseln Vegetation vom Boden ab, um sie sich einzuverleiben.

Die Herde wandert vor dem hereinbrechenden Dauerfrost auf der Suche nach Weidegründen im heutigen Jakutien entlang eines Steilabbruchs am Beresowkafluss, als der aufgeweichte Boden unter einem der schweren Tiere plötzlich nachgibt. Der elefantenähnliche Koloss hat keine Chance mehr. Unaufhaltsam rutscht der massige Körper die steile Böschung hinab und wird vom nachfolgenden Geröll begraben.

Das erste Urgrasland gab es während den Eiszeiten, als gewaltige Mammut-Kolosse weite Teile Eurasiens bevölkerten. Wissenschaftler haben herausgefunden, dass die Mammuts auf den steppenartigen Urwiesen weideten.

44 000 Jahre später, im Jahre 1901, wird unser Mammut fast unversehrt entdeckt. Das Tier muss bei minus 65° Celsius sozusagen schockgefroren worden sein und hat sich so als Eismumie über diesen langen Zeitraum hinweg erhalten. Das „Beresowka-Mammut" ist das einzige erwachsene Tier dieser Art, das in einem solch vollständigen Zustand gefunden wurde. Sogar der Mageninhalt des Mammuts war noch erhalten. Er bestand hauptsächlich aus Gräsern und Seggen. Aus den in der Pflanzenmasse enthaltenen Blütenpollen konnten russische Forscher ermitteln, dass sich die damalige Vegetation zu 97 Prozent aus Gräsern zusammensetzte. Auch die Struktur der Mammutzähne und der Rüsselspitze deuten auf die Grasnahrung hin. Das Mammut war also ein Tier des offenen Graslandes.

Die altweltlichen Mammuts, deren Art über Hunderttausende von Jahren auf der Erde existierte, waren über ganz Sibirien und Zentralasien verbreitet und lebten zwischen Südskandinavien, Nordspanien und dem heutigen Mitteleuropa. Zwischen den Eiszeiten gab es auch in den Niederungen des heutigen Mitteleuropa weitflächige Grasländereien, Urgrünland also, das so gar nicht an die typischen Wiesen aus den Bilderbüchern oder an das Grünland vor den Toren der Dörfer und Städte erinnert.

Auch heute gibt es noch Urgrasland

Auch in unserer Zeit sind noch ausgedehnte Steppen und Grasländer zu finden. Weite Gebiete in Sibirien, Skandinavien, Innerasien und Nordamerika geben eine Vorstellung von der damaligen Vegetation. Sie sind die Heimat von Steppen- und Reitervölkern wie den Mongolen und den kriegerischen Horden eines Dschingis Khan sowie der Tataren, die unter ihren Sätteln das Fleisch weich ritten. Die bei uns bekannte Fleischspeise, das Tatar, ist deshalb nach diesem Steppenvolk benannt. Auch die in Innerasien beheimateten Kirgisen, ebenfalls eine Kultur von Hirten und Nomaden, lebten in den Steppen. Diese sind übrigens auch die Heimat unserer Hauspferde und des asiatischen Wildesels. Gibt es vom Wildesel noch freilebende Restpopulationen, so ist das Wildpferd um 1950 in der freien Wildbahn ausgestorben. Nur in zoologischen Gärten gelang es, das Mongolische Wildpferd, das so genannte Przewalski-Pferd, aus Mischlingen rückzukreuzen. Eine freilebende Population konnte aber nicht mehr aufgebaut werden.

Europäische Ausläufer dieser innerasiatischen Steppen sind die Schwarzerdegebiete an Don und Wolga in Russland, die heute wegen ihrer Fruchtbarkeit zu Ackerland umgebrochen und intensiv bewirtschaftet werden. Auch die Puszta in Ungarn, von

Große ausgedehnte Naturwiesen finden sich heute noch in den noch nicht von der Agrarproduktion erreichten Savannenlandschaften Afrikas. Auch diese Naturwiesen werden beweidet. Seit Jahrtausenden grasen hier Zebras, Gnus und andere Savannenbewohner.

der heute nur noch kulturhistorische, museale Reste existieren, bestand ehemals aus solchen steppenartigen Gebieten. Berittene Hirten trieben hier die langhörnigen ungarischen Graurinder und Herden der Zackelschafe über das Grasland und tränkten sie an den dort typischen Ziehbrunnen. Einst reichte dieses Wiesenland bis nach Wien, und man konnte bis tief nach Ungarn hinein durch Steppengebiet reiten. Heute gibt es die typische Puszta nur noch im Gebiet des Hortobagy-Nationalparks und einigen Randgebieten. Überall dehnen sich jetzt Kartoffel-, Getreide- und Gemüsefelder aus.

Außer diesen kälteangepassten Grasländereien gibt es heute in wärmeren Zonen ausgedehnte trockene und wärmeliebende natürliche Graslandschaften wie etwa die Savannen Afrikas mit den großen weidenden Tierherden. Diese sind von dem weltbekannten Tierschützer Professor Grzimek in dem Film *Serengeti darf nicht sterben* festgehalten worden. Beim dortigen „Grünland" handelt es sich um trockenheiße Grasländer mit solitären Schirm-Akazien und Dornengebüschen, über deren riesige Weiten Herden von Zebras, Gazellen, Strauße, Giraffen und Gnus ziehen, wiederum im Gleichgewicht mit Großraubkatzen wie Löwen oder Geparden. In eingespielten alten Ökosystemen wie diesen hat auch der Mensch seinen festen Platz und half unbewusst, das ökologische Gleichgewicht zu erhalten. So lebten Nomadenvölker mit ihren Herden ebenfalls in Savannen und Steppengebieten – in Afrika etwa die Watussi mit den gleichnamigen großhörnigen Rindern.

Auch in der Neuzeit hat der Mensch solche Grasländereien genutzt, indem er die natürlichen Tierherden systematisch reduzierte und an deren Platz sein Nutzvieh stellte. Bekanntestes Beispiel sind die Great Plains, die einstigen Prärieflächen in Nordamerika. Als die Europäer Amerika besiedelten, stießen sie auf riesige Bisonherden, die bis zum Horizont auf diesen schier endlosen baumfreien Flächen weideten und mit den Indianern im Gleichgewicht lebten. Durch das Abschießen dieser Bestände sind die Büffelherden fast ausgerottet worden. Der bekannteste Büffelschlächter war übrigens Buffalo Bill. An ihrer Stelle grasen heute Viehherden, die die Cowboykultur und den Mythos des Wilden Westens prägten. In Südamerika sind es die Gauchos, berittene Hirten, die ihr Vieh im weiten Grasland der Pampa weiden. Aus der Pampa stammt übrigens auch das Pampasgras, das zur Modeerscheinung in unseren Ziergärten wurde und mancherorts sogar schon die obligate Blaufichte in Einheitsgärten verdrängte.

Zur Geschichte dieser natürlichen Grasländereien gehört auch die Geschichte der verwilderten Hauspferde, die sich in solchen trockenen Steppengebieten wieder vermehren und natürliche Bestände bilden konnten. Bekanntester Vertreter ist Fury, der schwarze Hengst, der vielen noch aus dem Fernsehprogramm ihrer Kindertage bekannt sein dürfte. Auch in Australien gibt es solche verwilderten Pferdeherden und auch verwilderte Dromedare, die in trockenen Steppen und Grasländereien neuen Lebensraum erobern konnten, teilweise auf Kosten der ursprünglichen Tierwelt und teilweise auch in Konkurrenz zu den Viehzüchtern, die sie in Amerika und Australien gnadenlos verfolgen.

Gemeinsam ist allen diesen trocken- und wärmebetonten, ebenso wie den kälteangepassten Graslandschaften, dass sie weitgehend baumlos sind. Das Fehlen von Bäumen hängt damit zusammen, dass dort zu wenig Regen fällt und das Klima keinen Waldwuchs erlaubt. Anders ist dies in Bereichen, wo Wald wächst, etwa in den Laubwaldzonen Mitteleuropas, den Zonen des borealen (d.h. im Bereich des Polarkreises gelegenen) Na-

Kleine Wiesenkunde

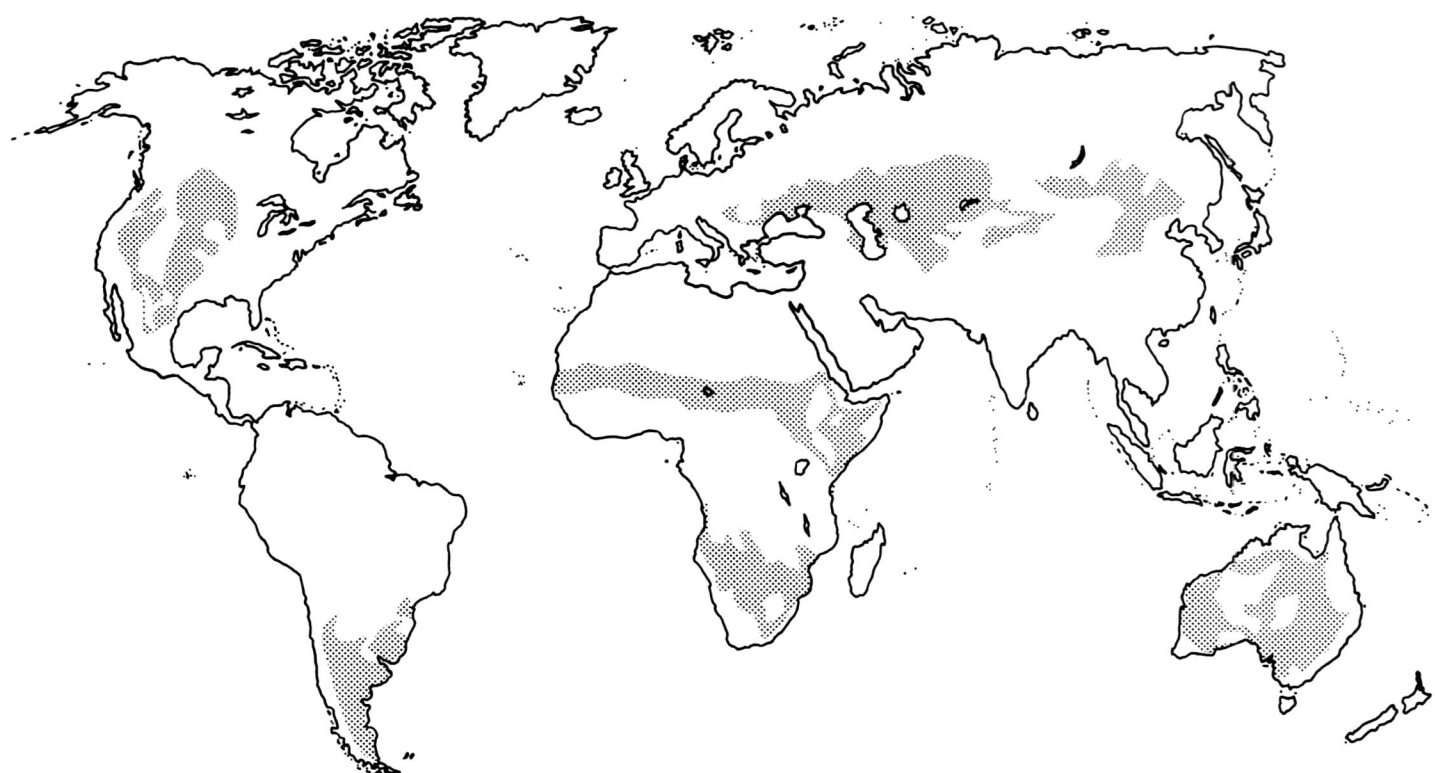

Natürliche Vorkommen von Grasländereien wie Trockensavannen, Langgrassteppen und winterkalte Steppen.

delwaldes in Nordamerika und Russland oder den Zonen des tropischen Regenwaldes in den Ländern der Dritten Welt.

Wiesen in Mitteleuropa

Ein Mosaik aus Feldern, Hecken, Gehölzen, Wäldern und Siedlungen prägt in weiten Teilen das Landschaftspuzzle Mitteleuropas. Großflächige, fast geschlossene Waldgebiete finden sich neben den alpinen Waldgürteln nur noch im Harz, Westerwald, Thüringer Wald, Erzgebirge, Fichtelgebirge, Bayerischer Wald, Pfälzer Wald, Odenwald, Schwarzwald und anderen zentraleuropäischen Mittelgebirgen.

Das war nicht immer so. Noch vor 10 000 Jahren, nach der letzten Eiszeit, war Mitteleuropa ein reines Waldland. So hatten die Römer, die in den Gallischen Kriegen versuchten, die germanischen Völker Nordeuropas zu unterwerfen, noch mit den Widrigkeiten der germanischen Urwälder zu kämpfen. Überliefert ist, wie Arminius, der Cheruskerfürst, den römischen Feldherrn Quintilius Varus im Jahre 9 n. Chr. in das unbekannte Gebiet des Teutoburger Waldes lockte. Drei Legionen des Varus wurden bei diesem wohlvorbereiteten Überfall vernichtet.

Warum ist Mitteleuropa denn ein Waldland? Das hängt mit den Niederschlägen zusammen. Dort, wo weniger als 400 mm Regen oder Schnee pro Jahr fallen, ist es für Bäume zu trocken. Es reicht höchstens für Trockenrasen und Steppen. Für Mitteleuropa gilt das nicht: Jährliche Niederschläge von über 400 mm garantieren die Entwicklung von geschlossenem Wald. Ganz Mitteleuropa war deshalb vermutlich mit einer nahezu geschlossenen Walddecke – vornehmlich Laubmischwäldern – überzogen. Erst der Mensch hat diese Walddecke aufgerissen. Vor der Besiedlung durch den Menschen war die mitteleuropäische Waldlandschaft nämlich nur an wenigen Stellen, die Waldwuchs nicht zuließen, waldfrei. Dies sind die salzigen Marschen und windbewegten Dünen an der Küste, übernasse und nährstoffarme Moore, Felsschroffen, Steinschutthalden und Lawinenbahnen in den Gebirgen sowie die Standorte oberhalb der klimatischen Baumgrenze. Hier konnten sich auch wiesen- und rasenähnliche natürliche Pflanzengesellschaften, die so genannten Urrasen, entwickeln, in denen Bäume und Sträucher fehlen. Lebensgemeinschaften wie die alpinen Kalkmagerrasen oder die Salzwiesen gehören zu den interessantesten und buntesten in Europa.

Auch niedrigwüchsige Vegetationsformen, die uns vorkommen, als ob sie von Natur aus waldfrei wären, z. B. die Sandheiden Nordwestdeutschlands und die Steppenheiden der südmitteleuropäischen Kalkgebirge, bewalden, wenn sie nicht mehr beweidet oder abgebrannt werden.

Verglichen mit der nordamerikanischen Flora nimmt die europäische eine Sonderstellung ein, da während der wiederholten Vereisung zahlreiche kälteempfindliche Arten ausgestorben sind, die sich in der wärmeren Tertiärzeit davor hier ausgebreitet hatten. In Amerika ist dies nicht geschehen, weil die Pflanzen in die südlicheren Breiten ausweichen konnten, während sich ihnen in Europa Gebirge und das Mittelmeer in den Weg stellten. Es wird vermutet, dass sich auch in den natürlichen „Urwäldern" unserer Breiten durch Sturmschäden, das Umstürzen alter Bäume, die Nagetätigkeit der Biber oder auch durch Waldbrände lichtreiche Inseln im Waldbestand bildeten. Diese Lichtungen trugen zeitweilig grasartige, niedrigwüchsige Vegetationsformen. In den nacheiszeitlichen Wäldern schufen pflanzenfressende Wildtiere wie der Wisent oder der Auerochse, die bis ins Mittelalter vertreten waren, sowie Elche, Hirsche und Rehe weideähnliche Plätze auf diesen Inseln – besonders an ihren Ruheplätzen und Wechseln. Der Wisent, das europäische Gegenstück zum amerikanischen Bison, und der Auerochse waren beide waldbewohnende Rinderarten, die in diesen Urwäldern lebten und die ersten Grasinseln im Wald schufen.

Der Auerochse ist der Urahn unseres Hausrindes und inzwischen ausgerottet. Der letzte wurde 1627 in Polen erlegt. Glück dagegen hatte der Wisent, er wurde aus letzten Exemplaren in zoologischen Gärten nachgezüchtet und ist jetzt wieder in einigen kleinen Gebieten Polens und Russlands heimisch.

Wie entstanden Wiesen und Weiden?

Nach der Eiszeit gab es in Mitteleuropa keine Wiesen und Weiden mehr. Nur die alpinen Matten oberhalb der Baumgrenze im Gebirge, karge Felspartien, die Salzwiesen an der Meeresküste und Moorgebiete waren baumfrei oder nur mit niedrigen Kräutern bewachsen.

Der überwiegende Teil dessen, was wir heute als Grünland – ein Überbegriff für Wiesen und Weiden – bezeichnen, ist Kulturgrünland. Es entstand durch die Arbeit der Bauern, Hirten, Schäfer und Sennen, die dort ihr Vieh mit Nahrung versorgten. Zum einen, indem sie ihre Tiere zur Weide trieben oder Frisch-

Manche Wissenschaftler vermuten, dass sich die europäischen Urrinder die ersten Wiesen in dem nach den Eiszeiten fast nahezu geschlossenen Waldland selbst geschaffen haben. Die Tiere haben in Lichtungen, die etwa nach Blitzschlag entstanden, geweidet und dabei auch jung aufkommende Bäume regelmäßig abgefressen. So fanden sich die ersten Gräser, Kräuter und andere Pflanzen zu „Waldwiesen" zusammen.

futter schnitten, mit dem sie das Vieh im Stall fütterten, zum anderen, indem sie das Winterfutter in Form von Heu gewannen. Auch die Einstreu für den Stall holten die Bauern in vielen Gegenden von den Wiesen. So waren etwa die Streuwiesen des Alpenvorlandes, die erst spät im Jahr geschnitten wurden, dort ein wichtiger Lieferant für Streu, wo kein oder wenig Stroh zur Verfügung stand.

Wenn wir Feuchtwiesen, Halbtrockenrasen oder Magerrasen als Naturschutzflächen ausweisen und erhalten wollen, müssen wir uns immer gewärtig sein, dass es sich bei den meisten dieser Flächen nicht um Naturlandschaften handelt. Es sind typische Kulturlandschaften oder Halbkulturlandschaften. Es reicht deshalb nicht aus, sie unter eine „Käseglocke" zu stellen, sondern wir müssen Wege finden, wie die bisherige Nutzung fortgesetzt oder nachgeahmt werden kann. Denn eine Aufgabe jeglicher Pflege würde bedeuten, dass sie nach und nach verbuschen und im Lauf der Jahrhunderte wieder zu einem dichten Wald werden würden.

Wiesen werden also von der Landwirtschaft erhalten; aber die Landwirtschaft war es auch, die mit der Zerstörung dieses Elements aus Natur und Kultur begann. Mit der durch Justus von Liebig entwickelten künstlichen Mineraldüngung und dem Einsatz leistungsstarker Landmaschinen veränderte sich Ende des 19. Jahrhunderts die Bewirtschaftung der landwirtschaftlichen Flächen. Während auf der einen Seite mit Hilfe von Pflug und

Dünger zunehmend Ackerland geschaffen wurde, blieben andererseits extensiv bewirtschaftete Flächen als Sozialbrache liegen. Insbesondere Extensivweiden wie die Heiden Norddeutschlands, die Hutungen der Schwäbischen Alb, die Grinden des Schwarzwalds und andere schafbeweidete Magerrasen wurden aufgegeben – sie verbuschten oder bewaldeten wieder.

Mit den nunmehr zur Verfügung stehenden mineralischen Düngern können auch stark verarmte Böden wieder ertragreich gemacht werden. Deshalb bezogen die Landwirte Teile der Heiden und Magerrasen mit in die Ackerflur ein, die sich dadurch in Mitteleuropa stark ausdehnte.

Auf den Randhöhen des Schweizer Mittellandes, der Schwäbischen Alb und in anderen Mittelgebirgen war jedoch auch ein Rückgang der früheren, weniger ertragreichen Ackerflächen zu beobachten. In den nordwestlichen Randzonen der Alpen und im nördlichen Alpenvorland wurde der Ackerbau zugunsten der Grünlandwirtschaft ganz aufgegeben. Wenn Urlauber also heute die sattgrünen Fluren im Bereich des Allgäu bewundern, so haben sie ein Landschaftsbild vor sich, das in dieser Form gerade erst rund 100 Jahre alt ist.

Etwas vom Geist dieser Zeit spiegelt das Buch des bekannten deutschen Grünlandforschers Ernst Klapp *Wiesen und Weiden* (Ausgabe 1938) wider. Zitat des damaligen Reichsbauernführers: „Im Grünland liegen die größten Reserven! (…) gewaltige Flächen ehemals gegebenen Wiesenlandes verdienen heute diesen Namen nicht mehr; sie sind reif zur Weide- oder Ackernutzung, d.h. zu höherer Leistung." – Soviel aus dem Vorwort zu diesem Buch, dessen Inhalt sich mit Urbarmachung, Ödlandkultur, Entwässerung, Düngung und Neuansaat beschäftigt, d.h. mit Themen einer hungrigen Zeit, die wir uns am Anfang des 21. Jahrhunderts in einer satten Wegwerfgesellschaft gar nicht mehr vorstellen können. Zahlreiche Moore und Feuchtgebiete sind damals durch den Reichsarbeitsdienst entwässert und kultiviert worden.

Das stürmisch verlaufende Wirtschaftswachstum, insbesondere in Deutschland, führte dann etwa ab 1960 zu einem rasanten Strukturwandel in der Landwirtschaft. Kleinbetriebe wurden zunehmend unrentabel. Landwirtschaft unter erschwerten Bedingungen, wie z.B. im Gebirge oder auf sonstigen Grenzertragsflächen, lohnte nicht mehr. Große Flächen wurden nicht mehr bewirtschaftet und fielen brach. Letzteres dauert in verstärktem Maße bis heute an. Für das Gebiet der alten Bundesrepublik Deutschland betrug diese so genannte Sozialbrache schon 1965 etwa 150 000 Hektar.

Das Brachfallen landwirtschaftlicher Fläche ist in der Agrargeschichte ein durchaus wiederholt auftauchendes Phänomen, das mit sozioökonomischen oder kriegerischen Ereignissen zusammenfällt, z.B. während Wüstungsperioden im 14. und 15. Jahrhundert oder im 30-jährigen Krieg 1618–1648.

Besonders in jüngerer Zeit wurden in den Ballungsräumen beste Böden aufgegeben und dem Bauboom geopfert. Parallel dazu wurde die Bewirtschaftung der verbliebenen landwirtschaftlichen Nutzfläche immer intensiver und naturferner. Die Menge der produzierten Nahrungsmittel stieg trotz Flächenrückgang auf ein Vielfaches der vormaligen Nahrungsmittelerzeugung an!

Aus Wäldern wurden Wiesen

Im Spätsommer des Jahres 1991 fand ein Ehepaar, das auf einer Bergtour in den Ötztaler Alpen war, am Hauslab-Joch einen gut erhaltenen menschlichen Körper, der im Eis des Similaun-Gletschers steckte. Was zunächst wie die Reste eines verunglückten Alpinisten unserer Tage aussah und gerichtsmedizinisch behandelt wurde, entpuppte sich als einer der sensationellsten archäologischen Funde des 20. Jahrhunderts.

Der beinahe vollständig erhaltene Körper gehörte, wie Forschungen erhärteten, einem jungsteinzeitlichen Hirten, der um 3400 v. Chr. lebte. Womöglich wurde er bei seiner Hütetätigkeit von einem Schneeeinbruch überrascht, fand nicht mehr zurück und war dann nahezu 5000 Jahre konserviert worden.

So gibt es Hinweise, dass zu dieser Zeit bereits waldfreie Flä-

Parkähnliche Gebilde entstanden nicht nur durch das Beweiden mit Rindern und Schweinen, sondern auch in den Zeiten der Herzöge, Grafen und Könige, als man weitflächige Waldgebiete einzäunte und einen dichten Wildbestand für die Jagd hielt.

chen im Hochgebirge beweidet wurden. Der österreichische Gletscherforscher Gernot Patzelt konnte durch Blütenstaubproben belegen, dass schon um 4000 v. Chr. in einer Höhe von 2900 Metern Weidewirtschaft und Viehhaltung betrieben wurde.

Ab etwa 4500 v. Chr., der ausgehenden mittleren und der beginnenden Jungsteinzeit, wurden Menschen in Europa sesshaft und betrieben Ackerbau und Viehzucht. Waldflächen wurden für den Anbau von Nutzpflanzen gerodet und Wildtiere domestiziert, die zur Weide in die Wälder getrieben wurden. Seitdem hat der Mensch die ehemals waldartigen Landschaften Mitteleuropas in eine Kulturlandschaft verwandelt, die ständigen Veränderungen durch ihn unterliegt und in der kein Fleck unverändert blieb.

Auch Reste alter Urwälder wie der Neuenburger Urwald, der Hasbruch bei Bremen oder der Favoritepark bei Ludwigsburg, die so urwüchsig anmuten, sind keine originalen Urwälder, sondern alte, durch frühere Beweidung aufgelockerte Weidewälder.

In der jüngeren Steinzeit konzentrierte sich die bäuerliche Besiedlung und Waldzerstörung auf Tieflagen mit fruchtbaren Löss- und Sandböden, die sich auch mit der Verbreitung der Steppen-, Halbtrockenrasen- und Kalkmagerrasengebiete decken. Dort finden sich vor allem die Siedlungsgebiete der so genannten Bandkeramik wieder.

Um 4500 bis 1800 v. Chr. waren in Nordwestdeutschland und einigen Lössgebieten Mittel- und Süddeutschlands schon zahlreiche Bauern ansässig. Sie trieben Ackerbau, züchteten Rinder, Schweine, Ziegen, Schafe und ab etwa 2000 v. Chr. auch Pferde.

Vieh weidete frei in den Wäldern, wie dies noch heute in manchen Gegenden Europas üblich ist, wie z. B. auf der Balkanhalbinsel, in Teilen Spaniens, Italiens und Polens. Diese Art der Waldweide war bis vor 200 Jahren in Mitteleuropa allgemein üblich. Das Vieh fraß Jungbäume, Sträucher und Keimlinge und lockerte so die Wälder immer mehr auf, die dadurch einen parkartigen Charakter bekamen. Diese Hude- oder Triftweiden bildeten jene parkähnliche Weidelandschaft, wie sie die Maler der Romantik darstellten und die als ungekünstelte Natur galt. Auch in der Gestaltung der Englischen Gärten des 18. und 19. Jahrhunderts fanden sie ihren Niederschlag.

Bereits um Christi Geburt gab es in Mitteleuropa kaum mehr ein Waldstück, das nicht gelegentlich von Menschen und ihrem Vieh durchstreift wurde. Daneben entnahmen die frühen Siedler dem Wald immer mehr Nutzholz als Werkstoff- und Energielieferant. Durch Brandrodung dehnten sie ihre Siedlungsflächen immer weiter aus.

Bereits in der Eisenzeit entwässerten die Siedler nasse Flächen.

Wiesenähnliche Strukturen wurden geschaffen, als die Menschen im Mittelalter begannen die Wälder aufzulichten. Man trieb Schweine und Rinder in den Wald und ließ sie dort weiden. An wenigen Stellen finden sich heute noch die Überbleibsel alter Waldweiden, wie die hier abgebildete Michelbacher Viehweide im Hohenloher Land.

Auch die Sichel war schon aus dem Ackerbau bekannt, sodass vermutlich damals die ersten einschürigen Wiesen entstanden. Der Ackerbau war teilweise weiter ausgedehnt als heute, worauf noch die Hochäcker hindeuten, die sich während der Völkerwanderung wieder bewaldeten. Die Hochäcker sind eine eisenzeitliche Form von Ackerbeeten, bei denen der Boden aufgehäufelt wurde, um bessere Ernten zu erzielen. Beispiele finden sich im Kyffhäuser Wald, in der ostfriesischen Geest, bei Göttingen und in der Münchener Schotterebene.

Ihre größte Ausdehnung erfuhren die entwaldeten Flächen aber durch die planmäßige Walderschließung während des Mittelalters. Es waren mehrere Rodungswellen, die das Waldland immer weiter zurückdrängten. In der Neuzeit ab etwa 1800 führte insbesondere der Rohstoff- und Energiehunger der aufkommenden Industrie wie Bergbau, Erzverhüttung, Salinen und Glashütten zur Entwaldung weiter Landstriche. Erst die geordnete Forstwirtschaft, die nach dem Prinzip der Nachhaltigkeit nur soviel Holz entnimmt wie nachwächst, gebot seit etwa 1860 diesem Raubbau Einhalt.

Wiesen entwickelten sich dann aus den aufgelichteten und beweideten Wäldern, indem sie gemäht wurden, um Winterfutter und Einstreu für das Vieh zu liefern.

Bevor der Bauer die Wiesenwirtschaft kannte, war es üblich, belaubte Zweige für das Vieh zu „schneiteln". Durch wiederholtes Abschneiden beblätterter Schößlinge sicherte man das Winterfutter für das Großvieh. Rund 1000 Bündel Laubheu, vor allem von Linde, Ulme, Ahorn, Hasel, Esche und Hainbuche, benötigte eine Kuh als Futter über den Winter. Die belaubten Zweige trocknete man in „Lauben". Daher wird in manchen Gebieten des schwäbisch-alemannischen Sprachraumes das unbewohnte Dachgeschoss der Bauernhäuser und Scheunen immer noch Laube genannt.

Lange Zeit war die Feld-Gras-Wirtschaft üblich, wie sie im Wanderfeldbau aus Afrika oder Lateinamerika noch heute bekannt ist. Die Felder wurden mit Handharken bearbeitet, und nach der Bewirtschaftung ließ man sie vergrasen und verbuschen.

Ab 800 v. Chr. etablierte sich die Dreifelderwirtschaft mit der Fruchtfolge Wintergetreide-Sommergetreide-Brache, wobei die Brache beweidet wurde. Nach drei Jahren erneuerten die mittelalterlichen Bauern diesen Zyklus.

Erst im 18. Jahrhundert wurde die Brache aufgegeben, und an ihre Stelle trat der Anbau von Rüben und Kartoffeln. Ab dieser Zeit sonderte man auch Weideflächen, die „Allmende", ab, die gemeinsam genutzt werden durften. Sie existierten auf kargen Heiden und abgetorften Mooren bis in das 20. Jahrhundert. So sind beispielsweise die alpinen Almen und die Magerrasen der Mittelgebirge, letztere noch heute mit leichten Rindern (Schwarzwald) oder Schafen (Alb, Jura) genutzte Weiden, Reste dieser Allmenden.

Aus diesen ersten Weiden entwickelte sich eine intensivere Nutzungsform, die Standweide, auf der das Vieh von April bis Oktober gehalten wurde – etwa zwei Weidetiere pro Hektar.

Die heute gängige Weide ist die Umtriebs- oder Rotationsmähweide. Diese Flächen werden regelmäßig gedüngt, und das Vieh bleibt nur wenige Tage auf einer Parzelle, die nach einer Ruhephase von 3 bis 4 Wochen erneut beweidet werden kann. Relativ spät erst entwickelte der Mensch die Wiesen, wo er das Winterfutter für sein Vieh, das jetzt im Stall gehalten wurde, holte. Die ersten Wiesen waren noch einschürig, also nur einmal gemäht. Etwa um das Jahr 1000 entstanden dann die ersten zweischürigen Wiesen, die sich bis Mitte des 20. Jahrhunderts halten konnten. Das Heu des zweiten Schnitts wird oft auch Öhmd oder Grummet genannt. Durch den heute allgemein verbreiteten intensiven Silage- bzw. Mähweidenbetrieb ist diese zweimal genutzte Wiese, die der Heuerzeugung diente, selten geworden.

Typische Standweide, erkennbar an den nicht gleichmäßig abgeweideten Flächen und an dem aufkommenden Strauchbewuchs.

Keine Wiese gleicht der anderen

Wo Wiesen das Stroh ersetzen – Streuwiesen

Im Gegensatz zu den Futterwiesen wird aus den Streuwiesen lediglich das Einstreumaterial für die Viehställe gewonnen. Dazu werden sie höchstens einmal im Jahr, und zwar im Herbst, geschnitten. Pfeifengras-Streuwiesen hatten in stroharmen Grünlandgebieten, wie etwa dem Alpenvorland, noch bis in die Mitte des 20. Jahrhunderts eine erhebliche wirtschaftliche Bedeutung. Sie verringerte sich jedoch von dem Zeitpunkt an, als die Bauern ihre Ställe modernisierten, zur Schwemmentmistung übergingen und so keine Einstreu mehr benötigten. In der heutigen, intensiven Grünlandwirtschaft hat dieser Wiesentyp kaum mehr eine landwirtschaftliche Bedeutung. Streuwiesen wurden nie gedüngt. Trotzdem liegen die strohigen Heuerträge zwischen 30 und 50 Doppelzentner Heu pro Hektar.

Die Böden der Pfeifengraswiesen gehören zu den physiologisch stickstoffärmsten Mitteleuropas. Da die absterbenden Blatt- und Wurzelreste sehr stickstoffarm sind, wird weder Ammonium noch Nitrat in nennenswertem Maße produziert. Dieser Wiesentyp tritt sowohl auf kalkhaltigen Mineralböden (z. B. Mergel- oder Tonböden) als auch auf organogenen Böden (Torf, Anmoor) auf. Man unterscheidet Kalk-Pfeifengraswiesen und bodensaure Pfeifengraswiesen. Erstere sind Ersatzgesellschaften von Erlen- und Fichtenbruchwäldern auf Gleyen, Anmoor- und Moorgleyen mit mehr oder weniger guter Basen- und Kalkversorgung. Letztere trugen vor der Rodung Birkenbrücher und feuchte Birken-Eichenwälder, die auf sauren Pseudogleyen, Gleyen und Gleypodsolen stockten. Die Kalk-Pfeifengraswiesen sind artenreicher als die bodensauren Pfeifengraswiesen und beherbergen eine Vielzahl von seltenen und geschützten Tier- und Pflanzenarten wie Enziane, verschiedene seltene Seggenarten und Orchideen.

Das Besondere an den Streuwiesen ist ihre interne Nährstoffökonomie: Vor dem Vergilben der Blätter und Stängel zieht die Leitpflanze Pfeifengras Nährstoffe in die unterirdischen Organe zurück und hält sie dort für den Wiederaustrieb im nächsten Jahr bereit. Dieser „innere" Kreislauf gestattet es, mit demselben Nährstoffkapital wiederholt Kohlenhydrate in großer Menge aufzubauen. Deshalb bleibt die Produktion an oberirdischer Pflanzenmasse auch ohne Düngung erstaunlich groß. Dies ökonomische Haushalten funktioniert aber nur bei Herbstmahd.

Bereits im Frühjahr unterscheiden sich die Pfeifengras-Streuwiesen von den saftiggrünen Fettwiesen durch ein völlig anderes Aussehen. Bedingt durch die langsamere Vegetationsent-

Die scheinbare Eintönigkeit der rostroten Blütenbestände des Pfeifengrases täuscht über die Vielfalt der Tier- und Pflanzenwelt in diesem Grünlandbiotop hinweg.

wicklung behalten die vorjährigen Altgrasbestände ihr gelblich-strohiges Aussehen bis Ende Mai. Waldkräuter, wie etwa das Buschwindröschen und die Hohe Schlüsselblume, nutzen diese lange Frühjahrsruhe und gelangen vor dem Ergrünen des Pfeifengrases zur Blüte. Auf sie folgen Knabenkräuter, Teufelskralle und Färberscharte. Erst ab August beherrscht dann das namengebende Gras mit seinen blauvioletten Rispen das Bild der Wiesen und bildet zusammen mit anderen höherwüchsigen Pflanzen (Teufelsabbiss, Schwalbenwurz-Enzian) ziemlich dichte Bestände. Pfeifengraswiesen sind dann durch die charakteristische Färbung schon von weitem erkennbar. Kurz vor der Mahd im Herbst verfärben sich dann die Fruchtstände des Pfeifengrases rotbraun.

Wegen ihres floristischen Reichtums und ihrer kulturhistorischen Bedeutung für die Grünlandentwicklung genießen die Streuwiesen allgemeines, vor allem aber Naturschutzinteresse. Da Streuwiesen vom Frühjahr bis in den Herbst blühen, bergen sie für Naturfreunde einen hohen Erlebniswert.

Da ein Teil des heutigen Wirtschaftsgrünlandes durch einfache Kulturmaßnahmen (Entwässerung, Düngung, Mehrschnittnutzung) aus Streuwiesen entstanden ist, hat dieser Wiesentyp in der Vergangenheit große Flächenverluste hinnehmen müssen. Im Laufe der letzten vier Jahrzehnte nahm die Zahl der Streuwiesen in Mitteleuropa kontinuierlich ab. In Baden-Württemberg z. B. zwischen 1960 und 1985 von 820 ha auf 620 ha, also um rund ein Viertel. Heute sind sie nur noch im Alpenvorland und den randlichen Teilen der Alpen anzutreffen und werden immer seltener. Wissenschaftliche Untersuchungen haben ergeben, dass inzwischen ein Drittel des Artenbestandes der Feuchtwiesenflora verschollen oder gefährdet ist. Insbesondere Pflanzen magerer Standorte und einige seltene Vogelarten finden hier noch zusagenden Lebensraum.

Will man die Restflächen erhalten, muss man sie auf die alte Weise bewirtschaften, d. h. alljährlich oder doch alle zwei Jahre im Herbst mähen und das Mähgut von der Wiese entfernen. Viele der heute noch vorhandenen Reste sind durch Selbst-Eutrophierung (Nährstoffanreicherung im Oberboden) bei unterbleibender Mindestnutzung (langjährige Brache) gefährdet: Ein vorzeitig vergilbtes Aussehen der Streuwiese im Hochsommer deutet auf einen erhöhten Anteil an anspruchsvolleren Wiesenpflanzen und damit auf eine Eutrophierung hin. Hochstauden breiten sich aus, die sonst nur in den Randzonen vorkommen, und typische Fettwiesen, die vorher nur punktweise vorhanden waren, etablieren sich mehr und mehr. Pionierarten dringen auf offene Stellen vor und erweisen sich als sehr konkurrenzstark.

Welche Pflege ist erforderlich?

Noch intakte Pfeifengraswiesen

Eine Pfeifengraswiese, die noch ihre standortspezifische, typische Kombination an Pflanzenarten aufweist, sollte einmal im Jahr oder alle zwei Jahre gemäht und das Mähgut abgefahren werden. Der günstigste Schnittzeitpunkt liegt meist Ende September bis Ende Oktober, wenn die Spätblüher wie Enziane und Teufelsabbiss zur Fruchtreife gelangt sind. Ein zu früher Schnitt führt zum Rückgang der gefährdeten Spätblüher. Außerdem ertragen die meisten Streuwiesenpflanzen, insbesondere das Pfeifengras, keinen frühen Schnitt, da sie relativ spät mit dem Wachstum einsetzen, sich erst im Hochsommer zur Blühreife entwickeln und die für den Wiederaustrieb im Folgejahr notwendigen Nährstoffe im Herbst in ihre Speicherorgane einlagern.

Für aufwuchsärmere Pfeifengraswiesen (mit weniger als 30 Dezitonnen Trockenmasse pro Hektar = dt TM/ha) genügt einmaliges Mulchen im Abstand von zwei bis drei Jahren. Damit die Streu noch vollständig abgebaut werden kann, muss aber bereits Mitte August gemulcht werden. Voraussetzung zur Anwendung dieses Pflegeregimes ist allerdings das Fehlen von Spätblühern. Deshalb ist diese Maßnahme weniger geeignet als das Mähen mit Abräumen des Mähgutes. Das Pfeifengras wird dabei etwas zurückgedrängt, weshalb diese Maßnahme für pfeifengrasreiche Standorte geeignet ist.

Den sich manchmal widersprechenden Lebensansprüchen von Pflanzen und Tieren bzw. auch denen verschiedener Entwicklungsstadien von Tieren kann mit einem kurzzeitigen, über die Fläche wandernden Brachestadium Rechnung getragen werden. Damit kann sowohl der typische Pflanzenbestand von Feuchtwiesen erhalten als auch der Tierwelt ein besonders reichhaltig strukturierter Lebensraum bereitgestellt werden.

Eutrophierte Pfeifengraswiesen

Als Maßnahmen zur Nährstoffverarmung (Aushagerung) und Pflege bietet sich bei leicht eutrophierten Standorten außer dem üblichen Herbstschnitt im Oktober zusätzlich alle zwei Jahre ein Schnitt im Juni an. Von Hochstauden beherrschte oder eine Zeitlang als Fettwiesen genutzte Wiesen erhalten so zwei bis drei Jahre lang einen Schnitt nach dem 15. Juni und einen zweiten Ende September. Damit sich die Streuwiesenarten erholen können, folgt während der nächsten zwei Jahre wieder nur ein Herbstschnitt. Dieser Rhythmus wird so oft wiederholt, bis der gewünschte Aushagerungsgrad erreicht ist.

Die Rückführung kann durch die Aussaat von Streuwiesenarten gefördert werden, denn häufig haben deren Samen am Samenpotential des Bodens nur noch einen Anteil von zehn Prozent, während den Rest typische Futterpflanzen oder Magerkeitszeiger einnehmen. Die Etablierung von Keimlingen ist aber nur in lückigen Beständen Erfolg versprechend. Verbuschte Pfeifengraswiesen, die längere Zeit brachgelegen haben, müssen zuerst entbuscht und dann jährlich – wie oben beschrieben – gemäht werden, um sie in den ursprünglichen Zustand zurückzuführen. Dabei fördert unter Umständen eine Verletzung des Oberbodens und der Pfeifengras- oder Kopfbinsenhorste durch tief eingestellte Mähbalken die Ansiedlung der durch Brache stark zurückgedrängten niedrigwüchsigen und konkurrenzschwachen Arten.

Wie wirkt die extensive Weide- und Holznutzung auf die Pflanzendecke? Wie entsteht eine Weide?

Es ist heute nicht mehr so einfach, eine typische Waldweide zu besichtigen. Es gibt sie nur noch in einigen Naturschutzparks

In einigen Regionen Europas existiert noch eine der Waldweide ähnliche Landwirtschaft. So werden in der südwestspanischen Region Extremadura Schweine zur Eichelmast in die vom Menschen geschaffenen weitläufigen „Dehesa-Landschaften" getrieben. In diesen Gebieten weiden auch die typischen spanischen Rinder.

der Lüneburger Heide, den Niederlanden sowie in Naturschutzgebieten Mittel- und Süddeutschlands, wo sie im Rahmen der Landschaftspflege mit Schafen oder Rotwild (in Parks) beweidet werden. Auch in den Alpen existieren in der Nadelwaldstufe bewaldete Gemeinweiden, die ebenfalls als Almen bezeichnet werden.

Ansonsten geben nur noch das Baltikum, östliche Teile Polens, die Südalpen und einige kleine Gebiete im Nordosten Griechenlands sowie in Südwestspanien eine Vorstellung davon, wie die extensive Weidewirtschaft in Laubwäldern ausgesehen haben mag.

Natürliche, dichte Waldbestände liefern wenig Nahrung für das Weidevieh. Nur lichte Stellen, die durch das Umstürzen überalterter Baumriesen entstanden, verbessern das Futterangebot für die im Wald weidenden Tiere. Diese fressen vor allem die für sie erreichbaren Jungbäume, Baumkeimlinge, Sträucher und knospenreiche Zweige.

Auch die Winterweide war in Wäldern üblich, wobei sich das Vieh von Knospen und jungen Zweigen ernährte. Dadurch entstanden besondere Verbissformen, etwa die so genannten „Weidbäume" der Mittelgebirge. Weidbäume haben es schwer, überhaupt durchzukommen. Es sind austriebsfähige Gehölze wie Buchen oder Linden. Diese werden aber immer wieder vom Vieh angefressen, bis es ein oder mehrere Triebe doch schaffen, durchzutreiben. Sie entwickeln sich dann zu einem einzelnstehenden markanten Baum, der jedoch unten soweit abgefressen wird, wie die Tiere mit ihrem Maul reichen.

Durch die Auslese, die die Weidetiere trafen, verschwanden die „wohlschmeckenden" Laubbäume und die Weißtanne, während Fichte, Kiefer, Wacholder oder Grauerle als Futter gemieden wurden und stehen blieben.

Eine besondere Form der Waldweide stellte die Schweinemast mit Eicheln und Bucheckern dar. Da die Eichen dadurch nicht nachwachsen konnten, wurden sie in der Nähe der Dörfer zur Verbesserung der Mast aktiv gepflanzt.

Schon die Römer unterschieden zwischen *silvae glandiferae*, also Wäldern zur Schweinemast, und *silvae pascuae*, gewöhnlichen Weidewäldern. Lichte Eichenwälder waren deshalb früher von höchstem Wert, weil sie reichlich Samen ansetzten und bestes Bauholz lieferten. Bis jetzt, ins 21. Jahrhundert, konnten sich ausgedehnte Eichenhaine, die der Schweinemast dienen, etwa in der spanischen Extremadura, erhalten.

Die Waldweide schädigt den Jungwuchs und führt zu einer allmählichen Auflichtung des Waldes. Dabei siedeln sich zunächst in vorhandenen Lücken lichtbedürftige Gräser und Kräuter an. Die Hirten beschleunigten die Vergrasung, indem sie die Gehölze schlugen oder abbrannten und so Kräutern und Gräsern Platz machten, die einen höheren Nährwert als Gehölze besitzen. Die verbleibenden Bäume bilden eine breite Kronenform aus und bekamen Äste, die bis zum Boden reichten. Diejenigen Bäume, die nun vom Vieh gern gefressen werden, erscheinen aber bis zu einer bestimmten Höhe wie abgeschoren.

Woher kommen die Tier- und Pflanzenarten des Grünlandes? Wo waren die Tiere und Pflanzen der Wiesen, bevor es Wiesen gab?

Hatten sich die lichthungrigen Pflanzen in den ehemaligen Urwäldern Mitteleuropas auf kleine baumfreie Inseln im Wald beschränkt, die durch Windwurf, Waldbrände und Äsungsplätze des Wildes entstanden, so erfuhren sie durch das Vieh und die Hirten, die den Wald im Laufe der jüngeren Menschheitsgeschichte auflichteten, eine enorme Ausbreitung. Lebensgemeinschaften, die bisher im Schatten der Waldbäume nicht gedeihen konnten, erhielten so neue Wuchs- und Lebensbereiche. Auch Pflanzen, die vor dem ersten Schnitt ihre Entwicklung abgeschlossen haben, sind in Wiesen zu finden. Dazu gehören Waldpflanzen wie Schlüsselblume und Buschwindröschen, ebenso Pflanzen mit Knollen und Zwiebeln, so genannte Geophyten. Auch Schneeglöckchen, Märzenbecher, Hyazinthe, Herbstzeitlose und Landgewächse zählen zu diesen. Eine Reihe dieser Geophyten zählen auch zu den asiatischen Steppenpflanzen.

Kleine Wiesenkunde

Oben: Durch den Verfall der Woll- und Fleischpreise und die Veränderung der Landwirtschaftsformen sind die von Schafen beweideten Flächen in Mitteleuropa stark zurückgegangen.
Links: Durch die Auswahl von Pflanzen, die Kühe abweiden, sorgen sie je nach Besatz für eine unterschiedliche Artenzusammensetzung der Weideflächen.

Viele Pflanzen und Tiere der Wiesen und Weiden wanderten aus den Steppengebieten Osteuropas und des pannonischen Raumes ein. Wiesenbocksbart, Wiesenpippau und Wiesenglockenblume dürften von dort herstammen. Dabei hatten die Weidetiere einen erheblichen Anteil an der Ausbreitung dieser Pflanzenarten. In ihrem Magen-Darm-Kanal konnten Samen weite Strecken überwinden. Sie hafteten auch eingebacken im Kot oder im Erdkrusten, die an den Hufen oder im Fell klebten und so transportiert wurden. Andere wiederum hafteten an den Kleidern der Menschen oder an den Rändern der ersten Karren. Bestimmte Pflanzen haben sich mit ihren Samen auf die Ausbreitung durch Tiere spezialisiert. Bekannte Beispiele sind Kletten oder die Haftdolde.

Leckerbissen für die Kuh oder: Was Weidetieren schmeckt

Bauer Fresacher öffnet das Gatter zur Weide. Er hat seine Kühe im Stall gemolken und lässt sie jetzt wieder auf ein neues Stück Grünland, das mehrere Wochen Zeit hatte, sich vom letzten Weidegang zu erholen. Schon im Gehen senken die Kühe den Kopf, um zielsicher ein Büschel Knaulgras abzurupfen, das sie mit malmenden Kiefern zerkleinern. Ein saftiger Löwenzahnbusch, einen Schwung Rotkleestängel, alles wohlschmeckende, eiweißreiche Futterpflanzen, die sie mit Vorliebe und mit eini-

ger Eile fressen. Die Eile ist geboten, denn sie müssen ja große Mengen Futter aufnehmen, die dann vorgekaut, vorverdaut und in einer Ruhepause wiedergekäut werden müssen.

Kühe sind recht wählerische Fresser. Den Stumpfblättrigen Ampfer lassen sie stehen – er schmeckt viel zu bitter. Auch die Kratzdistel verschmähen sie, die ihre empfindliche Nasen-Maulpartie verstechen könnte. Sie wissen aus Erfahrung, dass frischer Hahnenfuß giftig ist, Binsen hart und somit schwer verdaulich sind – so werden auch diese verschmäht. Nur wenn die ganze Herde einige Tage über die Weide gezogen ist und alle Leckerbissen verspeist hat, machen sich die Kühe auch über solche Sauergräser her.

Durch ihre Vorlieben und Abneigungen mischen die Kühe von Bauer Fresacher die Zusammensetzung der Wiesenpflanzen neu. Wenn Disteln, Binsen oder Ampfer überhand nehmen, wird es Zeit für Bauer Fresacher, eine neue Weide aufzumachen und die alte sich wieder regenerieren zu lassen.

Denn solche Gehölze, Kräuter und Gräser, die gut schmecken, grasen die Tiere eher ab als bitter schmeckende, stachelige oder hartlaubige Pflanzen. Letztere gewinnen insbesondere auf Weiden, die selten oder nur von wenigen Tieren beweidet werden, die Überhand. So genannte Weideunkräuter nehmen zu, während die wohlschmeckenden Futterpflanzen rar werden. Auf den extensiv beweideten Triften, Hutungen und Allmendflächen zählen Wacholder, Schlehen, Wolfsmilch- und Enzianarten oder Binsen, Seggen und Borstgras zu den Weideun-

Die Zeiten, in denen das Heu noch von Hand gewendet wurde, gehören fast überall der Vergangenheit an.

kräutern, die vom Vieh gemieden werden und sich daher stärker ausdehnen.

Auch die Tierarten und Haustierrassen üben Einfluss auf die Zusammensetzung der Pflanzenarten aus. So hat zum Beispiel eine Kuh andere Geschmacksvorlieben als eine Ziege oder ein Schaf. Aufgrund der Artenzusammensetzung können Fachleute etwa eine Pferdekoppel leicht von einer Viehweide unterscheiden, auch wenn keine Tiere auf ihr stehen. Wildkaninchen fressen gerne Spitzgras, das von den meisten Weidetieren gemieden wird und zu den lästigen Weideunkräutern zählt.

Die Sense ist die Mutter der Wiese

Sommerprogramm der Naturschutzjugend in Klagenfurt. Eine Gruppe von etwa 20 angehenden Wiesenpflegern hat sich am 10. Juni unter Leitung von Bauer Plieschnegger und dem kommunalen Landschaftspfleger in die historische Schmiede aufgemacht, um das Sensendengeln zu erlernen. Bauer Plieschnegger zeigt den umstehenden Gartenbesitzern, wie mit dem Dengelhammer die Klinge der Sense auf dem Amboss kunstgerecht ausgetrieben wird. Er selbst hat das von seinem Vater gelernt, der diese Fertigkeit einst vom Urgroßvater erlernte.

Dann wird mit dem Wetzstein, der im „Kumpf" am Gürtel mitgeführt wird, das Sensenblatt scharf geschliffen. Nur so ist es für das Schneiden von Gras und Kräutern richtig vorbereitet.

Der kommunale Landschaftspfleger führt die Lernwilligen, die sich für den Sensenkurs angemeldet haben, jetzt zu einer städtischen Wiese, die wegen ihres seltenen und vielfältigen Artenbestands in der Biotopkartierung erfasst und für Naturschutzzwecke von der Gemeinde aufgekauft wurde. Das Gras steht über einen Meter hoch, dazwischen eine bunte Fülle von Wiesenblumen wie Margeriten, Salbei, Bocksbart, Skabiosen, Pippau und viele andere. Einige der Teilnehmerinnen und Teilnehmer der Veranstaltung kennen diese Art Wiese noch aus ihrer Kindheit. Es war allgemein üblich, der Mutter am Muttertag einen bunten Strauß Wiesenblumen zu pflücken – heute in manchen Gegenden ein hoffnungsloses Unterfangen.

Der Wiesenbestand ist noch feucht vom Tau – beste Voraussetzung für den Wiesenschnitt. So lässt er sich mit der frisch geschärften Sense leicht abmähen. Bauer Plieschnegger macht es vor: mit weitem Schwung legt er die breiten Schwaden abgemähten Grases in eine gerade Reihe. Nachdem Haltung, Griff und Bewegung erklärt sind, dürfen die Novizen gleich selbst losmähen.

Verschiedene Sensenfrauen und -männer haben die Fertigkeit noch nicht so ganz heraus. Da wird schon mal in den Boden gehackt, oder es bleibt ein Schwaden Gras stehen. Aber unter Anleitung ihres Lehrmeisters werden mit der Zeit die Bewegungen rhythmischer und das Ergebnis klarer: Das Gras liegt in Schwaden auf Reihe, dazwischen die kahlen abgemähten Stoppeln der Pflanzenstängel, die nun flach liegen.

Kleine Wiesenkunde

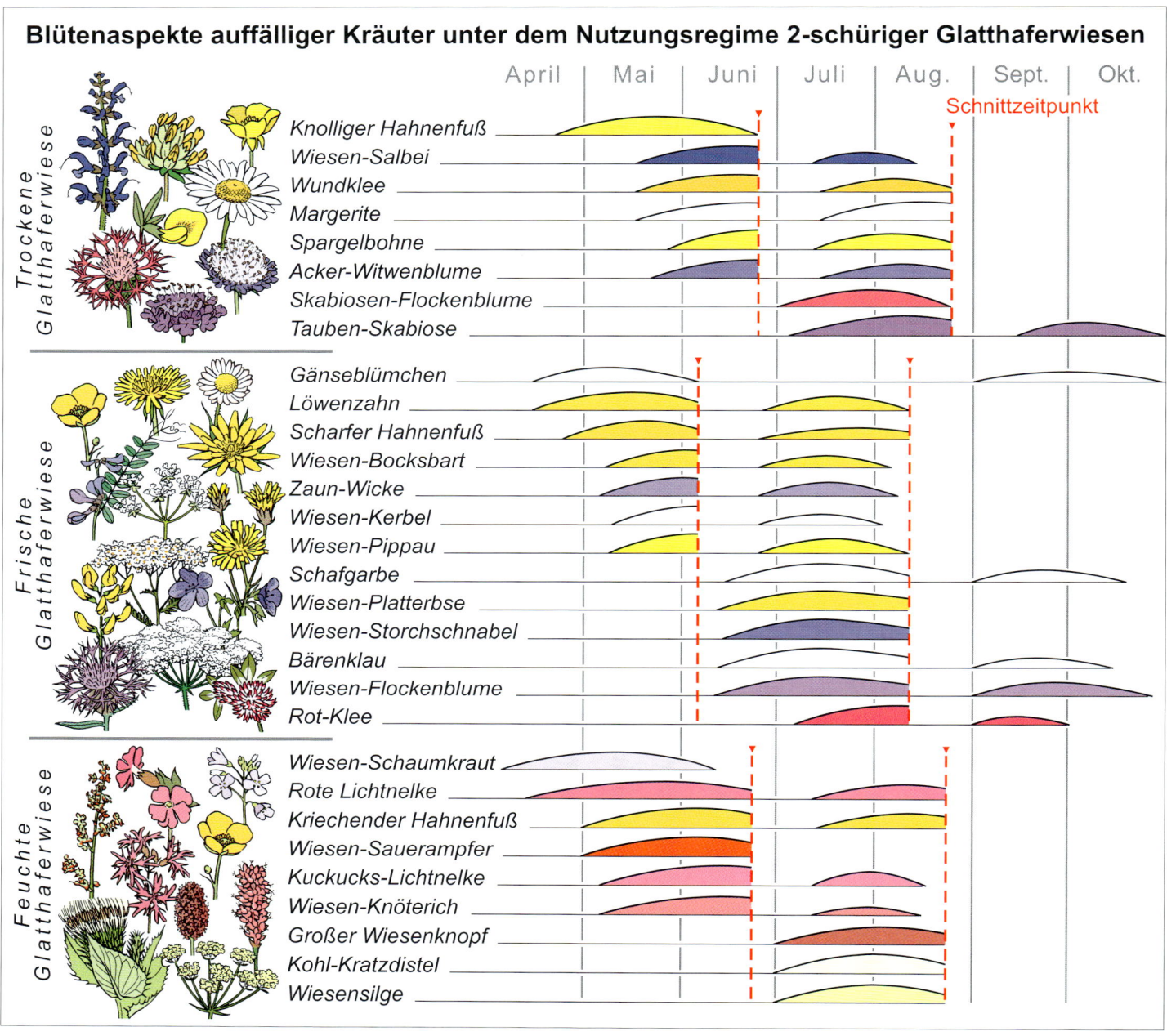

Die Wiesenfreunde aus der Stadt wissen, dass eine Wiese mindestens ein- bis zweimal im Jahr geschnitten werden muss, wenn sie erhalten und blühend gehalten werden soll. Dabei rottet die Sense oder der Mähbalken am Traktor des Bauern keine Pflanzen aus. Wenn viele Wiesenblumen heute selten geworden sind, hat das andere Gründe.

Jetzt ist die ganze Wiese abgemäht, und die höher steigende Sonne beginnt, die Pflanzen zu trocknen. Um dem nachzuhelfen, kommt Bauer Plieschnegger noch zweimal mit seinem Heuwender, sodass das Heu von allen Seiten Sonne und Wärme abbekommt und schneller trocknet. Dann wird es maschinell zu Ballen gepresst und an den örtlichen Reitverein verkauft, denn für Pferde ist das harte Wiesenheu noch verwertbar. Dagegen rühren unsere hochgezüchteten modernen Hochleistungskühe in den Intensivställen solches Futter oft nicht mehr an. Diese Milchkühe, die auf eine Jahresmilchleistung von 5000 Litern und mehr gezüchtet sind, brauchen junges, weniger hartstängeliges Futter mit einem hohen Grad an Verdaulichkeit. Auch würde ihre Milchleistung rapide absinken, wenn sie nicht regelmäßig ihr eiweißreiches Kraftfutter erhielten. Dieses Kraftfutter wird aus Extrakten der Sojabohne hergestellt, das mit einem hohen Energieaufwand in Ländern der Dritten Welt hergestellt wird.

Der städtischen Paradeblumenwiese ist aber geholfen, und sie kann sich bis zum nächsten Schnitt im August neu entfalten. Unsere Hobbybauern diskutieren ihre Praxiserfahrung bei einen Glas Apfelmost und einer kräftigenden Brotzeit, die der Bürgermeister, der zur Gruppe gestoßen ist, für die geleistete Hilfe spendiert. Im Hausgarten und auf dem Wochenendgrundstück werden sich die Teilnehmer des Sensenkurses an das Gelernte erinnern und es hoffentlich umsetzen. Immerhin haben sie auch gelernt, dass Bauernarbeit Spaß machen kann.

Die Brache sagt den Futtergräsern Tschüss

Genau entgegengesetzt zum Wiesenumbruch, bei dem eine Ackernutzung angestrebt wird, verhält es sich bei der Brache – häufig gleichgesetzt mit der Sozialbrache. Darunter versteht man eine Aufgabe der Bewirtschaftung – also eine gravierende Extensivierung, wenn man so will – aufgrund veränderter sozioökonomischer Verhältnisse.

Die Bewirtschaftung lohnt nicht mehr. Die Arbeitskräfte des Hofes gehen einem Nebenerwerb außerhalb der Landwirtschaft nach. Oder die Nachkommen wollen die Landwirtschaft nicht weiterführen, da sie langfristig keine Perspektive bietet. Auch sind die Flächen so gelegen, dass sie schwer zu bewirtschaften sind, z. B. in engen, nassen Flusstälern oder an Berghängen, und es sind keine Vollerwerbsbetriebe in der Nähe, die die Flächen kaufen oder pachten würden. Dies geschieht in Gegenden, die von Natur aus bereits schwierige Wirtschaftsbedingungen für die Landwirtschaft hatten, wie die Alpen mit ihren steilen Berghängen und extremen Klimaverhältnissen oder Mittelgebirge wie Schwarzwald, Schwäbische Alb, Rhön, Fichtelgebirge oder Bayerischer Wald, die neben kleinbäuerlichen Erwerbsstrukturen nur karge Böden zur Verfügung hatten – in der Sprache der Landwirtschaftsökonomen so genannte Grenzertragsböden.

Doch nicht alle brachgefallenen Wiesen verwalden. Gewisse Wiesen- und Weidestrukturen sind auch nach der Aufgabe der Nutzung noch lange Zeit stabil und verändern sich nur unmerklich: etwa Trocken- oder Halbtrockenrasen.

Brachgefallene Feuchtwiesen entwickeln sich in der Regel zu nassen Hochstaudenfluren, die ebenfalls längere Zeit stabil bleiben. Solche Zwischenstadien, die durch Brache bedingt sind, kennt man auch von anderen Wiesen und Weidebiotopen. So entwickeln sich Bergwiesen in Silikatgebirgen wie dem Schwarzwald über Borstgrasrasen zu Flügelginsterheiden, wenn sie nicht mehr bewirtschaftet werden.

Unmittelbar nach dem Liegenlassen beginnen sich solche Pflanzen auszubreiten, die weide- oder schnittempfindlich sind, wie Fiederzwenke, Quecke, Schwarzdorn oder Zitterpappel. Samenkeimung ist durch den dichten Filz der abgestorbenen Gräser über dem Boden fast unmöglich.

Auf ehemaligen Weiden breiten sich die vom Vieh gemiedenen Arten wie Disteln, Binsen, Ampfer oder Brennnesseln aus.

Der floristische Wert der Wiesenbrache ist meist mäßig, hingegen steigt der faunistische Wert mit zunehmendem Alter der Brache an. So profitieren in Schleswig-Holstein 110 Vogelarten von Brachen und 500 bis 700 Tierarten von deren oberirdischen Pflanzenteilen.

Viele Arten profitieren von der ganzjährig geschlossenen Krautschicht, dem Blütenreichtum und den günstigen Überwinterungsmöglichkeiten in den abgestorbenen Pflanzenstängeln. Eine Tierart, die nachweislich auf solche störungsfreien Pflanzenbestände angewiesen ist, ist die Wespenspinne, deren Vorkommen sich unter anderem auf Quecken-Halbtrockenrasen, einer Form der Wiesenbrache, konzentriert. Sie braucht die auch im Winter stehenden Halme, um ihre Eikokons zu verankern.

Entwickeln sich solche Brachen jedoch über Zwischenstadien weiter zu Wald, gehen die ehemaligen Lebensgemeinschaften, die teilweise sehr selten und schützenswert sind, verloren. Deshalb ist aus der Sicht des Naturschutzes und der Landschaftspflege in vielen Fällen die Brache unerwünscht und sollte durch gezielte Management- und Pflegeprogramme aufgehalten werden. Dabei ist eine Mischung aus bewirtschaftetem Grünland, extensiv gepflegten Naturschutzflächen und Brachen ökologisch am sinnvollsten. Vor allem sollte eine endgültige Bewaldung von Brachen wohlüberlegt sein, da sie zu schwer umkehrbaren Vegetationsveränderungen führt.

Streuobstwiesen – Früchtekorb und Futterwiese
Naturparadies aus Menschenhand

In vielen Gegenden Deutschlands, der Schweiz und Österreichs, die kleinklimatisch begünstigt sind, hat sich im Laufe der Jahrhunderte eine besondere Kulturform herausgebildet, die eine Mischung aus Wiesen- und Obstnutzung darstellt: die so genannten Streuobstwiesen. Die Wortzusammensetzung rührt von der verstreuten räumlichen Verteilung dieser Obstgärten her, nicht etwa, wie man vermuten könnte, von einer Streunutzung der Wiese.

Solche Gebiete finden sich in Hessen, mit dem bekannten Apfelprodukt „Äppelwoi", oder im fränkischen, schwäbischen, alemannischen und österreichischen Raum mit dem traditionellen Most. Auch das Havelland mit seinem berühmten Herrn Ribeck von Ribeck ist traditionelles Obstanbaugebiet, in dem lockere, hainartige Obstbaumpflanzungen um die Dörfer und Weiler angelegt wurden, die entlang der Wege und Straßen als Alleen sternförmig in die Landschaft ausstrahlten. Andere Obstanbaugebiete in Mitteleuropa sind das Alte Land an der Elbe, das Bodenseegebiet, das Mostviertel am Inn, die Oststeiermark oder Südtirol.

Wer aus solchen Gegenden stammt, wird sich noch an die herbstliche Obsternte erinnern, wenn man mit Körben, Säcken und Handwagen in die reich vollhängenden Obstgärten zog, um Äpfel zu brechen oder Mostobst aufzulesen. Wenn die Körbe und Säcke voll waren, gab es für die Kinder eine warme Wurst, die auf dem Feuer aus altem Schnittholz gebrutzelt wurde. Anschließend ging es in die Mosterei, wo die Äpfel und Birnen zerkleinert wurden. Manch einem ist der säuerlich-aromatische Duft des Tresters und die Unmengen der winzigen Obstfliegen, die darauf saßen, noch in Erinnerung. Und in so mancher Scheune hatten die Leute selbst Raspeln und Obstpressen, bei denen in Handarbeit die Früchte zerkleinert und zu Saft gequetscht wurden.

Seinen Höhepunkt hatte der Streuobstbau Mitte des 19. Jahrhunderts. So werden allein für Deutschland aus dieser Zeit 1264 Apfel-, 1040 Birnen-, 250 Süß- und Sauerkirschen und 325 Zwetschgensorten beschrieben. Neben Geschmack und Aussehen hatten diese Sorten ganz spezielle Eigenschaften, die sich nach dem Verwendungszweck unterschieden und durch jahrhundertelange Züchterarbeit entwickelt wurden. Sie hatten den Vorteil, dass die als „Ökotypen" auch an härtere Klimate angepasst und deshalb sehr robust waren, so dass sie – gefeit gegen Krankheiten – wenig Arbeit und Pflege erforderten.

Durch den weiten Stand der Obstbäume konnte darunter noch Wiesenheu gewonnen oder das Vieh geweidet werden. Eine ideale Doppelnutzung: hier extensiver Obstbau, da Viehhaltung und Milchwirtschaft. Die Obstwiese ist ein gutes Beispiel, wie standortbezogene kleinbäuerliche Landnutzung die Kulturlandschaft prägte und welche Vorteile sich daraus für Landschaftsbild, Naturhaushalt und Tier- und Pflanzenwelt ergaben. So ist nachgewiesen, dass in Streuobstwiesen mindestens 80 Vogelarten brüten. Weitere 26 konnten dort als Nahrungsgäste nachgewiesen werden.

Bis zu 450 Pflanzenarten und 3000 Tierarten können Streuobstwiesen beherbergen. Vom Veilchen bis zur Orchidee, von der Ameise bis zur Fledermaus. Besonders alte Bäume, die in den Streuobstwiesen durch den Baumschnitt häufig hohle Äste und Baumhöhlen aufweisen, bieten Höhlenbrütern wie Spechten, Eulen, Meisen oder Siebenschläfern und Fledermäusen ideale natürliche Höhlen, die sie für die Aufzucht ihrer Jungen oder als Schlaf- oder Überwinterungsplätze benötigen.

Alte Obsthochstämme sind wichtige Rückzugsgebiete für Klein-, Bunt-, Grau- und Grünspecht wie auch für den Wendehals – ein typischer Vogel der Streuobstwiesen. In warmen Gebieten besiedelt auch der exotisch anmutende Wiedehopf die Streuobstwiesen. Typische Bewohner sind auch der inzwischen sehr seltene Steinkauz sowie Sieben- oder Gartenschläfer.

Diese bioökologische Vielfalt, die durch den Doppellebensraum Wiese – Baumhain begründet ist, findet sich in modernen Niederstamm-Obstplantagen nicht mehr. Dort schließen die intensive Düngung mit Pestizid- und Herbizideinsatz wie auch das fehlende Totholz Artenvielfalt aus. Deshalb landen auch nur zwölf Prozent der eine Obstanlage überfliegenden Singvögel in solchen Monokulturen. In einer Obstwiese dagegen sind es bei einer doppelt so hohen Individuenzahl 64 Prozent. In

Auch Biber sind natürliche Wiesenerschaffer. Und das geht so: Wenn Biber in noch naturnahen Flusslandschaften durch ihre Nage- und Bautätigkeit Dämme errichten und so das Wasser aufstauen, werden solche Flächen später mitunter durch Schlamm, Sand und anderes Angeschwemmsel aufgelandet, sodass auf diesen freien Flächen in den ansonsten von Auwald bestandenen Bereichen Wiesenpflanzen Fuß fassen können. Vielleicht entstehen wieder mehr Biberwiesen, weil diese interessanten Tiere in Mitteleuropa häufiger geworden sind.

Streuobstwiesen sind in vielfältiger Weise Bindeglieder mehrerer Biotopelemente. So finden sich hier Gehölzstrukturen ebenso wie unterschiedliche Wiesenaspekte.

Deutschland gingen die Streuobstbestände aufgrund der verfehlten Agrarpolitik der Europäischen Union fast überall um mehr als 80 Prozent zurück!

Die großflächige Rodung von Obstwiesen wurde bis 1974 sogar noch staatlich prämiert. Insbesondere die mangelnde betriebswirtschaftliche Rentabilität der Streuobstwiesen und die hohen Ansprüche der Industriegesellschaft an die Apfelqualität spielte bei ihrer Vernichtung eine große Rolle. So sind die Verkaufspreise von Mostobst niedrig und die Bewirtschaftung relativ zeitaufwändig bei einer schlechten Vermarktungschance. Unregelmäßige Erträge, die für den Streuobstanbau typisch sind, passen eben nicht mehr in unser technisiertes Wirtschaften.

Deshalb wird die Baumpflege reduziert, oder die Flächen werden gerodet und zu Bauland, Ackerland oder Intensivgrünland umfunktioniert. Auch die Umwandlung in Freizeitgärten oder die Flurbereinigung haben große Lücken in die Streuobstbestände geschlagen.

Mit den Bäumen ging auch das darunterliegende meist als Glatthaferwiese ausgeprägte Grünland verloren. Diese Wiesen wurden zwei- bis dreimal jährlich gemäht und kaum – höchstens mit Jauche und Festmist – gedüngt.

Je nach Standort, Lage und geologischem Untergrund konnten sich die verschiedenen Wiesentypen auch in den Streuobstwiesen ausbreiten und erhalten. Mit der Aufgabe der Nutzung oder der Umwidmung gehen auch sie verloren.

Hoffnung gibt jedoch eine ganze Reihe von Initiativen, bei denen Gemeinden, Erzeuger und Naturschutzverbände Förderprogramme zum Schutz von Streuobstwiesen aufgestellt haben. Dazu gehört etwa die Gemeinde Bad Boll, ein kleiner Ort im baden-württembergischen Albvorland, die sich zur „Streuobstgemeinde" aufschwang und ein entsprechendes Förderprogramm mit Streuobstlehrpfad auf den Weg brachte. Auch Vermarktungsstrategien, bei denen die Käufer von Saft- oder Mostprodukten Mehrkosten für Erhaltung und Pflege mitbezahlen, sind bekannt. So der Stuttgarter Apfelsaft oder ein Vermarktungsmodell aus Beilstein in Baden-Württemberg.

Den Stadtmenschen und Supermarktkunden sind heute noch vier bis sechs Apfelsorten bekannt. Berühmte Most- und Wirtschaftsäpfel wie Bittenfelder, Brettacher oder Hauxapfel konnten nur noch in Streuobstwiesen überleben, da sie in der Intensivkultur nicht mehr angebaut werden.

Das Programm zur Rettung von Streuobstwiesen beinhaltet Strategien zur Verwertung des Grasaufwuchses ebenso wie Baumschneide- und Pflegekurse, Pflanzaktionen, Zuschüsse und die Förderung von Lohnmostereien und Kleinbrennereien. Chancen gibt es für diese Bindeglieder von Natur und Kultur auch dort, wo Grundstücksbesitzer, die längst keine Landwirte mehr sind, als Feierabend- oder Wochenendbeschäftigung die Baumwiesen traditionell bewirtschaften. So können auch ihre Kinder den besonderen Reiz dieses Grünlands erleben und die gewachsene Kulturlandschaft für die kommenden Generationen bewahren.

Wasser im Gras – Gras im Wasser

Wässerwiesen sind keine besonderen Grünlandtypen, sondern man verstand darunter in früheren Zeiten ein Verfahren, den Ertrag und die Qualität der Futterwiesen durch künstliche Bewässerung zu steigern. Schon im Mittelalter erkannte man, dass Grasland einen sehr hohen Wasserbedarf hat und dass nur dann gute Futtererträge gewonnen werden konnten, wenn eine ausreichende Wasserversorgung gewährleistet war. Eine Bewässerung war aber nur dort durchführbar, wo es genügend Fließgewässer gab. Mit einem höhenmäßig ausgeklügelten System von Graben-, Wehr-, Schleusen- und Dammbauten leitete man das Wasser der Bäche und Flüsse in die Wiesen. Die Wiesenbewässerung hatte aber auch noch eine weitere, wichtige Funktion: neben direkter Wasserzufuhr an trockenere Standorte und Bodenerwärmung im zeitigen Frühjahr ist hier vor allem die düngende Wirkung zu nennen. Dadurch war es häufig möglich, statt einem zwei Heuschnitte zu erzielen.

Um niemanden zu benachteiligen, war es nötig, vor allem dem Beginn der Wässerperiode allgemeinverbindlich festzulegen. Deshalb erstellten die Gemeinden so genannte Wässerpläne, die ganz genau festlegten, wann und wo bewässert wurde. Innerhalb des Jahres gab es meist zwei Bewässerungsperioden. Die Frühjahrswässerung dauerte von Mitte Februar/Anfang März bis Mitte Juni, die Herbstwässerung von Anfang September bis Mitte/Ende November. Einheitlich bewässerte Fläche erhielten dann für ca. eine Woche das Wasser.

Die Wiesenbewässerung hatte in ganz Mitteleuropa eine vielhundertjährige Tradition. Die frühesten Belege gehen auf das Jahr 1100 zurück. Doch erst im 19. Jahrhundert erreichte dieses Verfahren seine Blütezeit. Zwar waren Techniken und Organisationsformen überall seit langem bekannt, doch erst im Zuge des allgemeinen landbaulichen Fortschritts und unter dem Zwang, eine steigende Bevölkerungszahl zu ernähren, widmeten sich die Agrarökonomen intensiver der Wiesenbewässerung. Dies ist auch im Zusammenhang mit den damaligen Bemühungen zu sehen, die Brachflächen der Dreifelderwirtschaft anzubauen, Ackerfutterbau zu betreiben und das Vieh ganzjährig aufzustallen. Gleichzeitig wurden vielerorts die alten Waldweiderechte aufgehoben, wodurch eine wichtige Futterbasis entfiel.

Einer der ersten, der sich nachweislich intensiv mit der Wiesenbewässerung auseinandersetzte, war der Schweizer Pfarrer Bertrand. Dieser brachte im Jahre 1765 eine Schrift heraus mit dem Titel *Über die Kunst, die Wiesen zu wässern*. 90 Jahre später stellte der Agronom Veit fest: „Durch das Bewässern der Wiesen kann der Landwirth nicht nur den größten, wohlfeilsten und sichersten Futterertrag erzwecken, sondern auch anderen Übelständen, die den Ertrag der übrigen, nicht bewässerbaren Wiesen verkürzen, begegnen; insbesondere die Maulwürfe, Engerlinge, Mäuse u. s. f. vertreiben und Kälte, Fröste und Reife für die Wiesengräser und -kräuter unschädlich machen." Auch der Hohenheimer Wissenschaftler Walz sah 1848 in der Förderung der Wiesenwässerung ganz erhebliche ökonomische Vorteile, wenngleich auch zeitweilig Mühlenbetriebe, Schifffahrt und Fischerei darunter litten: durch Wiesenwässerung gäbe es mehr Futter, und damit könne man mehr Vieh halten. Mehr Vieh erzeuge mehr Dünger, womit sich mehr Getreide und mehr Stroh produzieren ließe.

Mit dem Aufkommen der Handelsdüngemittel und dem Zwang zur Rationalisierung verschwanden ab 1950 die letzten Wässerwiesen. Heute sind nur noch Reste der damaligen Anlagen als kulturhistorische Zeugnisse ab und an anzutreffen.

Tierkot als Dünger

Bis etwa Mitte des 20. Jahrhunderts überwog in den Weidegebieten Mitteleuropas die so genannte Standweide, auf der das Vieh von April bis Oktober gehalten wurde. Der Viehbesatz lag bei etwa zwei Rindern pro Hektar. Bei der Standweide düngen die Tiere die Weide mit ihrem eigenen Kot nach. Diejenigen Stellen, die durch Kot verschmutzt sind, werden von den Tieren nicht mehr abgegrast. Hier können sich dann stickstoffliebende Pflanzen wie Brennnessel oder Ampfer ansiedeln.

Ein ausgeprägtes nährstoffbetontes Weidebiotop stellen die so genannten Lägerfluren in der engeren Umgebung der Almhütten dar. Die Rinder tragen gewissermaßen die Nährstoffe aus den umliegenden Almen zusammen und scheiden sie verstärkt um die Sennhütten aus, wo sie lagern – daher der Name Lägerflur – und gemolken werden. Typisch sind hier stickstoffliebende Hochstauden wie Weißer Germer, Ampfer, Lattich etc.

Die heutige moderne Umtriebs- oder Portionsweide wird intensiver bewirtschaftet als ihre Vorgängerin, die Standweide. Eine „moderne" Kuh benötigt pro Tag zwischen 100 und 120 Kilogramm Grünfutter, um satt zu werden. Diese Menge wächst auf einer Grünfläche von etwa 100 Quadratmetern. Bei der Umtriebsweide, die aus verschiedenen Parzellen besteht, weiden die Rinder drei Tage auf einer Parzelle. Sie ist danach völlig abgeweidet und braucht eine drei- bis vierwöchige Ruhezeit. Auf einer Intensivweide, deren Bestand an Pflanzenarten besonders eintönig ist, wird natürlich auch regelmäßig gedüngt und gelegentlich ein Säuberungsschnitt zur Beseitigung von Geilstellen durchgeführt.

Sommerweide in luftiger Höhe

Es ist vier Uhr morgens und, schon Juni, noch reichlich kühl. Feuchte Nebel liegen über dem Tal unweit dem Ort Urnäsch im Appenzeller Land am nordöstlichen Rand der Schweizer Alpenkette. Aus der Ferne ist ein sich bewegender Zug von Fackeln und Laternen zu erkennen, der das Tal heraufgezogen kommt. Zuerst leiser und dann immer lauter dringt das Muhen von Rindern und das Klingeln und Scheppern von zahlreichen Kuhglocken, das Meckern von Ziegen und die Rufe „Hoy, Hoy, Hoy!" der Viehhirten durch die Dunkelheit ans Ohr. Wir sind Zeuge eines jahrhundertealten Brauchs, des Viehauftriebs im Appenzeller Land.

Der Ablauf ist genau festgelegt und seit Jahrhunderten derselbe. So treffen sich die Bauern der Gegend um Urnäsch jedes Jahr am letzten Samstag vor dem 21. Juni im Gasthaus Rossfall. Ein Komitee wird ausgesandt, um festzustellen, ob das Gras bereits die ausreichende Höhe hat. Ist das der Fall, wird der Termin für den Almauftrieb festgelegt. Er darf aber nicht auf einen Sonntag, Montag oder Mittwoch fallen, so schreibt es der Brauch vor. Der Termin wird polizeilich bekannt gemacht und im Lokalblatt veröffentlicht. Außerdem legt die „Alpgenossenschaft" die Zahl der Tiere, „Stöße" genannt, die jeder Bauer auf die Sommerweide schicken darf, fest. Auch über die Einhaltung des Kontingents wacht das Komitee.

Seit acht Tagen haben sich die Bewohner des Dorfes auf dieses Ereignis vorgereitet. Dazu gehört auch, dass sie in festlichen Trachten den Zug, der um die 500 Kühe umfasst, begleiten. Die Prozession führt ein Ziegenbub in der Dorftracht an, der vor einer kleinen Herde von sieben weißen Ziegen kräftig ausschreitet. Ihm folgt der Meistersenn, der oberste Kuhhirte. Er trägt einen flachen, schwarzen Hut, und über seiner Schulter hängt ein verzierter Rahmkübel. Ihm folgen drei „Schellkühe", die besten Milchkühe des Bauern, und dann die „Gurtenkühe" mit einem breiten Band um den Körper. Dahinter der Rest der Rinder und zwei weitere Sennen. Ein mit gelber Jacke und brauner Hose bekleideter Stallknecht führt das Jungvieh an. Den Schluss der Prozession bildet ein Pferdegespann, auf dessen Wagen das so genannte Käsegeschirr liegt, mit dem man früher auf den Almen Käse und Butter bereitete.

Der Zug wird jetzt immer größer, da er von jedem Bauernhof neue „Stöße" erhält. Mittlerweile haben sich die Nebel gelichtet, und über dem Gipfel des Säntis wird es hell. Der Zug ist jetzt beim Wirtshaus Rossfall angelangt, wo der Wirt in getreuer Tradition an alle Ankömmlinge Wein ausschenkt. Schon am Abend zuvor fand im Gasthaus das traditionelle Tanzfest statt, an dem vor allem junge Burschen und Mädchen teilnehmen und das auch als Heiratsmarkt gilt. Nachdem der Zug zirka 20 Kilometer bis zur Schwägalp zurückgelegt hat, nehmen die Sennen den Kühen ihre Glocken ab. Erstere machen sich gleich in allen Richtungen über das saftige Gras her. Unter dem Klingen der geschwungenen Glocken stimmen die Männer im Kreis ein Lied an.

Diese Zeremonie, die bis ins 17. Jahrhundert zurückreicht, hat sich bis heute in Appenzell erhalten und ist ein Überbleibsel alter Bräuche, die früher viel weiter verbreitet waren. Dabei ist dieser Almauftrieb Anfang des 21. Jahrhunderts keine Touristenschau, wie es in vielen Orten in alpenländischen Regionen, z. B. beim Almabtrieb inszeniert wird, sondern lebendiges Brauchtum. Je nach Höhenlage weiden die Kühe nur zwei bis drei Monate im alpinen oder subalpinen Bereich, bis der frühe Schneefall zum Abtrieb zwingt. In dieser Zeit werden die Tiere auf der Bergweide versorgt und gemolken, wobei die Milch gleich an Ort und Stelle verarbeitet wird.

Natürliches Grünland (Naturrasen)

Salzwiesen – Naturwiesen zwischen Land und Meer

"Wo die Nordseewellen dreggen an den Strand…", so beginnt ein alter Schlager. Genau dort gibt es auch eine besondere Art von Wiesen: die Salzwiesen. Es sind Urwiesen, d.h. sie sind ohne Zutun des Menschen entstanden und erhalten sich auch ohne dessen Pflege. Im Gegensatz zu den tropischen Mangrovewäldern sumpfiger Meeresküsten wachsen in den Salzwiesen keine Bäume, sondern nur Arten, die sich durch ihre Salztoleranz auszeichnen.

Die Salzwiesen befinden sich landseitig in einem von Natur aus 600 bis 1000 Meter breiten Gürtel oberhalb der mittleren Hochwasserlinie. Der Untergrund ist durch den vom Meer angespülten Schlick, das sind nährstoffreiche und feinkörnige Sedimente, geprägt. Der Salzgehalt des Wassers nimmt zum Landesinnern hin ab. Sind im Bereich der Mittelwasserlinie noch salzliebende und salzertragende Pflanzen wie der Queller vorherrschend, so wird dieser landeinwärts von weniger salztoleranten Pflanzen abgelöst.

Auffällige Aspekte der Salzwiesen sind die Blüten der rosablühenden Strandnelke im Mai oder die hellvioletten Blüten des Strandflieders von Juli bis September. Auch die Strandaster fällt den Besuchern ins Auge.

Durchzogen sind die Salzwiesen mit Prielen, natürlichen Wasserrinnen mit steilen Abbruchkanten, durch die das Wasser zu- und abfließt.

Seine ökologische Bedeutung erlangt der Salzrasen des Wattenmeeres durch seine Ausdehnung. Er kommt sonst in dieser Flächengröße in keinem anderen Erdteil vor. Auch die Tierwelt ist an die Pflanzen und das Meer angepasst. Zahlreiche Watvögel brüten hier, und der halbe Weltbestand der Dunkelbäuchigen Ringelgänse hat hier seine einzige Nahrungsquelle auf dem Zug nach Sibirien.

Der Lebensraum Salzwiese ist stark bedroht. Eindeichung und Landgewinnungsmaßnahmen haben seine Breite auf einen schmalen Streifen von häufig nur 200 bis 300 Metern zusammenschmelzen lassen.

Seltsame Rasen wie in einem Sandkasten

Eine überaus interessante Lebenswelt beherbergt der Sandrasen. Er ist eine seltene Pionierform und auf Flächen im Binnenland beschränkt, wo Sand von Natur aus zum geologischen Untergrund gehört. Dies ist der Fall bei Binnendünen, Flusstälern oder Sandabbaugebieten. Zu den großen Flusstälern mit ausge-

Oben: Wiesen sind mehr als Gräser und Kräuter. Sie sind gleichzeitig Heimat für eine Vielzahl von Tieren. Der Wasserfrosch, der immer an offenen Süßgewässern vorkommt, braucht artenreiche Wiesen als Nahrungsbiotop.
Links: In Norddeutschland gehören Graugänse und andere Gänsearten zu den typischen Vogelarten, die sich im natürlichen Grünland, z.B. in Salzwiesen, aufhalten.

Natürliches Grünland (Naturrasen)

Die Kampfzone zwischen Land und Meer beherbergt an der Nord- und Ostseeküste einen besonderen Typus des Naturgrünlandes, nämlich die Salzwiesen.

dehnten Sandrasen zählen das Oberrheintal, das Mittlere Maintal, das Elbe-Urstromtal, das Regnitzbecken und das Harzvorland. (Viele Binnendünen und Sandflächen sind mittlerweile jedoch überbaut.) Auch im Marchfeld in Niederösterreich gibt es noch Vorkommen, kleinflächig auch im Burgenland. Die Lebensgemeinschaften dieser ostösterreichischen Sandrasen weisen schon Arten der osteuropäischen Steppenvegetation wie Federgras, Schleierkraut oder die Pannonische Schafgarbe auf.

Wegen der Nährstoff- und Wasserknappheit ist die Vegetationsdecke der Sandrasen sehr lückig. Ähnlich wie in Wüstengebieten teilen sich wenige Pflanzen die Wasservorräte untereinander auf, sodass oberirdisch zwischen den Einzelpflanzen immer ein Abstand bleibt.

Auf silikatreichen, basenarmen Sanden bildet sich die Silbergrasflur aus. Auf kalkhaltigen Sanden vor allem die Schillergrasfluren. Silbergras ist auf bewegten Flugsand angewiesen und verschwindet, sobald die Sandflächen festgelegt werden und Bodenbildung einsetzt. Diese Gräser gehören demnach auch zu den typischen Charakterarten. Weitere sind Sand-Thymian,

Sand-Wicke, Sand-Strohblume, Sand-Grasnelke, Silberscharte, Frühlings-Spark und zahlreiche andere hochspezialisierte Arten.

Ähnlich wie diese Pflanzenarten sind auch die hier vorkommenden Tiergruppen stark gefährdet oder vom Aussterben bedroht. Typisch sind die Grabwespen. Rund 25 Prozent der Bienen, Falten-, Weg- und Grabwespenarten Mitteleuropas sind auf diesen Lebensraum der Sandrasen angewiesen.

Auch Laufkäfer, bodenwohnende Spinnenarten, der Ameisenlöwe, Gehäuseschnecken und Heuschreckenarten wie die Blauflügelige Ödlandschrecke oder die Blauflügelige Sandschrecke brauchen die Binnendünen, Terrassensande und Sandabbaugebiete. An Wirbeltieren sind Kreuz- und Knoblauchkröte, Heidelerche und Brachpieper hier zu finden.

Teilweise wurden diese Flächen früher extensiv beweidet. Hört diese Nutzung auf, setzt Bodenbildung ein, und es beginnt eine Sukzessionsabfolge, die in Wald – meist Kiefernwald – endet. Ziel des Naturschutzes muss es daher sei, die Flächen offen zu halten. Auch Intensivierung der landwirtschaftlichen Nutzung wie Düngung, Umbruch und Überbeweidung sind den Sandrasen abträglich. Ferner sind diese wichtigen Flächen von Aufforstung, Sandabbau, Verfüllung, Bebauung und Freizeitnutzung bedroht. In jedem Fall sollten sie daher unter gesetzlichen Schutz gestellt oder aufgekauft werden.

Die Steppe lebt

Das Wort Steppe stammt vom russischen Wort *stepj* ab. Es heißt übersetzt „dürres Land". So haben diese Dürre ertragenden Vegetationsformen ihre weiteste Verbreitung in Osteuropa, das vor allem durch kontinentales Klima geprägt ist. Erwähnt seien die Steppen der Ukraine, die Reste der Puszta in Ungarn oder der klimatisch „steppennächste" Teil Mitteleuropas, der pannonische Raum Niederösterreichs.
Für die Ausbildung der in Steppen vorkommenden Pflanzengemeinschaften sind vor allem warme Sommer, kalte Winter und wenig Niederschläge verantwortlich. Insbesondere eine ausgeprägte Sommertrockenheit wird zum Auslesefaktor für die Artenmischung.
Je nach Niederschlägen und Bodenart gliedert man nach verschiedenen Pflanzenformen oder Böden in Busch-, Strauch-, Kraut- und Grassteppe oder in Sand-, Salz- oder Tonsteppe. Bei Übergängen zwischen geschlossenem Wald und offener Steppe spricht man von einer Waldsteppe. Ähnlich wie die Steppenheiden bilden sie in Mitteleuropa nur inselartige Vorkommen. Auch die Steppenrasen in Deutschland, der Schweiz und Österreich kommen nur in kleineren Ausdehnungen und als Inseln vor und zeigen häufig Übergänge zu Halbtrockenrasen, Trockenrasen und Felsrasen.
Das Vorkommen der Steppenrasen beschränkt sich auf trockene, flachgründige und basenreiche Böden. Sie finden sich auf Felsbändern des Muschelkalks, auf den Kuppen von Gipsfelsen, über Schottern des Alpenvorlandes und auf sandigen Böden im Oberrheintal, in Thüringen und an der Oder.
Steppenartige Formen der Trocken- und Magerrasen kennen wir vor allem von Österreich, etwa aus den trocken-warmen Gebieten des nordöstlichen Niederösterreich, der Wachau, dem Marchfeld, dem Steinfeld und dem nördlichen Burgenland. Gerade in Österreich finden sich deshalb viele Florenelemente der osteuropäischen Steppen, darunter der Ungarische Blasen-Tragant, der Tatarische Meerkohl und die Östliche Hornmelde. Letztere ist eine asiatische Gebirgssteppenpflanze, die ein Relikt aus der Eiszeit darstellt.
Die Pflanzenwelt der Steppen wird vor allem durch Gräser geprägt, die horstbildend vorkommen. Typisch und auffällig sind die Federgrasarten mit ihren langen, silbrig schimmernden Samenständen. Eine andere Auffälligkeit sind die nach den Frühjahrsregen zur Entfaltung kommenden Knollen- und Zwiebelpflanzen wie Tulpen, Hyazinthen und andere Liliengewächse. Besonders den kurzlebigen einjährigen Pflanzen verdankt der Steppenfrühling seine vielgepriesene Schönheit. Sie sind bis zur Sommertrockenheit verblüht und haben ausgesamt.
Tiere der Steppenrasen sind vor allem bodenlebende Vögel wie Heide- und Haubenlerche, das nördlich der Alpen ausgestorbene Steppenhuhn oder die Großtrappe. An die trockenen Standorte der Steppen sind Ziesel, Hamster und verschiedene Mausarten gebunden. Neben Schlangen und Eidechsen bieten Steppenrasen auch einer Vielzahl bedrohter Insektenarten einen Lebensraum. Schmetterlinge, Heuschrecken, Grillen, Bienen, Spinnen, Käfer und Ameisen finden hier optimale Bedingungen. Auch spezialisierte Schneckenarten, die an den Gräsern aufsteigen, sind zu nennen.
Eine Besonderheit der Steppenvegetation in Österreich sind die pannonischen Alkalisteppen. Sie sind durch die Sommertrockenheit Ostösterreichs in Verbindung mit tonig-sandigen und salz- und sodahaltigen Böden gekennzeichnet. Diese Bereiche der Salzsteppen finden sich in der pannonischen Tiefebene etwa um den Neusiedler See. Bei den hier vorkommenden Pflanzen handelt es sich um hochangepasste Arten der Binnensalzstandorte und Arten der westasiatischen Salzwüstengebiete. Seltenste, hochgefährdete Käferarten und spezialisierte Schneckenarten kommen hier vor.
Obwohl reine Steppenrasen ohne menschliches Zutun entstanden sind, gibt es viele Ausprägungen in Mitteleuropa, die ihre Entstehung dem Menschen und seinen Weidetieren verdanken. Wenn sie erhalten bleiben sollen, dann müssen sie weiterhin auf dieselbe Art und Weise gepflegt und bewirtschaftet werden. Alle Restvorkommen von Steppenrasen in Deutschland, der Schweiz und Österreich sind durch landwirtschaftliche Intensivierung, Bebauung, Tourismus und Ablagerung von Aushub und Schutt stark gefährdet und bedürfen dringenden Schutzes.

Wiesen, die eigentlich keine sind

Eine nicht unbedeutende Fläche Österreichs, der Schweiz, Deutschlands und Luxemburgs trägt Wiesen besonderer Art. Obwohl sie in den meisten Fällen nicht der bäuerlichen Pflege unterliegen, werden sie vom Laien optisch nicht vom landwirtschaftlichen Grünland unterschieden.

Es sind Flächen, die der Naherholung, dem Sport, dem Verkehr, dem Militär, der Versorgung, dem Erosionsschutz oder der Zierde dienen. Obwohl sie flächenmäßig nur schwer quantifizierbar sind, sollen die folgenden Beispiele zeigen, welche Dimensionen sich dahinter verbergen. Allein die Fläche der Hausgärten in Deutschland übertrifft die der Naturschutzgebiete um das Dreifache. Hier haben eifrige Ziergärtner das Mähen und Pflegen des so genannten Englischen Rasens übernommen – ein Kunstprodukt aus wenigen Ziergräsern, das vor allem einen grünen Teppich im Garten ersetzen soll.

Eine andere Variante außenlandwirtschaftlicher Wiesen- und Rasenflächen stellt das Straßenbegleitgrün dar. Es bedeckt Böschungen, Gräben, Mittelstreifen, Zufahrtswege und Verkehrsinseln. Bei einer Gesamtlänge der Straßen in Österreich, Deutschland, der Schweiz und Luxemburg von 800 922 Kilometern lässt sich erahnen, welche immense Fläche hier allein von den Straßenbauverwaltungen, Bauhöfen und städtischen Gärtnereien grünlandähnlich unterhalten wird. Obwohl die Belastung durch Abgase und Schadstoffe hoch ist, finden sich hier noch einige Wiesenpflanzen, die in landwirtschaftlichen Intensivgebieten schon lange keine Chance mehr haben.

Vor allem wenn es sich um Böschungseinschnitte handelt, auf denen keine humusreiche Erde aufgebracht wurde, konnten sich auf diesen so genannten Rohböden Trocken- und Magerrasen unterschiedlichster Ausprägung und höchster Schutzwürdigkeit ausbilden. Die Bedeutung dieser Flächen für den Naturschutz, insbesondere ihre Funktion als bandförmige Biotopstrukturen, die Naturräume vernetzen, wurde leider von Naturschützern, Straßenbauverwaltungen und Bauhöfen bisher noch viel zu wenig erkannt. Diese Flächen können nämlich durch fachlich versiertes Naturschutzmanagement dort arterhaltende Wirkung entfalten, wo die Landwirtschaft ihren landschaftspflegerischen Aufgaben nicht mehr nachkommt. Teilweise lassen die ausführenden Ämter schon Wiesen und Landschaftsrasen einsäen und pflegen die Flächen wiesenähnlich.

Auch Verkehrseinrichtungen der Bahn erfüllen diese Funktion noch weitgehend. Böschungen, Dämme und Verschnittflächen

Wiesen, die eigentlich keine sind: Entlang von Straßen und Wegen finden sich ebenso wie an Bahnböschungen die unterschiedlichsten Rasen, Wiesen und Grünlandaspekte. Wo diese noch nicht verbuscht sind, sollten sie offen gehalten werden.

Dort, wo noch blütenreiche Wiesen erhalten geblieben sind, zeigt sich auch die internationale Vernetzung. So steht manche Magerböschung am Wegesrand im überregionalen Verbund mit ähnlichen Lebensräumen in Südeuropa und Nordafrika. Das zeigen uns zum Beispiel die Distelfalter, die im Frühjahr aus diesen Gebieten die Alpen überqueren und nach Mitteleuropa einflattern.

zwischen den Gleisen sind hier zu nennen. In Stuttgart und anderen Städten gibt es sogar Beispiele, wo zwischen die Gleise der Straßenbahn Gras gesät wurde. Bei Liegenschaften der Verkehrs- und Versorgungsinfrastruktur soll mit der Begrünung durch Landschaftsrasen der Erosion vorgebeugt werden. So findet sich Rasen und Wiesenflächen auf Dämmen des Küstenschutzes, an Schifffahrtswegen, auf Flugplätzen, über und unter Leitungstrassen der Wasser- und Energieversorgung, in Umspannwerken oder im Bereich von Industrieanlagen.

Im militärischen Bereich sind es Truppenübungsplätze, Munitionslager, Flug- und Raketenbasen, Schießbahnen und zahlreiche andere Einrichtungen, die zum Zwecke der Sicherheit, der Tarnung oder des Erosionsschutzes mit Wiese oder Rasen eingesät sind und regelmäßig extensiv gepflegt werden.

Einen expandierenden Anteil von Grünflächen in Form von Wiesen und Rasen nehmen öffentliche Anlagen ein, die der Naherholung, dem Tourismus oder der Freizeitgestaltung dienen.

Mit dem Konzept der Gartenschauen wird in neuerer Zeit versucht, wieder mehr Parks und Natur in die Städte zu bringen, einen ökologischen Ausgleich zur Bebauung herzustellen und die Bevölkerung wohnungsnahe Erholungsräume anzubieten. Es gibt schon eine Reihe von Beispielen, wo die Planer solcher Parks für stadtnahe Wiesen in Wohnungsnähe sorgten.

Ab etwa 1980 gingen umweltbewusste und fortschrittliche Verwaltungen dazu über, solche Flächen auch als Ersatz für landwirtschaftliche Wiesen artenreich und optisch vielfältig zu gestalten und zu pflegen.

Ob Parks, Grünanlagen, Badeseen, Freibäder, Sportanlagen, alle diese Bereiche des öffentlichen Grüns dienen der Freizeitgestaltung und Erholung und sind in ihrer Summe wichtige ökologische Ausgleichsflächen, die Rückzugsgebiete und Ruheraum für Mensch, Tier und Pflanzen darstellen. Innerstädtische Biotopkartierungen haben nachgewiesen, dass diese Flächen von ihrem bioökologischen Wert her landwirtschaftlich genutzte Flächen teilweise ersetzen können. So stellt der Rosensteinpark in Stuttgart, dessen Wiesen das Futter für den örtlichen Zoo, die Wilhelma, liefern, die letzte große Salbei-Glatthaferwiese auf der gesamten Gemarkung dar.

Andere Parks, wie etwa der Favoritepark in Ludwigsburg oder der Rot- und Schwarzwildpark in Stuttgart, werden sogar vom Wild beweidet. Mit diesem extensiven Naturschutzmanagement erreichen die Forstämter, dass historische Hudewälder in ihrem Charakter und in ihrer Vegetation erhalten bleiben. Auch Friedhöfe können ökologische Funktionen übernehmen, wenn sie entsprechend gepflegt und entwickelt werden.

All die genannten Flächen werden noch ergänzt durch eine Vielzahl flächennutzender Freizeitaktivitäten, die oft privatwirtschaftlich oder durch Vereine organisiert sind. So benötigen Aktivitäten wie Reiten, Golf spielen, Schießen, Hundesport, Kleintierzucht, Motocross, Ski fahren, Modellfliegen, Paragleiten und viele andere Freizeitbeschäftigungen mehr in der Regel Flächen mit wiesen- oder rasenartigem Bewuchs, der regelmäßig gepflegt werden muss.

Auch diese Biotope sind in ihrer Gesamtheit nicht zu unterschätzen. Der Anteil der Freizeit in unserer Gesellschaft ist bis heute stetig gestiegen. Das führte im Bereich der Ballungszentren und um die Städte zu einem Boom an Gartenhaus- und Wochenendhausgebieten. Gerade letztere dehnten sich immer mehr in bisher landwirtschaftlich genutzte Landschaftsteile hinein aus, wo häufig noch extensive Wiesen und Streuobstwiesen zu finden waren.

Die Städter verändern diese Strukturen nach ihren urbanen Vorstellungen und Leitbildern und nutzten sie als Freizeit- und Wochenendgrundstücke mit allen negativen Auswirkungen auf Natur und Landschaft, die sie zum Teil aufweisen. So rodeten sie Obstbäume und machten mit dem Rasenmäher aus bunten Blumenwiesen eintönige Zierrasen, verstreuten Kunstdünger und Pestizide und brachten fremdländische Zierpflanzen ein – alles auf Kosten der Artenvielfalt der jeweils typischen Kulturlandschaft und der Umwelt.

Wenn die Erholung Suchenden in Stadtnähe diese Freizeitinfrastruktur nicht vorfinden, werden in Gebieten mit Erholungseignung, z. B. im Schwarzwald oder auf der Schwäbischen Alb, Wochenendhausgebiete und Feriensiedlungen, Campingplätze und ähnliche Einrichtungen erstellt, wo der Städter das sucht, was es in der Stadt oft nicht mehr gibt: Ruhe, Erholung und Natur.

Gerade Länder und Regionen mit hohem Grünlandanteil wie die Schweiz, Österreich, das Allgäu, die Mittelgebirge und die norddeutsche Tiefebene sind bevorzugte Reiseziele Erholung suchender Städter. Neben dem beliebten Grünland bieten diese Regionen auch die verschiedenen Freizeiteinrichtungen an. So werden in Skizentren immer mehr Abfahrten künstlich hergerichtet und gepflegt und somit mehr und mehr Bereiche aus der landwirtschaftlichen Nutzung entlassen.

Je nach Zweck erfordern die Grünflächen bestimmte Pflegeverfahren, die sich an den topographischen, technischen und finanziellen Möglichkeiten der Betreiber und Besitzer ausrichten. Entsprechend unterschiedlich sind die Wiesen- und Rasentypen, die dadurch hervorgebracht werden.

Zierrasen, Sport- und Landschaftsrasen

Wie in vielen anderen Bereichen unserer technisierten, standardisierten, überperfekten Welt hat sich die Normung auch dem kleinen Bruder der Wiese, dem Rasen, angenommen.

Je nach Zweck und Nutzung legen sogar Normen wie die DIN (Deutsche Industrie Norm) Bodenaufbau, Saatgut und Pflege von Rasenflächen fest. Es sind dies die Richtlinien, die bei Ausschreibungen von Arbeiten für den Garten- und Landschaftsbau Anwendung finden. Man darf sich deshalb nicht wundern, wenn man auf jedem Sportplatz oder an jeder Straßenböschung gleiche Verhältnisse vorfindet. So schreibt etwa die DIN 18915 bei Landschaftsbauarbeiten vor der Aussaat von Landschaftsrasen die Andeckung einer Vegetationsschicht vor. Das bedeutet, dass geologische Schichten, die beim Straßenbau angeschnitten werden, vor dem Pflanzen oder der Aussaat mit Oberboden angedeckt werden müssen.

Landschaftsökologen plädieren jedoch schon seit langem dafür, gerade diese Standorte nicht zu humisieren, damit sich so neue Mager- und Trockenrasen oder zumindest andere artenreiche Trockenstandorte bilden können. Das Verfahren, das von der DIN oder von deren rein technokratisch denkenden Erfindern vorgeschrieben wird, schafft lauter einheitliche Ausgangsbedingungen und verhindert, dass sich die seltenen Trocken- und Magerrasen mit ihren vielfältigen Lebensgemeinschaften heute noch neu bilden können. Es ist höchste Zeit, dass solche unsinnigen Regelwerke, auf ihre Umweltauswirkung hin durchforstet und bereinigt werden.

Rasen, der kleine Bruder der Wiese

Wer kennt sie nicht, die Situation: Man hat sich samstagnachmittags gerade auf der Terrasse zu einem gemütlichen Tässchen Kaffee mit einem Stückchen Kuchen niedergelassen, oder man sucht Ruhe vom Alltagsstress in einer Hängematte auf dem Wochenendgrundstück, da startet der Grundstücksnachbar einen Rasenmäher mit der Lautstärke eines Flugzeugmotors. Meist folgen darauf zwei oder drei weitere motorisierte Wochenendgärtner, die, angeregt durch den Fleiß des Nachbarn, in das laute Brummen einfallen.

In früheren Zeiten war diese Geräuschkulisse mit der Rasenpflege ebenso eng verbunden wie das so eintönige wie eindringliche „Rrrsch-Pft-Pft-Pft-Pft" der automatischen Rasensprenger, die an heißen Sommertagen ihre regenbogenschillernden Wasserkaskaden über Sportplatzrasen und öffentliche Grünflächen ergossen. Heute ist das Geräusch der Rasenmäher zwar aus Umweltschutzgründen leiser geworden, häufig nur noch ein Brummen und Summen, aber es gehört nach wie vor zum unverzichtbaren Indiz einer Gartenhaussiedlung oder einer rasenbestandenen Neubausiedlung in Einzelhausbauweise. Die hohen Niederschläge in England boten beste Voraussetzungen für die Entwicklung des bekannten englischen Rasens, der dann zu einem Exportschlager auf der ganzen Welt wurde.

So fand auch die erste internationale Rasenkonferenz 1969 in England statt, wo insgesamt 80 Rasenspezialisten aus der ganzen Welt ihre Erfahrungen austauschten.

Normen wie die DIN 18917 zur Herstellung von Rasenflächen regeln die Handelsanforderungen an Rasensaatgut, Regelsaatgutmischungen oder die Beschaffenheit von Fertigrasen. Sie legen genauestens fest, wie diese grünen, lebenden Teppiche beschaffen sein sollen. Pflanzenzüchter aus den USA, Holland oder Deutschland haben damit begonnen, sich für Rasengräser zu interessieren und je nach Nutzung verschiedene Sorten zu züchten.

War das züchterische Interesse der Landwirtschaft vor allem auf hoch wachsende Grassorten mit großem Heuertrag konzentriert, die einen hohen Nährwert und gute Massenentwicklung aufzuweisen hatten, so weichen die Ziele bei der Züchtung von Rasengräsern erheblich davon ab. Bei den Rasengräsersorten kommt es den Züchtern vor allem auf die Dichtnarbigkeit, gute Schnittverträglichkeit, Ausläuferbildung und Blattfarbe sowie auf Resistenz gegen Krankheiten und Trockenheit an. Auch die jeweiligen Standorte und Nutzungen spielten bei der Züchtung eine Rolle.

Insbesondere die Arten Deutsches Weidelgras, Lieschgras, Straußgras, Rotschwingel und Wiesenrispe wurden für Zwecke der Rasenanlage züchterisch bearbeitet. Eine bekannte Sorte, die für die Anlage als Monokultur in Golfgrüns verwendet wird, ist *Agrostis stolonifera* Penncross, das an der Universität Pennsylvania aus drei Mutterpflanzen gezüchtet wurde.

Von den rund 1000 bekannten Grasarten eignen sich nur wenige zur Verwendung in Rasenflächen. Es sind dies niederwüchsige Arten, von denen erwartet wird, dass sie eine dichte, lückenlose, dunkelgrüne und kräuterfreie Grasnarbe bilden. Auch müssen sie die ganze Tortur der Rasenpflege unbeschadet über sich ergehen lassen können. Dies sind aber Zielsetzungen, die kaum mit Naturschutz- und Umweltschutzzielen in Einklang zu bringen sind.

Wunderschöne Kräuter wie Gänseblümchen, Löwenzahn oder Weißklee werden von Rasenliebhabern als „Unkräuter" bezeichnet, da sie ihr ästhetisches Empfinden stören. Sie werden in Zier-, Sport- und Golfrasen rigoros bekämpft. Auch Maulwürfe, Mäuse und Regenwürmer sind in Rasenflächen unerwünscht und werden teilweise unnachgiebig verfolgt.

Ebenso wird das Moos, das sich überall dort entwickelt, wo Rasenpflanzen schlechte Lebensbedingungen haben, energisch vertilgt. Auch Hutpilze, die etwa auf Wurzelholz, das von gefällten Bäumen übrig blieb und im Boden verrottet, wachsen und gedeihen, haben in der Mehrzahl der Fälle den Rasengärtner gegen sich. Dabei gibt es eine ganze Reihe von Sonderfällen und Möglichkeiten, diese Arten im Rasen zu dulden und zu erhalten, ohne die Zweckbestimmung des Rasens zu gefährden. Funktionen wie Begehbarkeit, Befahrbarkeit oder Bespielbarkeit sind bei vielen Rasenflächen auch dann noch gegeben und teilweise sogar noch besser, wenn außer Gras auch noch etwas anderes darauf wachsen darf. So ist z. B. die Böschung, die Ehrenpreis, Wegerich und Gänseblümchen trägt, ebenso gegen Erosion gefeit wie eine reine Grasfläche. Fußball lässt sich auch auf einem Trittrasen spielen, der von trittresistenten Pflanzen wie Wegerich, Einjährige Rispe und Vogelknöterich bestimmt wird. Oft ist ein weicher Moosrasen für ein Barfußfederballspiel sogar eine angenehm kühle Grundlage. Dies wird inzwischen von vielen Grünflächenämtern und Rasenbesitzern ähnlich gesehen. Dass hier ästhetische Gründe zugunsten von ökologischen zurückgestellt werden müssen, liegt auf der Hand.

Je nach Nutzung lässt hier die DIN-Norm zur Herstellung von Rasenflächen unterschiedliche Anwendungsbereiche zu. Als Rasenfläche mit den höchsten Pflegeansprüchen wird der Zierrasen genannt. Er eignet sich als Repräsentationsgrün und für Hausgärten und soll eine dichte, teppichartige Narbe aus feinblättrigen sattgrünen Gräsern haben. Beanspruchbarkeit und Widerstandsfähigkeit gegen Trockenheit sind die Eigenschaften des Gebrauchsrasens, der für öffentliches Grün, Wohnsiedlungen und Hausgärten vorgeschlagen wird. Noch höhere Anforderungen stellt der Spielrasen dar. Für Spielplätze, Liegewiesen, Hausgärten und Ähnliches wird eine ganzjährig hohe Beanspruchung gefordert.

Für jeden Verwendungszweck steht also eine spezielle Regelsaatgutmischung zur Verfügung. So wird vom Landschaftsrasen erwartet, dass er Erosionsschutz bietet und gegen Trockenheit resistent ist. Er soll in der freien Landschaft und an Verkehrswegen verwendet werden. Belastbarkeit und Befahrbarkeit wird vom Parkplatzrasen verlangt, der auf Parkplätzen und Zufahrten angesät wird. Ihn findet man auch sehr oft in Rasengittersteinen oder so genannten Rasenziegeln, die Wasser durchlässig sind und Verkehrsfläche mit Grünfläche optimal verknüpfen. Rasen kann ausgesät, aber auch als Rollen oder in Platten verlegt werden.

Noch ein Hinweis auf das deutsche Regelwerk zur Anlage von Rasenflächen. Dort gibt es zum Beispiel auch eine DIN-Norm zur Anforderung, Pflege und Prüfung von Sportplätzen sowie von Rasenflächen auf Sportplätzen, die den gesamten Aufbau des Untergrunds vom Baugrund über die Dränschicht bis zur Rasenschicht detailliert vorschreibt.

Auf die Kunst der Rasenanlage und Pflege soll hier nur streiflichtartig eingegangen werden. Neben dem obligatorischen Schnitt, der beim Zierrasen etwa 20–30-mal pro Jahr erfolgt, wird der Rasen noch gedüngt, beregnet, gewalzt, dräniert und ärifiziert, d. h. belüftet und senkrecht geschnitten.

Gemäht werden Rasenflächen entweder mit einem Spindelmäher oder dem Sichelmäher. Letzter verfügt über eine Welle, an der mehrere Messer angebracht sind. Durch hohe Umdrehungsgeschwindigkeit wird das Gras abgehackt. Der Spindelmäher schneidet nach dem Prinzip der Schere, wobei Messerwalzen das Gras an einer Eisenkante abscheren. Er schneidet wesentlich sauberer und kürzer als der Sichelmäher und wird vor allem auf Golfplätzen eingesetzt.

An Böschungen, vor allem entlang von Straßen und zur Pflege extensiver Grünflächen, werden häufig Schlegelmäher verwendet. Hier sind an einer schnelldrehenden Welle Hammermesser befestigt, die Gras und Kräuter abschlagen und zerhacken. Obwohl Mährückstände liegen bleiben können, wird häufig das Mähgut direkt abgerecht und abtransportiert. Insbesondere beim Mulchverfahren und bei häufigen Schnitten können die Rasenschnitte auf dem Rasen liegen bleiben.

Neben Mineraldüngern werden auf Rasenflächen oft Wuchsstoffherbizide gegen zweikeimblättrige Pflanzen eingesetzt. Diese Herbizide töten breitblättrige Pflanzen im Rasen ab.

Übrigens setzt auch die Landwirtschaft solche Herbizide gegen zweikeimblättrige Pflanzen wie den Wiesenkerbel auf Wiesen ein. Der Wiesenkerbel hat schlechte Futterqualitäten und geht vor allem bei der Heuernte verloren, da seine filigranen Blätter in getrocknetem Zustand leicht brechen und zerbröseln.

Auch gegen Moos und tierische Organismen setzen Rasengärtner Giftpräparate ein. Pilzerkrankungen wie Schneeschimmel, Dollarspat oder Blattrost werden mit Fungiziden bekämpft.

Pflanzen, die der Mäher begünstigt

Eine Reihe von Pflanzen, die naturverbundene Gartenbesitzer gerne in ihrem Rasen sehen und die auch eine bedeutende ökologische Bilanz aufzuweisen haben, werden vom Liebhaber des europäischen Einheitsrasens als „Unkräuter" bezeichnet. Dabei handelt es sich um solche Pflanzen, deren Vegetationspunkte unter den Schermessern liegen und die deshalb durch den Schnitt besonders begünstigt werden. Viele von ihnen bilden Blattrosetten aus, die eng am Boden anliegen, z. B. Gänseblümchen, Löwenzahn und Wegerich. Auch solche Kräuter, die Ausläufer in unmittelbarer Bodennähe austreiben, fallen unter die Begünstigten. Dies sind u. a. Vogelknöterich, Weißklee, Gundermann, Ehrenpreis und Kriechender Günsel.

Vielen Rasenbesitzern sind diese Pflanzen eigenartigerweise ein Greuel, und sie werden alles versuchen sie zu vernichten. Auch manche Gräserarten sind dem Rasengärtner ein Dorn im Auge wie die Einjährige Rispe, die es sich erlaubt, das ganze Jahr über zu blühen.

Dem umweltbewussten, aufgeschlossenen Rasenfreund sind diese Pflanzen jedoch kein rotes Tuch, und er wird sie nach Kräften fördern, weiß er doch, dass sie als Nektarfutterpflanzen für eine ganze Reihe von Tieren eine gute Nahrungsgrundlage darstellen. Auch lehnt er die mit der Erhaltung der Rasenmonokulturen einhergehende Umweltbelastung aus verständlichen Gründen ab.

Unter Schuhen und Rädern

Eine vegetationskundliche Besonderheit der Rasenflächen befindet sich im Bereich von befahrenen oder häufig benutzten Wegen und Plätzen, die rasenbewachsen sind. So z. B. auf schlecht gepflegten Fußballplätzen im Bereich der Tore, wo der Boden lehmig und verdichtet ist. Die Rede ist vom Weidelgras-Breitwegerichteppich. Es finden sich darin fast immer dieselben Arten: Deutsches Weidelgras, Strahlenlose Kamille, Breitwegerich, Jährige Rispe und Vogelknöterich; allesamt Pflanzen, die starke Trittbelastung ertragen und auch durch Wasserstau, der auf verdichteten Lehmböden häufig auftritt, begünstigt werden. Die Pflanzen finden sich ebenso häufig auf Viehweiden, und zwar an Tränkestellen und Viehruheplätzen als Weidetrittpflanzengesellschaften.

Eine Vegetationsform, die an diesen Trittpflanzenteppich erinnert, ist der Kriechrasen zeitweilig überfluteter Standorte, der z. B. auch auf Feld- und Waldwegen im Bereich von Pfützen wächst. Er durchsetzt Rasenflächen und Grünlandgesellschaften in lehmigen Flusstälern und seichten Dellen, wo sich zeitweilig Regenwasser sammelt und längere Zeit stehen bleibt, sodass die Luftarmut im Boden das Wachsen von Wiesenpflanzen behindert. Vor allem der Knickfuchsschwanz-Flutrasen ist in Flussauen des Tieflandes charakteristisch. Typische Pflanzen sind das Weiße Straußgras, das Gänsefingerkraut, der Knickfuchsschwanz und der Kriechende Hahnenfuß.

Der Golfrasen – gehänselter grüner Teppich

European Masters in Crans-sur-Sierre in der Schweiz. Der Golfchampion legt den kleinen weißen Ball auf den Tee, wie der kleine Holzstöpsel genannt wird, der im saftiggrünen, dichten, kurzgeschorenen Grasteppich steckt. Der Golfer prüft die Windverhältnisse und wählt bedächtig seinen *Driver*, einen

Schläger für den Abschlag aus. Dann fasst er sein Ziel, das Green Nummer sieben, ins Auge und führt einige simulierte Probeschläge aus, bis er schließlich mit enormer Kraft den Golfball mit dem schweren Schläger über eine Distanz von 160 Meter im weiten Bogen über das *Fairway*, die Spielbahn, befördert. Der Ball landet auf dem Green Nummer sieben, wo er zweimal aufhüpft, um dann im 3-Meter-Abstand vom *Puttinghole* liegen zu bleiben. Der Golfchampion hat die leicht rechtskurvige Flugbahn mit der Hand über den Augen verfolgt und macht sich jetzt mit einem Tross von Sportreportern und Helfern zum Green Nummer sieben auf den Weg. Hier sucht er sorgfältig den Einlochschläger aus. Aus dieser Entfernung locht er den Ball gekonnt mit einem leichten Schlag ein. Er schlägt die vier Runden mit 277 Schlägen – eine Bestleistung auf diesem 18-Loch-Platz.

Obwohl dieser Turnierausschnitt ein nicht alltägliches Ereignis auf dem Platz darstellt, zeigt es doch die wesentlichen Spielregeln dieses Sports auf, der wie kein anderer mit Grünlandflächen verbunden ist.

Nach Überlieferungen soll der Golfsport aus Schottland stammen, wo schottische Landadlige damit begannen, zwischen Dünen, Heidelandschaften und Schafweiden mit Krummstöcken Bälle auf ein Ziel hin zu schlagen. Auf Umwegen über Amerika ist diese anglikanische Sportart auch nach Mitteleuropa gelangt, wo sie immer mehr zum Volkssport avanciert.

Heute ist das *Putting Green* oder Einlochfeld zum Inbegriff des Superrasens schlechthin geworden und hat mit dem natürlichen Grünland eigentlich nichts zu tun. Das Green wird aus der Monokultur spezieller Golfrasensorten gebildet, die auf diese Aufgabe hin gezüchtet wurden. Sie vertragen extrem häufigen Schnitt und werden in manchen Fällen bis zu zweimal täglich gemäht, wodurch sie sehr dicht wachsen. Der Golfer wünscht sich sein Grün *smooth*, d. h. weich und glatt, so dass der Ball leicht und ohne Hindernisse ins *hole* gelangt.

Der Mann, der diesen Extremrasen bereitzustellen hat, heißt *Greenkeeper*, im Golferparadies Nordamerika ein Ausbildungsberuf. (In jüngerer Zeit auch in Europa.) Er mäht das Grün bis zu 420-mal im Jahr. Während der Wintermonate bringt er bis zu viermal Spritzmittel gegen Schneeschimmel aus, eine der gefährlichen Pilzerkrankungen, die die empfindlichen Rasenpflanzen befällt und zur Auflösung des Rasenteppichs führen kann. Wenn tierische Schädlinge die Golferidylle stören, werden auch sie in der Regel chemisch bekämpft.

Darüber hinaus muss während der Hauptwachstumszeiten im Frühjahr und im Herbst mehrmals bis zu 12 Kilogramm Stickstoff auf 100 Quadratmeter gedüngt werden. (Dies ergibt die sechsfache Menge an Dünger, die ein Grünlandwirt im Allgemeinen ausbringt.) Siebenmal muß ärifiziert und zweimal vertikutiert werden, damit der Golfrasen in Form bleibt. Beim Ärifizieren werden flächendeckend kleine Erdstöpsel aus dem Rasenboden gezogen. Die entstandenen Hohlräume verfüllt man anschließend mit einem Sandsubstrat. Unter Vertikutieren versteht man das Mähen mit senkrecht stehenden Messern. Dieser Vorgang verhindert das Verfilzen der Grasnarbe. Bei Trockenheit wird regelmäßig morgens und abends eine automatische Beregnungsanlage in Gang gesetzt. Der gewissenhafte Greenkeeper schleppt morgens ein dickes Seil über sein Green, um den Tau abzustreifen. Dies beugt Schimmelerkrankungen vor und macht das Green sofort bespielbar.

Alles in allem ein umständliches, energie- und kostenaufwendiges Verfahren, das außer dem Straußgras keine anderen Pflanzen duldet und durch den Einsatz von Chemie Umwelt und Grundwasser schädigt. Aber für den Golfer stellt dieses gehätschelte Grün ein Credo dar. So bedürfte es schon großer Überzeugungsarbeit, ihn für einen Kunstrasen als Ersatz für das lebende, aber nur mit viel Chemie am Leben gehaltene Grün zu begeistern, obwohl eigentlich ein Plastikprodukt in der Bilanz umweltfreundlicher wäre.

Der Golfrasen ist Inbegriff des Schmuck- und Zierrasens schlechthin geworden. In Hausgärten, auf Sportplätzen oder auf Repräsentationsflächen des öffentlichen Grüns wurde er seit etwa 1965 zum Wunschbild und Meilenstein vieler privater und öffentlicher Gärtner. Dabei wird allzuoft vergessen, dass diese hohen ästhetischen Ansprüche, die oft nicht funktional zu begründen sind, mit Belastungen für die Umwelt wie hoher Energieverbrauch, Chemikalieneinsatz, Wasserverbrauch und Grundwasserverunreinigung erkauft werden. Daneben rotten Rasengärtner auf ihren gehätschelten Grünflächen, oft ohne es zu wissen, viele Tier- und Pflanzenarten aus, denen sie eigentlich Lebensraum bieten könnten, wenn sie die Messlatte an ihre Gras- und Rasenfläche weniger hoch anlegen würden.

Dieselben Leute, die mit übertriebenem Ordnungssinn Natur aus ihrem Garten vertreiben, streuen dann im Winter kiloweise Vogelfutter. Es ist schon paradox: Im Winter werden die Piepmätze gemästet und im Sommer finden sie in den totgepflegten Gärten kaum ein Insekt.

Dabei ist naturnahes Grün in Gärten und Grünanlagen gar nicht so schwer zu haben. Wer ein Gespür für die Natur und den Willen zur umweltfreundlichen Grünpflege hat, kann zwischen allen möglichen Abstufungen einer durch Mahd erzeugten Grünfläche wählen, die dennoch naturgerechter sind als der Einheitsrasen.

So entwickelt sich im Schatten der so genannte Moosrasen, der durch zahlreiche Moosarten, niedrigwüchsige, ausläufertrei-

Wiesen, die eigentlich keine sind

Wo Einheitsgrünflächen angelegt werden, haben Margeriten und andere Blütenpflanzen keine Zukunft mehr. Doch auch auf Golfplätzen sind solche blütenreichen Wiesen möglich.

bende Kräuter und schattenverträgliche Gräser gebildet wird. Durch regelmäßiges Schneiden erhält der Gärtner auf mageren Böden einen kräuterreichen Blumenrasen, bei dem mechanische Entkrautungsmaßnahmen und der Einsatz von Unkrautvernichtungsmittel unterbleiben. Dieser Typ setzt sich vor allem aus Rosetten bildenden Pflanzen wie Gänseblümchen, Löwenzahn, Wegerich und niederliegenden, ausläufertreibenden Pflanzen wie Gundermann, Kriechender Günsel und niedrigen Gräsern zusammen. Darüber hinaus ist jede mehrschürige Rasenvariante bis zur einschürigen Wiese denkbar. Es hängt jedoch dabei viel vom Umweltbewusstsein der Gartenbesitzer, der Stadtgärtner oder der Hausmeister ab, welcher Variante der Vorzug gegeben wird.

Natürlich leuchtet ein, dass in einer hochwüchsigen Futterwiese nicht Fußball gespielt werden kann und dass ein Teppich von Weißklee im Freibad zwar für Bienen wertvolle Nektarquellen bietet, aber eben auch zu schmerzhaften Stichen führt, wenn die Besucher barfuß auf diese ansonsten nützlichen und willkommenen Insekten treten. Dennoch ist nicht einzusehen, warum die Grünflächen eines Parks, eines Umspannwerkes, der Bolzplatz oder ein Straßenbankett nur leblose Zierrasenqualität haben soll.

Die Nutzungs- und Erscheinungsvarianten von Rasen und Wiesen können auch am Beispiel des Golfplatzes aufgezeigt werden. So besteht jeder Golfplatz aus den Abschlägen, den Spielbahnen, den Grüns und den Rauhs, im Englischen *roughs* genannt. Vom Grün über den Abschlag, die Spielbahnen bis zum Rauh besteht ein Pflegegefälle, was die Intensität und die Wuchshöhe des Grases anbetrifft. So könnten Abschläge und Spielbahnen seltener gemäht werden. Je nach Einstellung des Golfkomitees und des Greenkeepers werden hier auch Wildkräuter geduldet. Es gibt bereits Golfplätze, wo auf den Spielbahnen Orchideen oder Enziane wachsen.

Erst recht extensiv beginnt der Golfplatz auf den Rauhs zu werden. Diese zwischen den Spielbahnen gelegenen Geländestreifen sind so gestaltet, dass der Golfspieler einige Schwierigkeiten hat, den Ball von dort wieder herauszuschlagen. Die Flächen sind nämlich einer Wiese nicht unähnlich und werden entsprechend selten gemäht, nicht gedüngt oder in manchen Fällen auch beweidet. Je nach Club kommt es auch vor, dass sie an einen Landwirt verpachtet sind, der sie als Grünland nutzt. Es gibt Fälle, wo diese Flächen verkrauten, die Pflege also so weit zurückgenommen wird, dass eine Sukzession, d. h. eine Entwicklung hin zu halbnatürlichen und naturnahen Pflanzenbeständen beginnen kann.

Die Golfplätze in der Schweiz, Deutschland, Luxemburg und in Österreich unterliegen zum Glück keinem einheitlichen Pflegestandard, so dass sich je nach Standort im jeweiligen Naturraum und den verschiedenen Pflegemaßnahmen durchaus hohe bioökologische Potentiale entwickeln können. Eine Funktion die bei einer durchschnittlichen Platzgröße zwischen 80 und 100 Hektar bei einem 18-Loch-Platz nicht zu verachten ist.

Auch die übrigen Ausstattungen, die zu einem Golfplatz gehören, werten diese Flächen, was ihr Arteninventar und das Landschaftsbild angeht, auf. So enthalten sie Sandgruben, die so genannten *bunker*, oder sonstige Landschaftselemente wie Teiche, Bäche, Hecken, Buschgruppen und Baumreihen, die aus der Agrarflur durch Flurbereinigung in vielen Fällen längst ausgetrieben wurden.

Der Golfplatzarchitekt hat, wenn er sich dem Natur- und Umweltschutz verpflichtet fühlt, viele Möglichkeiten, auf die natürlichen Gegebenheiten einer Landschaft Rücksicht zu nehmen. Mit Geschick und Einfühlungsvermögen kann er eine Landschaft ökologisch und gestalterisch aufwerten, wenn er etwa in einer Agrarsteppe plant, wo außer Mais- und Zuckerrübenmonokulturen keine anderen Lebensgemeinschaften mehr vorkommen.

Der Deutsche Golfverband hat in Zusammenarbeit mit dem Institut für Landschaftsökologie der Technischen Universität München einen diesbezüglichen Kriterienkatalog entwickelt. Er enthält Empfehlungen, wie Golfplätze umweltverträglich geplant und gepflegt werden können. Letztlich sind Golfplätze aber nicht geeignet, dem dramatischen Artenschwund zu begegnen. Insbesondere wenn sie – was leider allzuoft geschah – in ökologisch intakten schützenswerten Landschaften angelegt werden. So mancher Halbtrockenrasen verschwand, weil dort ein Golfplatz gebaut wurde.

Wo Grün nicht naturnah sein darf – Flugplätze

Wo Flugzeuge landen und starten sind erfahrungsgemäß sichtmindernde Bäume und Gehölze unerwünscht und stellen eine Gefahrenquelle dar. Deshalb wird man bei der Anlage von Flugplätzen von vornherein in flache, ausgeräumte oder von Natur aus hindernisfreie Landschaften gehen. Diese Landschaften sind in der Regel auch durch Grünland gekennzeichnet.

Eine solche Planung wird dann auch auf Kosten des Grünlandes gehen. So etwa der neue Großflughafen München II, der im Erdinger Moos gebaut wurde. Neben dem enormen Flächenverbrauch hat dieses Großprojekt gerade diese aus einem riesigen Niedermoor hervorgegangene Landschaft nachhaltig zu ihren Ungunsten verändert. Die Bestände des Brachvogels und anderer Wiesenvögel sind lokal erloschen. Die Tage des Weißstorchs, der hier noch in wenigen Brutpaaren vorkam, sind gezählt.

Auf den großen Flächen, die zwischen den Landebahnen und Rollfeldern liegen, wächst zwar wieder Gras, aber in einer ganz anderen Zusammensetzung als in den ehemaligen feuchten und anmoorigen Wiesen und Weiden. Es handelt sich wie bei den meisten Verkehrsflughäfen oder Militärflugplätzen um einen artenarmen, kurzen Gebrauchsrasen, der regelmäßig gemäht oder gemulcht wird. Artenreichtum an Pflanzen oder Tieren wird man dort vergeblich suchen. Das hängt damit zusammen, dass alles unterbunden wird, was dazu führen könnte, dass sich Vögel auf diesen Flächen einfinden. Aus diesem Grund scheidet auch Schafbeweidung aus. Es wird befürchtet, dass die an die Tiere gebundenen Fliegen Vögel anlocken. Vögel stellen auf Flugplätzen ein Unfallrisiko dar, dem durch so genannte Vogelschlagbeauftragte entgegengewirkt wird.

Trotz dieser für den Naturschutz unerfreulichen Vorgaben sollte jedoch an Konzepten gearbeitet werden, wie diese in unserer hochtechnisierten Gesellschaft wohl unvermeidbaren Flächen dennoch als Lebensraum, etwa als Standorte seltener Pflanzen, aktiviert werden können.

Heimliche Wiesen an Rainen, Straßen, Bahnböschungen und Deichen

Wo immer in der Feldflur Geländesprünge auftreten, werden sie in Form von Rainen überbrückt. Raine sind Böschungen zwischen den einzelnen Äckern, Wiesen und auch Wäldern oder zwischen diesen und Wegen. Sie werden oft extensiv bewirtschaftet und nur gelegentlich gepflegt – meist gemäht und manchmal auch beweidet, wenn Viehweiden angrenzen oder noch Wanderschäferei betrieben wird. Heute wird in der modernen, oft zur reinen Agrarproduktion verkommenen Landwirtschaft diese Randfläche leider häufig mit Herbiziden abgespritzt, obwohl dies nach den Naturschutzgesetzen verboten ist.

Je nach geologischem Untergrund, Bodenbeschaffenheit und kleinklimatischen Verhältnissen bilden sich in diesen Räumen typische Lebensgemeinschaften der Wiesen und Weiden oder verwandter Rasengesellschaften aus. So findet sich also an Rainen, Straßenböschungen, an Bahndämmen und auch an Deichen wiesenähnlicher Bewuchs. Wo solche Bereiche intakt blieben, sonnen sich noch Zauneidechse und zirpen Grillen, und man kann auf Spaziergänge noch einen bunten Strauß Wildblumen pflücken.

Die Lebensgemeinschaften der Raine finden sich häufig auf trockenen, mageren und sonnenexponierten Standorten. Dadurch sind sie Lebensraum vieler geschützter Tier- und Pflanzenarten. (In Deutschland generell unter Schutz!)

Leider wurden bei Flurbereinigungen viele dieser Landschaftselemente beseitigt. Noch immer kommt es vor, dass Landwirte die Raine selbst beseitigen, wenn sie ein Wirtschaftshindernis darstellen, vor allem dann, wenn sich die Schlaggröße verändert. Da diese Flächen häufig in unmittelbarer Nachbarschaft intensiv bewirtschafteter Agrarflächen liegen, besteht auch die Gefahr, dass Dünger und Nährstoffe eingeschwemmt werden oder Chemikalien mit dem Spritznebel in die Flächen eindriften und dort zu tiefgreifenden ökologischen Schäden führen.

Eine Besonderheit, welche die Raine so wertvoll macht, ist ihre Längenausdehnung, die früher die Lebensräume der Kulturlandschaft quasi durch einen zufällig entstandenen, aber äußerst wirksamen Biotopverbund verknüpfte. Auch als Regulativ im System des Integrierten Pflanzenschutzes könnten diese Flächen für den Landwirt segensreich sein. Besonders vor dem Hintergrund der Verödung der Landschaft und der Verinselung der Biotope müssen solche Raine erhalten, gepflegt und im Rahmen der Biotopvernetzung neu angelegt werden.

Ebenfalls zu den bandförmigen Biotopstrukturen zählen die Böschungen oder die Dämme entlang von Wegen, Straßen und Bahnlinien. Dazu gehören auch die Deiche. Diese Flächen wurden früher ebenfalls grünlandähnlich bewirtschaftet und haben teilweise heute noch Wiesencharakter.

Bankette, Straßengräben und Böschungen an Dämmen und Deichen sowie an Einschnitten von Wegen und Straßen können reich strukturiert sein. Da sie durch alle erdenklichen Landschaften und geologischen Formationen führen, spiegeln sie so gut wie alle Lebensgemeinschaften der Wiesen und des Grünlandes wider. Da gibt es Felsenrasen, wenn die Straße durchs Gebirge geschlagen wurde, Sandrasen in Dünengebieten, Trockenrasen im Bereich alter Hohlwege wie am Kaiserstuhl, Magerrasen auf Rohböden, wenn diese nicht künstlich humisiert wurden, und nährstoffreiche Standorte, je nachdem welche Substrate beim Bau aufgebracht oder aufgeschüttet wurden. In den Straßengräben können an tieferen Punkten Feuchtstellen und kleine Gewässer auftreten. An den Böschungen können Hangschichtquellen austreten, die ebenfalls die Entstehung von Feuchtlebensräumen begünstigen.

Wurden diese Flächen früher von der Landwirtschaft mitbewirtschaftet, so sind sie heute in der Obhut von Straßenbauverwaltungen, Straßenmeistereien oder Deichverbänden, die je nach technischer oder finanzieller Ausstattung zumindest auf Teilflächen eine grünlandähnliche Pflege garantieren.

Sowohl bei Straßenböschungen als auch bei den Eisenbahnböschungen spielte bei der Bewirtschaftung früher die Kleintierhaltung eine größere Rolle. So mähten Hasenzüchter oder Ziegenhalter dort oft mit der Sichel das Futter für ihre Tiere, die häufig der Selbstversorgung dienten. Heute ist dies leider fast nicht mehr der Fall. Soweit noch Kleintierzucht betrieben wird, geschieht dies als Hobby, und das Futter wird meistens als „Fertigware" über den Fachhandel beschafft.

Wenn Verkehrsflächen heute seltener gepflegt oder ganz der Sukzession überlassen werden, spielen auch oft Kostengründe eine Rolle. Diese Strategie verfolgt insbesondere die defizitäre deutsche Bundesbahn. Wurden die Böschungen früher, vor allem während der Dampflokomotivenzeit, aus Feuerschutzgründen regelmäßig gepflegt, so bleiben sie heute der Sukzession überlassen. Durch die Verbuschung und Wiederbewaldung gehen viele wertvolle Biotopflächen, die einst durch den Bau von Schienenwegen entstanden, verloren.

Früher wurden Bahnböschungen auch abgebrannt, um die entflammbare Vegetationsmasse zu reduzieren. Heute ist dies durch die Naturschutzgesetze zum Glück nicht mehr erlaubt. Unzählige Kleintiere, Reptilien, Amphibien, Jungvögel und Igel fanden in den Flammen den Tod.

Eine weitere naturfeindliche Strategie, die grünlandähnliche Vegetation an Straßenböschungen verhindert, ist das Bepflanzen mit dem so genannten Straßenbegleitgrün. Das sind dichte Busch- und Baumpflanzungen, so genannte „Grüne Würste", entlang der Straßen, die dann weniger oft gepflegt werden müssen, aber bioökologisch weit hinter das Potenzial etwa der Baumallee bestandenen oder mit Einzelgehölzen durchsetzten Grasstreifen zurückfallen. Zum Teil sind sogar die Pflanzpläne erkennbar, weil immer im selben Abstand und im selben Raster die gleichen Strauch- und Baumarten anstanden. Ähnlich wie ein Tapetenmuster. Pseudo-Natur vom Reißbrett. Häufig werden diese kostenintensiven Gehölzpflanzungen jedoch zu Ersatzmaßnahmen bei Eingriffen in Natur und Landschaft hochstilisiert, was sie aber nicht sind. Hier muss ein Umdenken zugunsten der Grünlandvegetation und damit einer vielfältigen Landschaftsstruktur einsetzen.

Kleine Wiesenkunde

Landschaftsökologische und gesellschaftliche Funktionen des Grünlandes

In unserer Industriegesellschaft kann das Grünland längst nicht mehr nur als Produktionsfläche für Viehfutter gesehen werden. Vielmehr treten die ökologischen Funktionen im Naturhaushalt heute stärker in den Vordergrund, Wiesen und Weiden bilden in der dicht besiedelten und vielfach übernutzten Kulturlandschaft Lebensraum für einen beträchtlichen Teil der heimischen Tier- und Pflanzenwelt. Außerdem dient das Grünland sowohl dem Bodenschutz und der Bodenfruchtbarkeit, dem Trinkwasserschutz als auch der Erholung für die Bevölkerung. Damit erfüllt diese Landnutzungsform wesentliche Erfordernisse des Naturschutzes.

Fläche zur Futtergewinnung in der Landwirtschaft

Zu Beginn der Jungsteinzeit, also vor rund 5500 Jahren, gingen unsere jagenden und sammelnden Vorfahren in Europa dazu über, die Wälder zu roden, sich sesshaft zu machen und Ackerbau und Viehzucht zu betreiben. Während dieser so genannten „neolithischen Revolution" wurden in der damals noch vorhandenen Naturlandschaft viele Waldflächen vor allem durch Brandrodung gelichtet und Nutzpflanzen wie Einkorn, Vielzeilengerste (Vorläufer unserer Getreidearten), Rispenhirse und Erbse angebaut. Nachdem der Boden erschöpft war, überließ man die Flächen der Vergrasung. Zwar wurden Rind, Schwein, Schaf und Ziege zu jener Zeit bereits domestiziert, man ließ diese Haustiere aber in der Nähe der Behausungen ganzjährig im Wald weiden, der sich im Laufe der Jahrhunderte dadurch immer mehr auflichtete. Bald merkten unsere Altvorderen, dass der Futterwert der Gräser und Kräuter auf diesen Lichtungen besser war als jener der Waldbodenpflanzen. Trotzdem waren die damaligen Menschen erst viel später, nämlich in der Eisenzeit (ab 500 v. Chr.) dazu in der Lage, das bessere Futter dieser Hude- und Triftweiden mit Sicheln und Sensen zu schneiden, zu trocknen und als Winterfutter (Heu) für die Tiere aufzubewahren. Bis dahin bestand dieses nämlich aus dem Laub der Bäume und Sträucher, welches man an speziellen Orten, den Lauben, trocknete. In manchen Gegenden heißt deshalb der Heuboden noch heute Laube. Aus der extensiven (Wald-)Weide entwickelte sich mit der Zeit die Wiesenwirtschaft, die sich immer mehr technisierte und in der Silage- bzw. Portions-

---

Die Futtermenge wird in der Landwirtschaft in Dezitonnen Trockenmasse pro Hektar angegeben (abgekürzt: dt TM/ha); der Energiegehalt als wichtige Kenngröße der Futterqualität entweder in Megajoule Netto-Energie-Laktation pro kg Trockensubstanz (abgekürzt: MJ NEL/kg TS) oder aber in Stärkeeinheiten (StE).

Sehr gutes Futter mit einer Energiedichte von mehr als 6 MJ NEL/kg TS) liefern:

– Weidelgrasweiden: 4–6 Nutzungen
100–120 dt TM/ha Ertrag

– Mähweiden: 3–5 Nutzungen
80–110 dt TM/ha Ertrag

Gutes Futter mit 5–6 MJ NEL bringen:

– Glatthaferwiesen: 2–3 Nutzungen
70–90 dt TM/ha Ertrag

– Goldhaferwiesen: 1–2 Nutzungen
40–60 dt TM/ha Ertrag

– Halbtrockenrasen: 1–2 Nutzungen
30–50 dt TM/ha Ertrag

Nur mäßiges Futter mit 4 bis 5 MJ NEL kann gewonnen werden aus:

– Feuchtwiesen: 1–2 Nutzungen
50–70 dt TM/ha Ertrag

– Magerweiden: 1–2 Nutzungen
30–40 dt TM/ha Ertrag

Der Flächenanteil des Dauergrünlandes an der Landesfläche beträgt in Deutschland 16, in Österreich 22, in Luxemburg 23 und in der Schweiz sogar 42%. (Stand 1993)

---

weidewirtschaft unserer Tage ihre vorläufig höchste Intensität besitzt.

Der landwirtschaftliche Futterbau gliedert sich heute in das Dauergrünland als die sog. „Grundfutterfläche" und in die „Ackerfutterfläche". Auf letzteren werden höchstwertige und ertragreichste, aber kurzlebige Gras-Klee-Gemenge angebaut. Die Ackerfutterbestände setzen sich aus raschwüchsigen Gräsern wie dem Welschen Weidelgras und einem Kleepartner (Rotklee oder Luzerne) zusammen und werden spätestens im 3. Anbaujahr wieder unter den Pflug genommen. Das energiereichste und am rationellsten erwerbbare, gleichzeitig aber auch das ökologisch fragwürdigste Ackerfutter ist der Silomais, der, wie der Name schon sagt, als Silage ein ideales Winterfutter für leistungsfähiges Milchvieh darstellt.

Aber auch im Dauergrünland – davon spricht man, wenn eine Neuansaat mindestens 5 Jahre alt ist – gibt es heute leistungs-

Landschaftsökologische und gesellschaftliche Funktionen des Grünlandes

Oben: Der Wiesenumbruch und die intensive Bewirtschaftung von Grünflächen nehmen den Feldgrillen und anderen Tierarten den Lebensraum.
Rechts: Es geht auch anders: Dort, wo Straßenbauverwaltungen und andere Verantwortliche der Natur eine Chance lassen und Böschungen nicht mit nährstoffreichem Bodenmaterial abdecken, können sich artenreiche Grünlandstrukturen ansiedeln.

fähige Futterpflanzen. Im extensiveren Bereich, also dort, wo bei 2- bis 3-maliger Nutzung noch Heu bereitet wird, sind es Glatthafer, Wiesenschwingel, Wiesenfuchsschwanz und Rotklee. Im Intensivgrünland dagegen sind es raschwüchsige, schnittverträgliche Arten, die dem frühen Silageschnitt angepasst sind. Dazu gehören Deutsches Weidelgras, Lieschgras und Knaulgras; unter den Leguminosen (Schmetterlingsblütlern) ist es der Weißklee. Diese Intensiv-Arten sind durchweg züchterisch bearbeitet, und ihre wirtschaftliche Bedeutung lässt sich ermessen, wenn man bedenkt, dass allein vom Deutschen Weidelgras ca. 50 Sorten im Handel sind.

Trinkwasser- und Bodenschutz

Der ganzjährig dichte Pflanzenbestand des Dauergrünlandes lässt im Vergleich zu anderen landwirtschaftlichen Kulturarten deutlich geringere Nährstoffausträge zu. Dies gilt sowohl für die vertikale Auswaschung von Nitrat (NO_3) als auch die horizontale Verlagerung von Phosphat durch Oberflächenerosion. Sowohl die NO_3-Konzentration im Sickerwasser als auch die letztlich ausgewaschene Stickstoffmenge beläuft sich unter Grünland auf nur $1/6$ derjenigen des Ackerlandes. Dauergrünland ist deshalb als „Nitratfalle" anzusehen und wirkt der Überdüngung u. a. von Grundwasservorkommen entgegen. Schon deshalb sollten entlang von Gewässern Grünlandstreifen als Pufferzonen angelegt werden. Trotzdem kann es bei einem im Verhältnis zur Leistungsfähigkeit des Standorts zu hohen Viehbesatz auch im Grünland Probleme mit der Nitratauswaschung geben. Bei einem guten Ertragsdurchschnitt von 70–90 Doppelzentner Trockenmasse pro Hektar unter 2–3-maliger Nutzung sollte ein Viehbesatz von 2 Großvieheinheiten (GV) pro Hektar nicht überschritten werden, um negative Auswirkungen der anfallenden Gülle zu vermeiden. Mit einer solchen Beschränkung kann auch der Gefahr einer Lückenbildung in der Grasnarbe begegnet werden.

Da der Nitratgehalt im Grundwasser (Trinkwasser) nach den EG-Bestimmungen nicht über 50 mg NO_3 pro Liter betragen darf, erfordert der Schutz des Grundwassers folgende Einschränkungen der Landbewirtschaftung in Wasserschutzgebieten:

– Umbruchverbot
– Reduzierung der Stickstoff-Düngung,
– Beschränkung des Einsatzes von Wirtschaftsdüngern (Gülle),
– Ausdehnung der Bodenbedeckung durch Pflanzenwuchs,
– Reduzierung der Bodenbearbeitung.

Die Bewirtschaftungsbeschränkungen heben also vor allem auf eine Verringerung des Angebots an Stickstoff (N) bzw. seiner

Wie viel Natur sind wir uns selbst wert? Die Erhaltung solcher blütenreichen Wiesenlandschaft bedeutet auch Bewahrung von Heimat und Identität

Umweltschädlich sind vor allem NH_3, N_2O und NO_3. Durch die Zersetzung des Torfes (oxidativer Torfverzehr) gelangen durch Nitrifikation und Denitrifikation hauptsächlich Stickstoffoxide und Nitrat in die Umwelt. Durch chemische Reduktion von Nitrat unter anaeroben (sauerstoffarmen) Bedingungen entstehen die Gase N_2 und N_2O. Letzteres, das uns auch unter dem Namen Lachgas bekannt ist, schädigt in der oberen Stratosphäre die Ozonschicht und fördert innerhalb der Atmosphäre den Treibhauseffekt. Die Art der Bodennutzung steht also im unmittelbaren Zusammenhang mit unserem Klima.

Wurden Moore stark entwässert, kommt es unter Ackernutzung häufig zu Erosion des strukturgeschädigten Bodens durch Wind. An stürmischen Tagen im Herbst oder Frühjahr erheben sich über großen, entblößten Moorflächen schwarze Staubwolken aus trockenen, feinsten Torfteilchen, die dann über weite Strecken verdriftet werden. Bei Grünlandnutzung kommt dies nicht vor. Auch Mineralböden erhalten durch die ganzjährige Vegetationsdecke einen Schutz. Die geschlossene Pflanzendecke bremst die kinetische Energie der Regentropfen, sodass es schon gar nicht zu einer Aufschwemmung und Ablösung der

Mineralisierung im Boden ab. Zum andern werden solche Kulturarten bzw. Wirtschaftsformen gefördert, die eine lange Bodenbedeckung aufweisen. Dies alles ist durch eine Dauergrünlandnutzung, die auch die Notwendigkeit reduzierter Bodenbearbeitung optimal erfüllt, am besten gewährleistet. Abgerundet durch das Umbruchverbot ergibt sich daraus das Ziel, die mit einer stärkeren N-Mineralisierung verbundene ackerbauliche Nutzung durch eine Grünlandnutzung zu ersetzen. Gleichzeitig entstehen in solchen Gebieten wieder wertvolle Grünlandbiotope für gefährdete Tier- und Pflanzenarten. Dies gilt besonders für humusreiche Böden, also für alle Feuchtgebiete und Moore. Deren Böden sind aufgrund ihres hohen Gehaltes an organischer Substanz (= Torf) und des darin gebundenen Stickstoffs Standorte mit besonders hoher potentieller N-Dynamik. Sie wird vor allem durch ständige Belüftung (Ackerwirtschaft) angekurbelt, durch Grünlandwirtschaft dagegen beruhigt. Nicht nur im Interesse einer bewahrenden Humuswirtschaft, sondern auch aus globalökologischer Verantwortung heraus sollten Stickstoffumsetzungen größeren Ausmaßes – etwa durch Entwässerung und Trockenlegung von Mooren mit anschließender langjähriger Ackernutzung – unbedingt vermieden werden. Dadurch werden nämlich folgende Stickstoffverbindungen erzeugt:

- Ammoniak (NH_3), gasförmige Abgabe an die Atmosphäre,
- Molekularer Stickstoff (N_2), Abgabe an die Atmosphäre,
- Stickstoffoxide (NO_x), Abgabe an die Atmosphäre,
- Distickstoffmonoxid (N_2O), gasförmig oder in Dränwässern gelöst,
- Nitrat (NO_3), im Sicker- und Grundwasser gelöst.

Wieder einmal wurde eine Wiese umgebrochen; wertvoller Lebensraum geht verloren. Stattdessen machen sich Intensiväcker breit. Eine Folge verfehlter europäischer Agrarpolitik, die über Jahrzehnte den Silomais statt der Grünlandbewirtschaftung förderte

Landschaftsökologische und gesellschaftliche Funktionen des Grünlandes

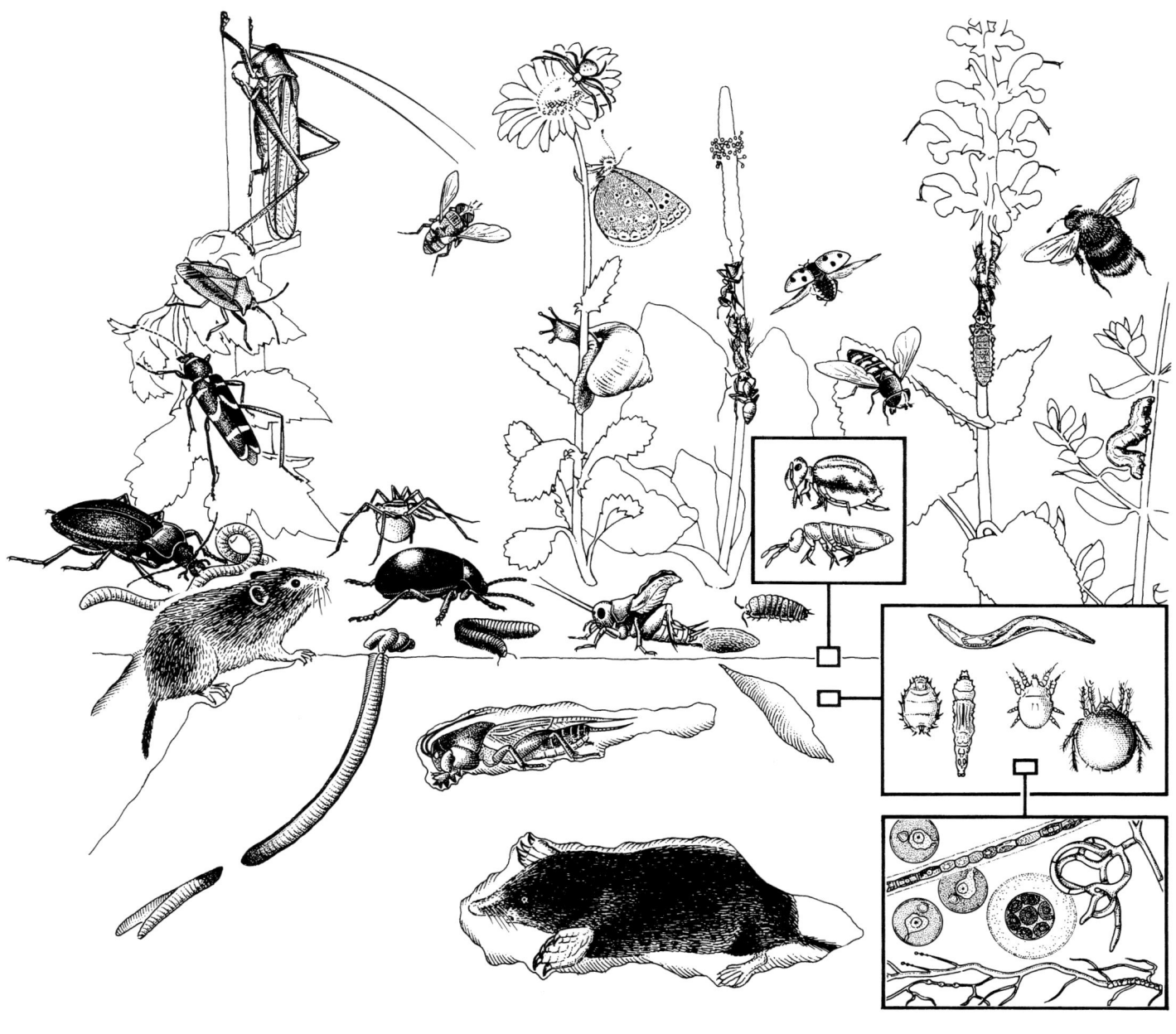

Die Abbildung zeigt die vielfältigen „Stockwerke" und „ökologischen Nischen" einer artenreiche Wiese im Boden und an der Oberfläche. Eine wichtige Rolle im Bodenleben spielen auch die Bakterien, die auf der schematischen Zeichnung nicht dargestellt wurden.

obersten Bodenschicht kommen kann. Dieser Schutz vor Bodenabtrag ist besonders wichtig in Hanglagen.

Neben der Wahrung der Qualität unserer Trinkwasserreserven hat das Grünland noch eine wesentliche Funktion für die Trinkwasserquantität. Großflächige, niederschlagsreiche Grünlandgebiete mit positiver Wasserbilanz sind – ähnlich wie die Wälder – Orte der Grundwasserneubildung. Im Zusammenhang mit der Filterwirkung und den wasserhaltenden Eigenschaften der humosen Bodenschicht kommt es zu einer steten und nachhaltigen Neubildung von Grundwasser. Dabei wirkt auch die verzögerte Wasserabgabe an Bäche und Flüsse mit. Von großer Bedeutung ist diese Eigenschaft, wenn es darum geht, menschliche Siedlungen vor Hochwässern zu schützen. In Bach- und Flussauen verhindert Grünland Bodenverluste, die bei periodischer Überflutung unter Ackernutzung immer vorkommen können. Deshalb geht die Wasserwirtschaft verstärkt dazu über, das noch verbliebene Grünland der Flussauen als natürliche Überschwemmungsflächen zu sichern. Dazu werden Wasserschutzgebiete ausgewiesen. Zusätzlich sorgt etwa in Baden-Württemberg der so genannte Wasserpfennig für landschaftsgerechte Grünlanderhaltung in solchen Schutzzonen. Auch um Seen vor Stoffeinträgen zu schützen, müssen Grünlandrandstreifen angelegt werden, deren Breite wenigstens 10 Meter betragen muss.

Lebensraum für die heimische Tier- und Pflanzenwelt

Wiesen, Weiden und anderes Grünland gehören zu den artenreichsten Biotoptypen Mitteleuropas. Unter allen Grünlandformen weisen besonders die Wiesen einen überaus großen Reichtum an Tier- und Pflanzenarten auf. Untersuchungen des Berliner Botanikers Herbert Sukopp haben ergeben, dass in Deutschland auf Grünland im weiteren Sinne mehr als 2000 Pflanzenarten vorkommen. Das sind 52% des Artenbestandes überhaupt (insgesamt 3891 Spezies). Betrachtet man nur die Trocken- und Halbtrockenrasen, die Borstgrasrasen und Zwergstrauchheiden, die Feuchtwiesen sowie die Frischwiesen und -weiden und damit das Grünland im engeren Sinne, so sind es mit 1072 Pflanzenarten immer noch knapp 28% des gesamten Arteninventars Deutschlands.

Unter den Pflanzenformationen zählt das Grünland aber auch zu den am meisten gefährdeten Vegetationstypen. Von den in Deutschland vorkommenden 2728 einheimischen Arten gelten 873 und damit 32% als mehr oder weniger stark in ihrem Bestand gefährdet. Von diesen bedrohten Pflanzenarten haben nun aber wiederum mehr als die Hälfte, nämlich 479 Spezies oder 55%, ihren Wuchsort auf Grünland. Dabei dürften die Zahlen noch höher liegen, da grünlandähnliche Vegetationsformen wie Röhrichte und Großseggenriede sowie nährstoffarme Kleinseggenwiesen nicht in den Grünlandformationen enthalten sind.

Heute eine botanische Kostbarkeit nasser Wiesen: das Breitblättrige Knabenkraut. Durch Wiesenumbruch sind die Standorte solcher Pflanzen selten geworden. Schutzprogramme und Ausgleichszahlungen an Landwirte geben der Vielfalt stellenweise neue Chancen.

Landschaftsökologische und gesellschaftliche Funktionen des Grünlandes

Hauptnahrungsgebiet der Störche sind Wiesen, wo sie Frösche und andere Amphibien finden, aber auch Mäuse, Heuschrecken und Grillen fangen.

Die Speisekammer von Storch, Bussard und Wiesenweihe

Der mit Abstand größte Anteil gefährdeter Pflanzenarten ist mit 21% auf Standorte der Trocken- und Halbtrockenrasen angewiesen. An zweiter Stelle folgt die alpine Vegetation, an dritter die Feucht- und Nasswiesen. Was den bioökologischen Wert von trockenen Magerrasen betrifft, so kann dieser nicht hoch genug veranschlagt werden. Verglichen mit anderen Biotoptypen weisen die Trocken- und Halbtrockenrasen die höchsten Zahlen an seltenen Insektenarten auf. So wurden in Trockenbiotopen mehr als 1000 Schmetterlingsarten nachgewiesen. Die heutzutage noch verbliebenen Reste dieser Lebensräume sind schon deshalb in höchstem Maße schutzbedürftig. Die Trocken- und Magerwiesen gehören in Österreich, Deutschland, Luxemburg und der Schweiz zu den gefährdetsten Vegetationstypen. Sie sind in vielen Gebieten durch den Strukturwandel in der Landwirtschaft nahezu verschwunden.

Die tierökologische Bedeutung artenreicher Wiesen zeigt sich in den Wechselbeziehungen dieser Biozönose: Eine Reihe von Vogelarten wie Mäusebussard, Wiesenweihe, Turmfalke, Schleiereule, Waldohreule, Waldkauz, aber auch Krähe und Dohle nutzen in und außerhalb der Brutzeit das Angebot an Kleinsäugern, wodurch die Wiesen zur lebenden Speisekammer werden. Ihre Beutetiere sind Feldmaus, Wühlmaus, Erd- und Zwergmaus. Nachts stellen Fuchs, Dachs und Iltis den Mäusen nach, und der Weißstorch durchsucht – manchmal zusammen mit dem Graureiher – die nassen Wiesen und Wassergräben nach Fröschen, Maulwürfen, Ringelnattern und Heuschrecken. Der Große Brachvogel, der auf weitflächige, übersichtliche und kurzrasige Grünlandbestände angewiesen ist, sucht im Grünland Schnecken, Würmer, Spinnen und kleine Frösche. Den Engerlingen und anderen Käfer- und Insektenlarven stellt der Maulwurf unter Tage nach. Seine Gegenwart ist

Kleine Wiesenkunde

nur an den typischen Erdhügeln erkennbar. Hier zeigt sich der Naturkreislauf besonders deutlich, da Maulwürfe wiederum Beute von Storch und Reiher sind. Von der reichhaltigen Insektenwelt am Boden leben Arten wie Stare, Kiebitze, Bekassinen, Drosseln und Finken; im Luftraum darüber ernähren sich Mauersegler, Mehl- und Rauchschwalben von Fliegen, Schnaken und Mücken. Im räumlichen Wechsel mit Ackerflächen sind artenreiche Wiesen auch für Rebhuhn und Wachtel sowie für Feldhase, Reh und Rothirsch als Schutz- und Äsungsfläche attraktiv. In Verbindung mit Feldscheunen ist Grünland auch Brutbiotop für Schleiereule, Hausrotschwanz, Bachstelze und Feldsperling. Befinden sich Wälder, Feldgehölze, Hecken und Raine in der Nähe, sind Wiesen auch Jagdgebiet für Mauswiesel, Hermelin und Marder.

Dies alles gilt jedoch nur für artenreiche Grünlandtypen! Je intensiver die Bewirtschaftung erfolgt, umso mehr verarmen die Grünland-Biotoptypen. Deshalb brauchen die noch bestehenden, naturnahen Grünlandbestände, insbesondere Feucht- und Nasswiesen wie auch Mager- und Halbtrockenrasen, unsere besondere Aufmerksamkeit. Aus ihnen früher hervorgegangene, intensiver genutzte Grünlandflächen besitzen für die Extensivierung wesentliche Bedeutung. Auf der anderen Seite ist eine Mindestpflege dringend vonnöten, nämlich dort, wo sich der Landwirt aus standörtlichen, sozialen, ökonomischen oder agrarstrukturellen Gründen zurückzieht und die Flächen brachfallen.

Vielfalt statt Einfalt

Für eine reichhaltige Pflanzenwelt, insbesondere für konkurrenzschwächere Arten wie Orchideen und Enziane, ist entsprechende Belichtung von existenzieller Bedeutung. Dringt nämlich zu wenig Licht zu den unteren Bestandesschichten vor, gehen kleinwüchsige Arten ein. Diese Lichtstellung wird durch eine Mindestpflege erreicht. Für Wiesenvögel ist jedoch weniger die floristische Artenkombination entscheidend als vielmehr Bestandeshöhe und Bestandesstruktur der Wiese. So ist jede Vogelart an spezielle Grünlandtypen als Bruthabitat gebunden. Brachvogel und Kiebitz benötigen z. B. möglichst großflächiges, kurzrasiges Grünland. Beide bevorzugen Wiesengebiete, deren Bestandeshöhe während der Brutzeit 25 cm nicht übersteigt. Sie brauchen beim Brüten einen ausreichenden Rundblick. Kurzrasigkeit in den Monaten Mai und Juni ohne Schnitt bedeutet im Grünland aber stets geringe Standortproduktivität oder – in der Sprache des Landwirts ausgedrückt – schlechte Wiesen. Niedrigwüchsige Nasswiesentypen beispielsweise auf Pseudogleyböden bieten vor allem den Limicolen günstige Nahrungs- und Brutbedingungen. Dagegen brütet die Schafstelze lieber in brachliegenden, jedoch unverschilften Nasswiesen und benötigt Mähwiesen lediglich zur Nahrungssuche. Ähnlich ist es mit den Habitatansprüchen von Teich- und Sumpfrohrsänger, von Feldschwirl und Rohrammer. Diese Arten brauchen jedoch hochwüchsige Grünlandformen, insbesondere Schilfbestände. Vielfältige Landschaften mit den unterschiedlichsten Strukturen bewirken also auch eine mannigfaltige Tierwelt.

Viele Insekten und ihre Entwicklungsstadien benötigen einerseits ungestörte Wiesenflächen bis in den Herbst und das nächste Frühjahr, andererseits aber auch reichhaltigen Blütenflor als Nahrungsquelle, den nur bewirtschaftete Flächen bieten können. Die Mahd darf nicht zu früh erfolgen, da sonst die Blütenkräuter ihren Lebenszyklus nicht abschließen können. Dadurch würden nämlich jene Tiergruppen ausgeschlossen, die von den Blüten leben. Tag- und Nachtfalter, Schwebfliegen, Tanzfliegen, Blumenfliegen, Hummeln und Wanzen gehören dazu. Untersuchungen haben gezeigt, dass auf gemähten Flächen eine höhere Anzahl von wärme- und trockenheitsliebenden Insektenarten vorkommen als auf brachliegenden Grünlandformen. Andererseits dienen aber hohle, ständig stehende Halme Kleintieren als Entwicklungs-, Nist- und Überwinterungsmöglichkeit. Viele tierische Wiesenbewohner – namentlich Insekten und Spinnen – sind darauf angewiesen, dass die Halm- und Krautstrukturen auch über den Winter bestehen bleiben. So verankert z. B. die Wespenspinne ihren Eikokon 10–30 cm über der Erdoberfläche zwischen Grashalmen. Die Jungtiere verlassen das Gespinst erst im darauf folgenden Frühling. Wird jedoch die Vegetation geschnitten und abgefahren, geht die Nachkommenschaft zugrunde.

Derart unterschiedlichen Ansprüchen können großräumig und einheitlich behandelte Grünflächen nicht gerecht werden! Daher müssen verschiedenartigst genutzte Grünlandbereiche kleinräumig aneinandergrenzen, um ein Entfaltungsoptimum für Flora und Fauna zu bieten. Kurzum so, wie es in der ehemals kleinbäuerlich strukturierten Kulturlandschaft der Fall war.

Freizeitbiotop für Bürotiger

In der heutigen, technisierten Welt ist die Natur den meisten Menschen fremd geworden. Sie bewegen sich täglich von der gut temperierten Wohnung ins schützende Automobil, um damit zum klimatisierten Arbeitsplatz zu gelangen, der abends wieder motorisiert verlassen wird. In seiner Abgeschirmtheit

Seitenansicht von zwei Grünlandgesellschaften mit einem Flächenausschnitt von 200 cm x 10 cm mit typischer Artenzusammenstellung

Borstgrasrasen

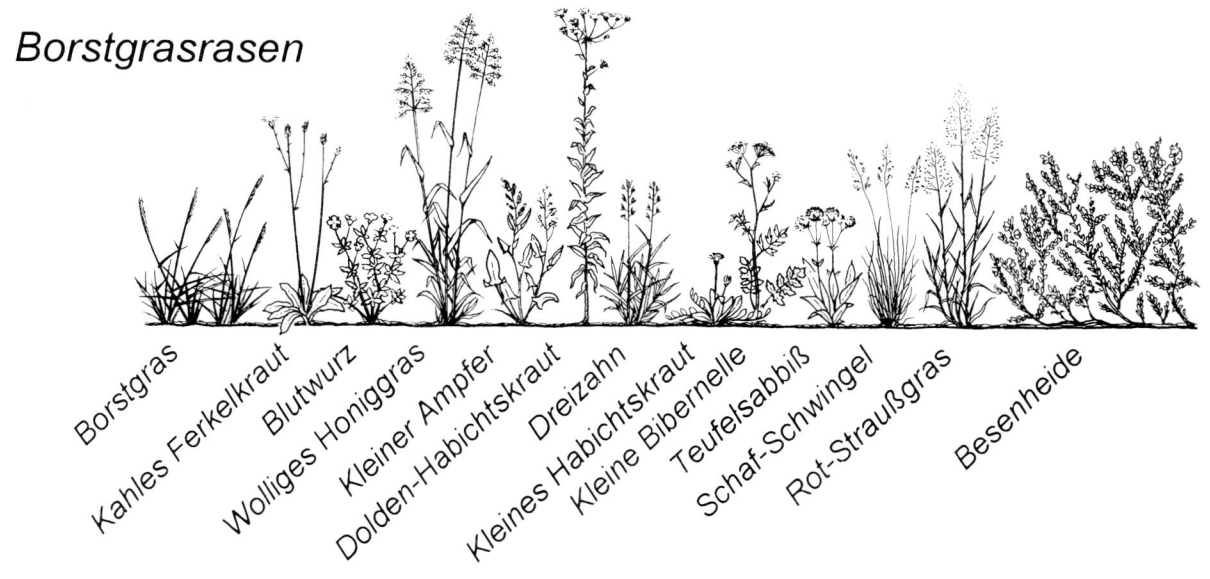

Borstgras, Kahles Ferkelkraut, Blutwurz, Wolliges Honiggras, Kleiner Ampfer, Dolden-Habichtskraut, Dreizahn, Kleines Habichtskraut, Kleine Bibernelle, Teufelsabbiß, Schaf-Schwingel, Rot-Straußgras, Besenheide

Rotschwingel-Rotstraußgras-Gesellschaft

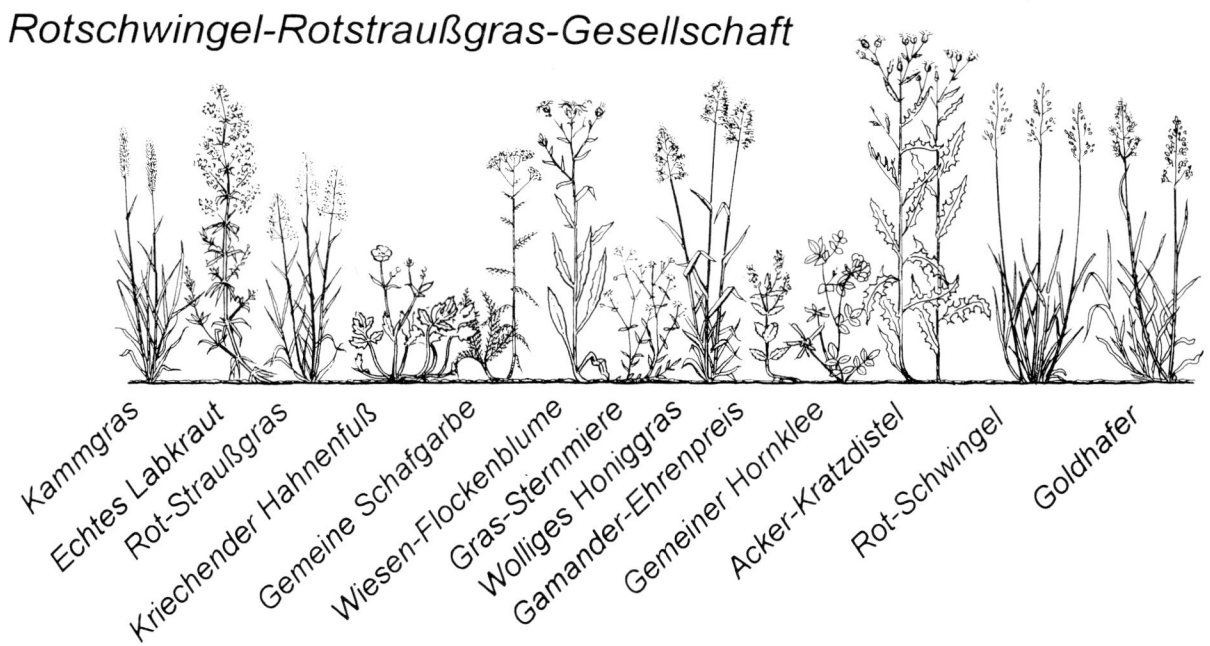

Kammgras, Echtes Labkraut, Rot-Straußgras, Kriechender Hahnenfuß, Gemeine Schafgarbe, Wiesen-Flockenblume, Gras-Sternmiere, Wolliges Honiggras, Gamander-Ehrenpreis, Gemeiner Hornklee, Acker-Kratzdistel, Rot-Schwingel, Goldhafer

Wanderer zwischen Wiesen, Hecken und Waldrand: Das Wiesel, stets auf der Suche nach Mäusen und anderen Kleingetier und Indikator einer intakten Kulturlandschaft.

spürt der Büromensch kaum noch die täglichen Temperaturunterschiede, den Wind und das Wetter, den Reiz der Jahreszeiten. Der einzige Berufsstand, der sich tagtäglich noch mit dem Wachsen und Gedeihen, dem Werden und Vergehen des Lebens in der Natur auseinandersetzen konnte, stirbt aus: der Bauer. Für ihn scheint in der satten Industriegesellschaft kein Platz mehr zu sein. Trotzdem konsumieren wir alle mit großer Selbstverständlichkeit seine Veredelungsprodukte, sei es als Rindersteak, Kuchen, Pommes frites, Joghurt, Sahne oder als Eis. So ist es auch mit Natur und Landschaft. Als Selbstverständlichkeit empfinden wir bei der sonntäglichen Ausfahrt das Vorüberhuschen der Kulturlandschaft im lebhaften Wechsel von Äckern, Wiesen und Wäldern, und keiner denkt dabei an die harte, schweißtreibende Arbeit des Landwirtes, durch dessen Arbeit dieser „Erholungsraum" erst geschaffen wurde. In dieser vielfältigen Kulturlandschaft sticht kaum ein Landschaftselement mehr ins Auge als eine blühende Wiese im Mai oder Juni.

Blumenreiche Wiesen sprechen erholungsuchende Menschen mehr an als monotones Einheitsgrün. Viele Volkslieder besingen die Blütenpracht der Wiesen, obwohl diese zu einer Zeit entstanden sind, als der Naturhunger der Bevölkerung noch weit weniger ausgeprägt war als heute. Man hat – was die Erholungseignung betrifft – durch Umfragen herausgefunden, dass die Wiesen in der Beliebtheit der Menschen unmittelbar hinter dem Gewässer- und Waldrand rangieren.

Die Bedürfnisse des Freizeitmenschen zielen auf mehr naturnahe Erholungsgebiete, vor allem in Ballungsräumen. Dies führt wiederum zu Belastungen und Schädigungen der letzten naturnahen Trockenrasen und Magerwiesen in der Nähe von Städten und Verdichtungsgebieten. Deshalb darf das biologische Inventar nicht mehr weiter nivelliert und kurzfristigen wirtschaftlichen Zielen geopfert werden.

Oben: Streifenwanzen. Ein Beispiel für die bunte, bizarre und oft geheimnisvolle Insektenwelt der Wiesen, die sich oft erst auf den zweiten Blick erschließt.
Links: Hier hat sich eine Krabbenspinne den Blütenkelch einer Margerite als Lock- und Fangplatz ausgesucht.

Wiesen, Weiden und anderes Grünland erkennen, bestimmen, schützen

Steckbriefe zu den einzelnen Grünland-Biotoptypen

Welcher Biotop ist das?

Über Jahrhunderte waren die Menschen Bestandteil der von ihnen geschaffenen und erhaltenen Kulturlandschaften Mitteleuropas. Eingebunden in die Regelmechanismen des Naturkreislaufs wurden von den Landwirten gerade die Wiesen, Weiden und das andere Grünland nachhaltig genutzt. Die Nutzung aber erfolgte so, dass sich die Wiesen- und Weidenflora immer wieder regenerieren konnte und in der Grundsubstanz nicht beeinträchtigt wurde. Eine Vielzahl von Tieren und Pflanzen profitierten so von den zusätzlich zu den Urwiesen und Urrasen entstandenen Grünlandtypen. Ihr Lebensraumspektrum wurde durch den wirtschaftenden Menschen ganz entscheidend erweitert.

Heute hat ein Großteil der Bevölkerung keine Beziehung mehr zur Kulturlandschaft. Welche Kinder haben noch Gelegenheit, bei einer Heuernte mitzumachen, geschweige denn eine blumenbunte Magerwiese mit ihrer ganzen Vielfalt von gaukelnden Schmetterlingen, dem Zirpen der Grillen, dem Schnarren der Heuschrecken, dem Summen und Brummen von Bienen, Hummeln und Schwebfliegen sowie dem Gesang der Heidelerche zu erleben?

Und sogar diejenigen, die sich selbst als umweltbewusst einschätzen, kennen nicht mehr den Unterschied von Magerwiese und Trockenrasen, Halbtrockenrasen und Steppenheide. Nachdem sich die Erkenntnis der Notwendigkeit umfassenden Biotopschutzes immer mehr durchsetzt, brauchen wir jetzt ein neues Naturbewusstsein, das breites Wissen über die verschiedenen Biotope, deren Entstehung, mögliche Gefährdung und Schutzbedürftigkeit einschließt.

Der nachfolgende Bestimmungsteil ermöglicht, die verschiedenen Wiesen-, Weiden- und andere Grünlandbiotope im Gelände ebenso zu erkennen wie den Pflege- und Erhaltungszustand sowie mögliche Gefährdungen einzuschätzen. Entsprechende, allgemein verständliche Biotop-Steckbriefe und fotografische Lebensraumporträts liefern allen Einsteigern in den Biotopschutz handbuchartig die wichtigsten Grundinformationen. Städte, Gemeinden, Fachbehörden, Landwirte und alle anderen Grundstücksbesitzer können sich so Erstinformationen über die Einordnung und die Bedeutung von Biotopen beschaffen. Naturschutzgruppen, Planern und mit Biotoperfassungen betrauten Personen wird durch einen komprimierten Überblick die Einschätzung der Grünland-Biotoptypen erleichtert. Bei der Bestimmung von Lebensräumen muss jedoch immer beachtet werden, dass Natur keine Grenzen kennt. Zwischen den verschiedenen Biotoptypen gibt es eine Vielzahl von Übergängen und Zwischenformen.

Unterschiedliche Bodenverhältnisse, Grundwasserhorizonte, kleinklimatische Faktoren und andere Ursachen können bewirken, dass ganz andere Vegetationsstrukturen plötzlich inmitten eines Großbiotops auftreten. So gibt es Magerwiesen, in die durch austretendes Grundwasser kleinseggenriedartige Strukturen eingestreut sind. Weil die Natur mit ihren fließenden Übergängen zwischen den Lebensräumen letztlich nicht nachahmbar ist, wird die Einteilung in Biotoptypen immer etwas Statisches bleiben. Und dennoch lassen sich durch das Vorkommen bestimmter Pflanzen- und Tierarten, durch die landschaftliche Erscheinungsform oder durch die kultur- und naturhistorische Entstehungsgeschichte Lebensräume als solche definieren und beschreiben.

Nicht alle Biotoptypen sind ausschließlich nach der Pflanzensoziologie einzuordnen. Auch Versuche, nach den Kriterien der verschiedenen wissenschaftlichen Disziplinen Lebensräume zu kategorisieren, werden der Wirklichkeit eben nur unzureichend gerecht. In der Reihe BiotopBestimmungsBücher sind deshalb sowohl Biotoptypen aufgenommen, die sich mit Pflanzengesellschaften decken, als auch Nutzungstypen von Lebensräumen sowie aus der Sicht anderer Disziplinen beschriebene Strukturen. Zur leichteren Orientierung beim Nachschlagen und Vergleich sind die Beschreibungen nach folgenden Gesichtspunkten aufgebaut.

Name: Für jeden Biotoptyp (Grünlandtyp) wird sowohl die deutsche Bezeichnung als auch – sofern vorhanden und gebräuchlich – die wissenschaftliche Bezeichnung angegeben. Diese richtet sich vor allem nach der pflanzensoziologischen Terminologie. Sofern andere wissenschaftliche Bezeichnungen gebräuchlich und hilfreich sind, werden auch diese angegeben. Zwar ist in der so genannten Assoziation die pflanzensoziologische Grundeinheit zu sehen (z. B. Mesobrometum), sie hat aber meist nur lokale Gültigkeit. Deshalb endet die Hierarchie in der Regel beim „Verband" (z. B. Mesobromion). Dieser umfasst alle ihm zugehörigen Assoziationen, Subassoziationen, Varianten und Subvarianten und besitzt gleichzeitig eine für ganz Mitteleuropa gültige Verbreitung.

Kennzeichen: Hier werden die wichtigsten Erkennungsmerkmale des einzelnen Biotoptyps angegeben.

Verbreitung, Vorkommen: Informationen zu Höhenverbreitung, regionalen Verbreitungsschwerpunkten, Klimaabhängigkeit usw.

Standortmerkmale: Unter dieser Rubrik wird dargestellt, unter welchen Standortbedingungen wie geologische Verhältnisse, Höhenzonierung, Grundwasserverhältnisse, Witterungsbedingungen und andere Faktoren sich bestimmte Biotoptypen finden.

Charakteristische Pflanzen: Aufgeführt sind Pflanzenarten, die für den beschriebenen Biotoptyp charakteristisch sind. Dabei sind Kennarten als auch Begleitarten im pflanzensoziologischen Sinn zusammengefasst und zusätzlich durch sonstige besonders auffällige bzw. dominierende Arten, die im jeweiligen Biotoptyp vorkommen können, ergänzt. Ein bestimmter Biotoptyp liegt natürlich auch vor, wenn einzelne Arten nicht vorhanden sind. Die Auflistung gibt somit eine Tendenz und Erkennungshilfe für den einzelnen Lebensraum und dessen Abgrenzung gegenüber ähnlichen Biotopen.

Nutzung: Eine Vielzahl von Biotopen – und ganz besonders die Wiesen und Weiden – sind durch verschiedene Nutzungen entstanden. Unter dieser Rubrik werden deshalb aktuelle und historische Nutzungen und deren Auswirkungen auf den beschriebenen Biotoptyp als auch auf das gesamte Landschaftsbild in kurzen Stichworten dargestellt.

Ökologische Bedeutung: Hier wird auf die Funktion als Lebensraum für Tiere und Pflanzen (z. B. Rote-Listen-Arten) eingegangen. Außerdem werden Hinweise zur Bedeutung im Landschaftshaushalt gegeben.

Gefährdung: In kurzen Stichworten werden die verschiedenen Gefährdungsursachen – Nutzungsaufgabe, Tourismus usw. – erläutert.

Schutz und Pflege: Hier geht es um die erforderlichen Maßnahmen zur Erhaltung des jeweiligen Biotoptyps. Dabei werden rechtliche Schutzinitiativen ebenso dargestellt wie notwendige Pflegemaßnahmen und deren Intensität.

Trockene Glatthaferwiesen (Salbei-Glatthaferwiesen)
Salvio-Arrhenatheretum

Kennzeichen: Im Juni bunt blühende, durch die Vielfalt an verschiedenen Kräutern besonders reizvolle Heuwiesen, vor allem an sonnigen Hängen.

Verbreitung/Vorkommen: An relativ niederschlagarmen Standorten Süddeutschlands (z.B. oberrheinische Tiefebene), Österreichs und der Schweiz unterhalb von ca. 800 m Meereshöhe. Vor allem in niederen Lagen der Kalkmittelgebirge (Jura).

Standortmerkmale: Wärmeliebende, mäßig trockene bis trockene oder wechseltrockene, den Halbtrockenrasen ähnliche, zweischürige Wiesen. In Gebieten mit relativ geringen Niederschlägen und meist sehr durchlässigen Böden. Bevorzugt auf Braunerden und pararendzina-ähnlichen Aueböden mit vorwiegend leichteren Bodenarten. Im montanen Bereich nur in trockenen Lagen (südexponiert) und im Regenschatten; nicht grundwasserbeeinflusst.

Charakteristische Pflanzen:
Wiesen-Salbei *(Salvia pratensis)*
Margerite *(Chrysanthemum leucanthemum)*
Skabiosen-Flockenblume *(Centaurea scabiosa)*
Wiesen-Bocksbart *(Tragopogon pratensis)*
Gewöhnlicher Hornklee *(Lotus corniculatus)*
Wiesen-Knautie *(Knautia arvensis)*
Glatthafer *(Arrhenatherum elatius)*
Aufrechte Trespe *(Bromus erectus)*
Knaulgras *(Dactylis glomerata)*
Wiesen-Flockenblume *(Centaurea jacea)*
Knolliger Hahnenfuß *(Ranunculus bulbosus)*
Klappertopf *(Rhinanthus spec.)*
Rotklee *(Trifolium pratense)*
Flaum-Hafer *(Avena pubescens)*

Häufig anzutreffen ist auch die Wiesen-Flockenblume. Als Korbblütler ist sie eine gute Nektarpflanze für Insekten.

Nutzung: Heuwiese. Bei 2 Schnitten und gelegentlicher Hofdüngung (Festmist, Jauche) Futtererträge zwischen 50 und 70 dt TM/ha. Wegen relativ geringer Erträge in der Vergangenheit häufig zu Ackerland umgewandelt. Aufgrund des Wassermangels wenig intensivierungsfähig. Allerdings kann Stickstoff die Ausnutzung des knappen Wassers steigern („Stickstoff ersetzt Wasser"). Eine Folge davon wäre jedoch ein Rückgang der Artenvielfalt und damit der Nutzungselastizität dieser Wiese. Eine über den zweimaligen Schnitt hinausgehende Nutzungshäufigkeit führt im Regelfall zu stärkerer Verunkrautung (z.B. mit Labkraut und Storchschnabel). Gülle-Einsatz nur sehr begrenzt möglich, da sich sonst Kerbel und Bärenklau zu stark ausdehnen und die Heuerträge dann zu stark abfallen (Bröckelverluste).

Ökologische Bedeutung: Zählt zu den interessantesten und artenreichsten Biotopen überhaupt. Große Bedeutung für seltene Tier- und Pflanzenarten. Als naturnah bewirtschaftete Wiese wesentlich höhere Bestandesdichte (bis 3000 Pflanzenindividuen pro Quadratmeter) im Gegensatz zu intensiv bewirtschafteten Wiesen (weniger als 200 Individuen pro Quadratmeter) und eine dreifach höhere Artenzahl an Pflanzen. Auf einer unterschiedlich gepflegten trockenen Glatthaferwiese konnten auf einer knapp 1 ha großen Fläche 560 Tierarten nachgewiesen werden. Optisch einer der schönsten Wiesentypen Mitteleuropas.

Gefährdung: Gilt heute als allgemein schutzwürdig und bedroht. In Deutschland haben Glatthaferwiesen wie auch die Goldhaferwiesen höherer Lagen seit Beginn des 20. Jahrhunderts durch Ackernutzung oder Intensivierung einen Flächenverlust von 90 Prozent erlitten und sind etwa ein gutes Jahrhundert nach ihrer Entstehung bereits vom Aussterben bedroht! Intensivere Nutzung (mehr Schnitte und mehr Düngung) macht diesen Wiesentyp artenärmer. Mit jeder

Wiesen-Salbei. Typische Art der Salbei-Glatthaferwiesen. Die Blume gibt diesem Wiesentyp den Namen.

Trockene Glatthaferwiesen

Blutströpfchen. Eine Zygaeneart, die sowohl trockene Glatthaferwiesen als auch Halbtrockenrasen bewohnt.

Pflanzenart verschwinden zugleich 10 Tierarten, die von ihr als Nahrungsquelle abhängig sind. Zerstückelung durch asphaltierte Wege und Straßen führt zur Zurückdrängung von Tierarten, die große zusammenhängende Feld- und Wiesenflächen brauchen. Nach Brachfallen Entwicklung zu ackerrainähnlichen Saumgesellschaften, die dann über Jahrzehnte hinweg sehr stabil sein können (also keine Wiederbewaldungsgefahr). Sind jedoch ausläuferbildende Holzgewächse wie die Schlehe *(Prunus spinosa)* in der Nähe, können sich diese sehr rasch in die Wiese hinein ausbreiten und die Verbuschung einleiten.

Schutz und Pflege: Mahd am besten ab Mitte Juni (Heuwerbung und Bodentrocknung) und dann wieder Anfang August (Öhmd, Grummet) im Rahmen einer extensiven Grünlandwirtschaft mit Rückführung der Hofdünger. Soll der Wiesentyp nicht in Halbtrockenrasen übergehen, so ist gelegentlich eine Phosphor- und Kalidüngung erforderlich. Mulchen erübrigt eine Ausgleichsdüngung (Verbleib der Nährstoffe im Kreislauf). Aus zoologischer Sicht ist, wie auch bei anderen Grünlandtypen, ein räumlicher Wechsel unterschiedlicher Pflegeverfahren (Mähen, Mulchen, Brache) zur Erhaltung einer großen Artenvielfalt anzustreben.

Gedüngte Frischwiesen und -weiden

Typische Tal-Glatthaferwiesen
Arrhenatheretum typicum

Kennzeichen: Locker- und hochwüchsige, zwei- bis dreischürige Heuwiese mit stockwerkartigem Aufbau: 1. bodenanliegende Moos- und Streuschicht, 2. bodennahe Schicht mit Rosettenpflanzen, 3. Unter- und Mittelgräser und Kräuter, 4. Obergräser mit Doldenblütlern. Dominierende Grasart ist der Glatthafer *(Arrhenatherum elatius)* oder Fromental (= schweizerische Bezeichnung).

Verbreitung/Vorkommen: Mittel- und Süddeutschland, Schweiz und Österreich bis etwa 600 m Meereshöhe. In Österreich vor allem noch im Salzburger Land.

Standortmerkmale: Schwerpunkt auf wasserhaltenden Braunerden und Parabraunerden, mittel- bis tiefgründige Böden (mehr als 60 cm tief durchwurzelbar).

Charakteristische Pflanzen:
Glatthafer *(Arrhenatherum elatius)*
Wiesen-Knäuelgras *(Dactylis glomerata)*
Wiesen-Schwingel *(Festuca pratensis)*
Wiesen-Labkraut *(Galium mollugo)*
Wiesen-Pippau *(Crepis biennis)*
Wiesen-Glockenblume *(Campanula patula)*
Wiesen-Storchschnabel *(Geranium pratense)*
Wiesen-Bocksbart *(Tragopogon orientalis)*
Bärenklau *(Heracleum sphondylium)*
Wiesen-Kerbel *(Anthriscus sylvestris)*
Pastinak *(Pastinaca sativa)*
Margerite *(Chrysanthemum leucanthemum)*
Wiesen-Flockenblume *(Centaurea jacea)*

Nutzung: 2–3-mal geschnittene ertragreiche Wiese zur Heubereitung. Biomassenproduktion zwischen 70 und 90 dt TM/ha bei einer Düngung von 100 kg Stickstoff, 120 kg Phosphor und 200 kg Kalium pro Hektar vorwiegend über Hofdünger. Da dieser Wiesentyp auf gute Wasserversorgung angewiesen ist, sinkt in Trockenjahren der Ertrag stark ab. Typische Glatthaferwiesen der Tieflandform heute fast nur noch in Hanglagen bis zu 25 Prozent Neigung. Bestände in der Ebene wurden so gut wie überall unter den Pflug genommen.

Ökologische Bedeutung: Lebensraum zahlreicher Tiere und Pflanzen. Erosionsschutz. Pufferflächen für Grundwasserschutz, Bodenschutz, Klimaregulator, Hochwasserschutz, Bereicherung des Landschaftsbildes.

Der Wiesenpippau ist als kurzlebige Blume auf gelegentliches Aussamen angewiesen. Deshalb sollte nicht zu früh gemäht werden.

Die Wiesen-Glockenblume bringt eine andere Farbe in den Blütenaspekt. Sie ist aus Südosteuropa zu uns eingewandert.

Ein heimlicher Bewohner von Tal-Glatthaferwiesen: der selten gewordene Wachtelkönig.

Typische Tal-Glatthaferwiesen

In solchen Wiesentälern kann man Anfang Juni noch farbenprächtige Blumensträuße pflücken. Allerdings täuschen manche jahreszeitlichen Aspekte über die tatsächliche Pflanzenvielfalt hinweg. Im zeitigen Frühjahr ist diese Wiese viel bunter.

Gefährdung: Umbruch, Überdüngung: Die ehemals großflächig vorhandenen, typischen Heuwiesen wurden in den letzten Jahrzehnten – sofern sie nicht schon zu Äckern umgebrochen wurden – vielerorts zu so genannten Mähweiden oder Vielschnittwiesen (Silagewiesen) intensiviert. Deshalb heute sehr gefährdeter Grünlandtyp.

Schutz und Pflege: Nach Brachfallen Entwicklung zu nitrophilen Stauden- und Saumgesellschaften. In diesem krautreicheren Stadium können sie Jahrzehnte verharren, ohne zu bewalden. 2–3-maliges Mähen pro Jahr ohne Düngung führt auf tiefgründigen Standorten erst nach etwa 5–10 Jahren zu deutlichem Rückgang der Biomassenproduktion und damit zur Ausmagerung des Bodens. Soll die typische Glatthaferwiese ohne Futterverwertung erhalten bleiben, muss 2–3-mal jährlich gemulcht werden, damit schnittverträgliche, typische Wiesenkräuter erhalten bleiben und die Biomasse der Aufwüchse möglichst rasch in den Nährstoffkreislauf zurückgeführt wird.

Gedüngte Frischwiesen und -weiden

Frische bis feuchte Glatthaferwiesen (Kohldistel-Glatthaferwiesen)
Cirsio-Arrhenatheretum

Oben: Großer Wiesenknopf
Links: Kohl-Kratzdistel

Kennzeichen: Hochwüchsige, dichte und aufgrund guter Wasserversorgung des Bodens saftig grüne Heuwiesen auf mäßig feuchten Standorten unterhalb von ca. 500 m Meereshöhe. In der weniger feuchten Ausbildung wird der Glatthafer häufig durch den Wiesen-Fuchsschwanz als konkurrenzstärkere Art verdrängt. Dann Fuchsschwanz-Glatthaferwiese. Charakteristisch ist Anfang Mai der zartrosafarbene Frühlingsaspekt des Wiesen-Schaumkrautes.

Verbreitung/Vorkommen: Als Vorläufer vieler Mehrschnittwiesen in Süddeutschland sowie den tieferen Lagen der Alpen weit verbreitet. Aus ertragsärmerem Mager-Grünland durch mäßige Intensivierung hervorgegangen.

Standortmerkmale: Häufigste Bodentypen sind Pseudogleye und pseudovergleyte Parabraunerden. pH-Werte bei 6,0. Standort wirkt in den Sommermonaten zwar nur frisch bis mäßig feucht, ist aber übers Jahr gesehen feucht, jedoch auch in Überschwemmungsgebieten nie nass.

Charakteristische Pflanzen:
Kohl-Kratzdistel (*Cirsium oleraceum*)
Wiesen-Fuchsschwanz (*Alopecurus pratensis*)
Wolliges Honiggras (*Holcus lanatus*)
Glatthafer (*Arrhenatherum elatius*)
Wiesen-Schaumkraut (*Cardamine pratensis*)
Großer Wiesenknopf (*Sanguisorba officinalis*)
Tag-Lichtnelke (*Melandrium rubrum*)

Selten geworden sind die Varianten mit Bach-Kratzdistel.

Frische bis feuchte Glatthaferwiesen

Kuckucks-Lichtnelke *(Lychnis flos-cuculi)*
Engelwurz *(Angelica sylvestris)*
Wiesen-Pippau *(Crepis biennis)*
Zottiger Klappertopf *(Rhinanthus alectorolophus)*
Zaun-Wicke *(Vicia sepium)*

Nutzung: Ursprünglich mit Festmist und Jauche gedüngte, 2–3-mal jährlich gemähte Heuwiesen. Wegen optimaler Wasserversorgung sehr ertragreich: bei 3-maliger Nutzung bis zu 90 dt TM/ha. Bei Grasreichtum und rechtzeitiger Nutzung gute Futterqualität für Wiederkäuer. Für Milchvieh mit hoher Milchleistung jedoch zu energiearm. Häufig durch Düngung aus Pfeifengraswiesen hervorgegangen.

Ökologische Bedeutung: Wegen naher Verwandtschaft zu den Dotterblumenwiesen ähnliche Habitateignung, vor allem für Amphibien und Mollusken. Brut- und Nahrungsbiotop von Braunkehlchen und Wiesenpieper. Nahrungsbiotop des Weißstorchs. Grundwasser- und Bodenschutz, Klimaregulation.

Gefährdung: Umbruch, Entwässerung, Intensivierung. Durch gründliche, technisch verbesserte Entwässerung ein Großteil entweder in Ackerland (Silomais) oder in Vielschnittgrünland (Mähweiden) umgewandelt. Noch bis etwa 1960 häufiger Wiesentyp. Typische Bodenmerkmale durch Melioration (Entwässerung von Anmooren) meist so verändert, dass sich Pflanzengesellschaft spontan oft nicht mehr einstellen kann.

Schutz und Pflege: Nach Brachfallen Entwicklung zu artenarmen obergrasreichen Pflanzenbeständen, auf stark feuchten Standorten dagegen eher zu Hochstaudenfluren (mit Mädesüß, Brennnessel oder Rohrglanzgras). Extensiv betriebene Viehhaltung mit einer Milchleistung bis 3000 Liter pro Kuh und Jahr könnte die Futteraufwüchse gut verwerten. Künstlicher Erhalt: jährlich 2-mal Mulchen oder Mähen mit Abräumen.

Aspekt mit Wiesen- und Schlangen-Knöterich

Gedüngte Frischwiesen und -weiden

Streuobstwiesen
Pratum pomifer

Kennzeichen: Locker mit hochstämmigen Obstbäumen bestandene Obstgärten in und um Ortslagen (meist mit Apfel- und Birnbäumen) auf dem Standort von Glatthaferwiesen unterschiedlicher Höhen- und Feuchtstufe.

Verbreitung/Vorkommen: Klimatisch begünstigte Gebiete Mitteleuropas, in denen Kernobst gedeiht. Durchschnittliche Jahrestemp. mindestens 7,0–7,5° C (mäßig kühl).

Standortmerkmale: Schwerpunkt auf wasserhaltenden Braunerden und Parabraunerden, mittel- bis tiefgründiger Böden (mehr als 60 cm tief durchwurzelbar). Ökologische Bodenfeuchte der Wiesen: mäßig trocken bis mäßig feucht, nie nass.

Oben: Herbstzeitlose. Links: Wiesen-Schaumkraut. In feuchten Streuobstwiesen wichtige Nahrungsquelle für die Raupe des Aurora-Falters.
Unten: In vielen Gegenden sind ausgedehnte Streuobstbestände oft die einzigen Lebensräume des Steinkauzes.

Streuobstwiesen

Charakteristische Pflanzen:
Glatthafer (Arrhenatherum elatius)
Wiesen-Kerbel (Anthriscus sylvestris)
Tag-Lichtnelke (Melandrium rubrum)
Wiesen-Flockenblume (Centaurea jacea)
Wiesen-Fuchsschwanz (Alopecurus pratensis)
Knaulgras (Dactylis glomerata)
Wiesen-Krautie (Knautia arvensis)
Zaun-Wicke (Vicia sepium)
Wiesen-Schaumkraut (Cardamine pratensis)
Wiesen-Schwingel (Festuca pratensis)
Wiesen-Storchschnabel (Geranium pratense)
Margerite (Chrysanthemum leucanthemum)

Nutzung: Hof- und dorfnahe Mostobstanlagen mit der Zweitnutzung als Futterwiese (2–3-schürig). Der Baumbewuchs und oft auch die hängige Lage erschweren intensive (maschinelle) Bewirtschaftung der Wiese. Letzte Wuchsorte alter Obstbaumsorten. Äpfel: Grafensteiner, Geheimrat Oldenburg, Kaiser Wilhelm, Goldparmäne, Weißer Klarapfel, Berner Rose, Schöner vom Oberland, Brettacher, Bitterfelder, Boskop, Hauxapfel, Kardinal Bea, Linsenhofer, Jacob Lebel, Transparent v. Croncels, Bohnapfel, Prinzenapfel, Jacob Fischer u. a. Birnen: bunte Julibirne, Schweizer Wasserbirne, Gellerts Butterbirne, Oberösterreichische Mostbirne, Alexander Lukas, Kirchensaller Mostbirne, Grüne Jagdbirne, Gaißhirtle u. a.

Ökologische Bedeutung: Besonders wertvolle Lebensgemeinschaften von Baum- und Krautschicht! Da keine chemische Bekämpfung erfolgt, vermögen sich allein auf Apfelbäumen rund 1000 Arthropoden-Arten (Gliederfüßler) anzusiedeln. Von ihnen fressen etwa 300 direkt an der Wirtspflanze, weitere 200 sind Räuber, 300 Parasiten, und die restlichen 200 ernähren sich von Honigtau oder Epiphyten. Dabei sind viele Tierarten bzw. deren Entwicklungsstadien an das gleichzeitige Vorhandensein von Bäumen und blütenreichen Wiesentypen gebunden.
Sowohl das Brachfallen der Wiesen als auch häufigere Mahd oder Beweiden können die Lebensgemeinschaft der Streuobstwiesen drastisch verarmen. Ausgedehnte Streuobstbestände mit Ökoton-Effekt (Berührungszone verschiedener Vegetationsstrukturen) sind wegen des Artenreichtums an Insekten wichtiger Lebensraum für die Kulturfolgerfauna. Vögel: Steinkauz, Neuntöter, Spechte, Wendehals, Gartenrotschwanz, Buchfink, Meisen, Grasmücken, Rotkehlchen, Gartenbaumläufer, Stieglitz, Feldsperling, Star, Wacholderdrossel u. a. Kleinsäuger: Siebenschläfer, Rötelmaus, Brandmaus, Feldspitzmaus, Mauswiesel und Fledermäuse. Streuobstwiesen beleben das Landschaftsbild und binden die Dörfer harmonisch in die Umgebung ein.

Gefährdung: Durch allgemeine Siedlungsmaßnahmen, vor allem aber durch Wohn-, Gewerbe- und Industriebebauung auch in ländlichen Bereichen stark zurückgegangen. Rückgang z. T. auch durch Auflassen oder Roden mit anschließender landwirtschaftlicher Intensivierung (Wirtschaftsgrünland, Ackerland).

Wiesen und Obstbäume blühen im Mai um die Wette.

Schutz und Pflege: Keine Rodung für Siedlungszwecke mehr! Erhalt der letzten Reste einer bäuerlichen, dörflichen Struktur! – Künstlicher Erhalt: 2-maliges Mulchen oder Mähen und Abräumen (siehe Glatthaferwiesen).

Gedüngte Frischwiesen und -weiden

Mitteleuropäischer Einheitsrasen
Pratum medioeuropaeum uniformis

Kennzeichen: Aus wenigen, gezüchteten Gräserarten zusammengesetzter, niedriger Rasen, zwischen drei und sieben Zentimetern Höhe, der nur durch eine fortgesetzte intensive Pflege erhalten werden kann. Zwischen 20- und 30-mal im Jahr gemäht, mehrmals mit Mineraldünger gedüngt. Moos und breitblättrige Kräuter werden im Einheitsrasen mit Mooskillern und Herbiziden vernichtet. Auch unerwünschte Tierarten wie Maulwurf und Regenwurm werden ausgetrieben. Zu seiner Erhaltung muss er senkrecht geschnitten, belüftet und bei Trockenheit regelmäßig beregnet werden. Da er anfällig gegen pilzliche Erkrankungen ist, muss er mit Pilzkillern, so genannten Fungiziden, behandelt werden.

Verbreitung/Vorkommen: In ganz Mitteleuropa vom Gebirge bis zum Meeresstrand. Vor allem in Hausgärten, Grün-, Park- und Sportanlagen, wenn der Boden entsprechend gemischt, die Anlage und die Pflege entsprechend den Bedürfnissen der Rasengräser erfolgt.

Standortmerkmale: Auf so genanntem Hortisol (Gartenerde), wenn dieser vor der Anlage entsprechend zubereitet wurde. Das heißt, die Erde muss einen Standard erfüllen, der das Wachstum der Rasenpflanzen begünstigt. Der Boden muss durchlüftet, nährstoffreich, wasserhaltefähig und humusreich sein. Feinerde und Grobbestandteile müssen im ausgewogenen Verhältnis liegen. Die Bodenreaktion liegt bei Werten von 5,5 und 6,5 pH, d. h. im leicht sauren Bereich. Diese Einstellung wird durch entsprechende Dünger erreicht. Braucht ausreichend Licht. Rasengräser wachsen nicht im Schatten.

Charakteristische Pflanzen:
Gemeines Straußgras *(Agrostis tenuis)*
Ausläufer-Rotschwingel *(Festuca rubra ssp. genuina)*
Einjährige Rispe *(Poa annua)*
Wiesen-Rispe *(Poa pratensis)*
Deutsches Weidelgras *(Lolium perenne)*
Fädiger Ehrenpreis *(Veronica filiformis)*
Gänseblümchen *(Bellis perennis)*
Gewöhnliche Prunelle *(Prunella vulgaris)*

Nutzung: Als Zier- und Repräsentations-, Spiel- und Liegefläche. Als Spielflächen für verschiedene Sportarten.

Ökologische Bedeutung: Vom Mitteleuropäischen Einheitsrasen gehen in erster Linie negative Einflüsse auf die Natur und Umwelt aus, wie Gewässer- und Grundwasserverunreinigung durch Düngemittel, Belastung des Naturhaushaltes durch Herbizide, Fungizide und andere Schädlingsbekämpfungsmittel. Hoher Wasser- und Energieverbrauch. Trägt zur Ausrottung der heimischen Flora und Fauna der Rasen und Wiesen bei.

Gefährdung: Keine; die Anlage gefährdet andere Biotopstrukturen.

Oben: Sieht es bei Ihnen zu Hause auch noch so aus? Rechte Seite: In diesem Garten wurde der Natur wieder eine Chance gelassen. Statt Einheitsrasen präsentiert sich hier blumenbunte Vielfalt.

Schutz und Pflege: Keine; jedoch ist durch Ausmagerung des Bodens und eine extensive Pflege eine Rückführung in andere, artenreiche Grünlandschaften realisierbar. Aus Umweltschutzgesichtspunkten sollten keine Blumenrasen und Wiesen in den Einheitsrasen umgewandelt werden. Wo möglich, also in Gartenbereichen, die weniger oft betreten werden, soll er extensiviert oder in Blumenrasen, Moosrasen und Wiesen umgewandelt werden.

Mitteleuropäischer Einheitsrasen

Gedüngte Frischwiesen und -weiden

Vielschnittwiesen und Mähweiden
Taraxacum-Lolium-Gesellschaften

Kennzeichen: Niedrigwüchsiges, futterbaulich leistungsfähigstes, jedoch artenarmes und mehr als 3-mal genutztes Wirtschaftsgrünland unter Mäh- oder wechselnder Mäh- und Weidenutzung. Hauptblütenaspekte: Löwenzahn, Kerbel und Bärenklau.

Verbreitung/Vorkommen: Kontinental getönte Variante der atlantischen Weidelgras-Weißkleeweide. Bezüglich natürlicher Eignung (hoher Wasserbedarf wegen hoher produktiver Verdunstung) ist Hauptverbreitungsgebiet das niederschlagsreiche Alpenvorland. Heutzutage flächengrößter Wiesentyp.

Standortmerkmale: Pflanzenbestände weniger durch Bodentyp als vielmehr durch intensivste und früh einsetzende Nutzung und Düngung bestimmt. Oft auf ehemaligen Glatthafer- und Goldhaferwiesenstandorten.

Charakteristische Pflanzen:
Wiesen-Löwenzahn *(Taraxacum officinalis)*
Deutsches Weidelgras *(Lolium perenne)*
Bastard-Weidelgras *(Lolium hybridum)*
Wiesen-Kerbel *(Anthriscus sylvestris)*
Bärenklau *(Heracleum sphondylium)*
Gewöhnliches Rispengras *(Poa trivialis)*
Knaulgras *(Dactylis glomerata)*
Weißklee *(Trifolium repens)*
Stumpfblättriger Ampfer *(Rumex abtusifolius)*

Unten: Vielschnittwiesen und Mähweiden beherbergen nur wenige Pflanzenarten. Im Frühjahr sind solche Flächen meist nur von einem gelben Blütenteppich des Löwenzahns überzogen.
Rechts: Wenn das Gras so aussieht, wird es siliert.

Nutzung: Meist auf orts- und hofnahen Flächen. Intensiv betriebene Grünlandwirtschaft (Silagewirtschaft), bei 3–6 Nutzungen Spitzenerträge an Grundfutter zwischen 80 und 130 dt TM/ha. Voraussetzung dafür: Entzugsgerechte Düngung von 280 kg Stickstoff, 110 kg Phosphor und 360 kg Kalium. Als leistungsfähigste Grasarten sind die Weidelgräser in der Mähweide weniger stark vertreten als in den krautärmeren Weideformen Norddeutschlands. Mit steigender Gülle-Düngung nimmt der Anteil an Doldenblütlern (Kerbel und Bärenklau) zu.

Ökologische Bedeutung: Für die einheimische Tier- und Pflanzenwelt kaum eine Bedeutung als Lebensraum. Ähnlich den norddeutschen Weidelgrasweiden sind Vielschnittwiesen relativ artenarme und monotone Pflanzenbestände mit nur 10–20 Pflanzenarten. Im Vergleich zum Ackerland wegen ihres ganzjährigen Bewuchses dagegen erhebliche Wasser- und Bodenschutzfunktion. Letztlich für den Landschaftshaushalt immer noch besser als Maisäcker.

Gefährdung: Keine. Anlage gefährdet dagegen andere, artenreichere Biotope.

Schutz und Pflege: Extensivierung ist wünschenswert. Überlässt man eine feuchte Mähweide z. B. auf Auengley ihrer natürlichen Sukzession, so entwickelt sie sich im Laufe von Jahren bis Jahrzehnten zu einer Hochstaudenflur (z. B. Mädesüß- oder Brennnesselbestände).
Sollte dieser Grünlandtyp örtlich brachliegen oder extensiviert werden, ist eine Mindestpflege vor allem aus gewässerhygienischer Sicht (Verhinderung der Stickstoff-Auswaschung ins Grundwasser) angezeigt. 2–3-malige Mahd pro Jahr Anfang bis Mitte Juni und Anfang August sowie gegebenenfalls im Oktober ohne Düngung kann Mähweiden über eine Aushagerungsphase in einen Zustand verwandeln, der dem Bild der artenreichen Glatthaferwiese nahekommt.

Entweder sieht die Vielschnittwiese gelb aus (mit Löwenzahn, oben) oder weiß (mit Doldenblütlern, unten). Diese Pflanzen zeigen eine Überdüngung des Standortes mit Gülle an.

Gedüngte Frischwiesen und -weiden

Weidelgras-Weißkleeweiden (Fettweiden)
Lolio-Cynosurion

Kennzeichen: Ganzjährig grüne, niedrigwüchsige und vom trittfesten Deutschen Weidelgras (= Englisches Raygras) beherrschte Weide des wintermilden küstennahen Klimabereichs. Pflanzenbestände sind gräserdominant und artenarm. Optisches Unterscheidungsmerkmal gegenüber Wiesen: Stellen mit besonders üppigem Pflanzenwachstum (sog. Geilstellen), bedingt durch die Düngewirkung von Kuhfladen.

Verbreitung/Vorkommen: Hauptsächlich im wintermilden, küstennahen Klimabereich des nord- und nordostdeutschen Flachlandes (planare Höhenzone, atlantisches Klima). Schon seit Jahrhunderten ist dort ein reiner Weidebetrieb mit Rindern (Rasse Schwarzbunte) die Regel. Grund: atlantisches Klima, das die Sommertrockenheit mildert und die Weideperiode im Winterhalbjahr verlängert (200–220 Weidetage). Mit zunehmender Höhenlage (ab 600 m ü. NN) setzen Kälte und lange Schneedecke den Weidelgräsern eine natürliche Verbreitungsgrenze (Schneeschimmelbefall, geringe Frosthärte). Vorkommen im Süden: niederschlagreiches Alpenvorland. Heute flächengrößter Weidetyp.

Standortmerkmale: Auf relativ hohe Niederschläge angewiesen oder aber auf sommerliche Grundwasserstände, die noch wurzelerreichbar sind. Bodentypen: Braunerden, Pseudogleye und Gleye. Boden trocknet selten aus. Vorübergehende Staunässe mehr oder weniger oft vorhanden. Entscheidend für das optimale Gedeihen dieser Weidevegetation ist der Wasserhaushalt des Bodens; dabei zeigen Lehm, Löss und sandiger Lehm bessere Leistungen als Marsch-, Sand- und Moorböden.

Weidelgras-Weißkleeweiden

Typische Weidelgras-Weißkleeweide. Im küstennahen Flachland hat sich die intensive Fettweide als typische Nutzung durchgesetzt.

Charakteristische Pflanzen:
Deutsches Weidelgras *(Lolium perenne)*
Weißklee *(Trifolium repens)*
Kammergras *(Cynosurus cristatus)*
Wiesen-Rispe *(Poa pratensis)*
Wiesen-Lieschgras *(Phleum pratense)*
Quecke *(Agropyron repens)*
Großer Wegerich *(Plantago major)*
Rasenschmiele *(Deschampsia caespitosa)*
Gänseblümchen *(Bellis perennis)*
Kriechender Hahnenfuß *(Ranunculus repens)*

Nutzung: Tieflandsweiden werden heute so stark gedüngt und in Umtriebsweiden sowie Portionsweiden mit so viel Vieh besetzt, dass das Artengefüge in erster Linie durch diese beiden Faktoren bestimmt wird. Deshalb Vorkommen sowohl auf Sand-, Lehm- und Torfböden. Erzielbare Erträge zwischen 90 und 120 dt TM/ha bei einer mittleren Düngung von 210 kg Stickstoff, 150 kg Phosphor und 250 kg Kalium pro Hektar.

Ökologische Bedeutung: Aufgrund intensiver Nutzung eine der uniformsten Pflanzengesellschaften überhaupt. Wegen großflächigen Vorkommens und Blütenarmut floristisch wenig abwechslungsreich. Faunistische Bedeutung von weniger intensiv genutzten Fettweiden: Brutgebiet von Kiebitz, Schafstelze und Braunkehlchen. Deren Nahrungsgrundlage sind in Kuhfladen lebende Insektengruppen wie Fliegen, Dung- und Stutzkäfer.

Gefährdung: Keine, Anlage gefährdet jedoch andere wertvolle Grünland-Biotoptypen.

Schutz und Pflege: Keine, jedoch u. U. durch „Rückwandel" in artenreicheren Weidetyp bzw. Gehölztyp gestaltbar. In brachliegenden Fettweiden verschwinden nach 5–10 Jahren fast alle typischen Weidepflanzen. Bei feuchteren Weiden dominieren schließlich hohe Gräser und Kräuter (Ruderalarten). Relativ rasch, nach 1–2 Jahren, keimen auch Gehölze, wenn Samenspender in der Nähe sind. Trockenere Weiden entwickeln sich zu Rotstraußgras-Halbtrockenrasen (Auftreten von Magerkeitszeigern).

Weißklee ist der vorherrschende Schmetterlingsblütler in den Fettwiesen.

Oft dominiert aber nur noch das trittverträgliche Weidelgras.

Gedüngte Frischwiesen und -weiden

Goldhaferwiesen (Gebirgs-Fettwiesen)
Polygono-Trisetion

Kennzeichen: Bunte, kräuterreiche Bergwiesen der kühlen, niederschlagsreichen, mittleren Gebirgslagen. Im Vergleich zu Glatthaferwiesen schwächerwüchsiger, jedoch ebenso blütenreicher Wiesentyp. An Stelle des Glatthafers gelangt in den höheren Lagen der Goldhafer *(Trisetum flavescens)*, oft zusammen mit dem Wiesen-Knöterich *(Polygonum bistorta)*, zur Vorherrschaft.

Verbreitung/Vorkommen: In der montanen Stufe der Mittelgebirge Europas, also zwischen 600 und 900 m Meereshöhe, in den Alpen bis ca. 1700 m (subalpine Stufe). Der Übergang zwischen Glatthaferwiesen und Goldhaferwiesen ist fließend und liegt zwischen 500 und 700 m Meereshöhe, in den Alpen Übergangsbereich bis 1000 m ü. NN. In Österreich im Alpenraum häufig anzutreffen.

Rechts: Wald-Storchschnabel
Unten: Die Pflanzenvielfalt der Goldhaferwiesen begünstigt eine artenreiche Schmetterlingsfauna.

Goldhaferwiesen

Schlangen-Knöterich (oben) und Frauenmantel (rechts) sind regelmäßige Vertreter dieses Wiesentyps.

Standortmerkmale: Vor allem auf Parabraunerden und pseudovergleyten Parabraunerden, aber auch auf Rankerbraunerden und Braunerden mit geringer Basensättigung. Mit dem Übergang zu Pseudogley-Böden Ablösung durch die Trollblumen-Bachdistelwiese. Auf feuchten, basenarmen Standorten Übergang in Borstgrasrasen. Da die Flächen meist geneigt sind, kaum Staunässe. Bodenfeuchte variiert in ähnlichem Maß wie bei Glatthaferwiesen.

Der Goldhafer als Namensgeber.

Charakteristische Pflanzen:
Goldhafer *(Trisetum flavescens)*
Weicher Pippau *(Crepis mollis)*
Frauenmantel *(Alchemilla monticola)*
Schwarze Flockenblume *(Centaurea nigra)*
Perücken-Flockenblume *(Centaurea pseudophrygia)*
Krokus *(Crocus albiflorus)*
Wald-Storchschnabel *(Geranium silvaticum)*
Schwarze Teufelskralle *(Phyteuma nigra)*
Wiesen-Kümmel *(Carum carvi)*
Große Bibernelle *(Pimpinella major)*
Bärwurz *(Meum athamanticum)*
Rauher Löwenzahn *(Leontodon hispidus)*

Nutzung: Entstanden durch Waldrodung, häufig auch durch Trockenlegung von montanen Seggenrieden. Extensive Futterwiese (1–2-schürig) mit Rücklieferung der Nährstoffe über Hofdünger (Stallmist). Ertragserwartung: 50–70 dt TM/ha. Bei intensiver Beweidung Übergang in Kammgrasweide *(Cynosuretum)*.

Ökologische Bedeutung: Wegen Blütenreichtums Refugium für viele Insektenarten, vor allem für Heuschrecken und Schmetterlinge. Oft Rückzugsgebiet für das aus tieferen Lagen verdrängte Braunkehlchen. Besonders in Fremdenverkehrsgebieten sehr bedeutender Erholungs- und Erlebniswert. Boden-, Grundwasser- und Erosionsschutz.

Gefährdung: Rückgang durch bessere Wegeerschließung der Mittelgebirgsstufe und die dadurch ermöglichte intensive landwirtschaftliche Nutzung (häufigerer Schnitt, verstärkte Düngung). In anderen Gebieten dagegen durch Brachfallen hohe Flächenverluste.

Schutz und Pflege: Erhaltung der Viehbetriebe im Mittelgebirge und Förderung der Festmistwirtschaft (organische Düngung). Künstlicher Erhalt: jährlich einmaliges Mulchen im Juni (in höheren Lagen Anfang Juli).

Gedüngte Frischwiesen und -weiden

Alpine Milchkrautweiden (Almen)
Poion alpinae

Kennzeichen: Gedüngte Viehweiden des Hochgebirges in Lagen zwischen 1400 und 2300 m werden als Almen bezeichnet. Namengebende Pflanze ist *Leontodon hispidus*, die in den Alpen Milchkraut genannt wird. Weidepflanzen wachsen langsamer und bleiben niedriger als im Tal. Wertvollste Grünlandgesellschaften der Sennereibetriebe in der subalpinen und untersten alpinen Stufe. Im Verbund mit anderem durch menschliche Nutzung geprägtem Grünland im Gebirge wie etwa Horstrotschwingel-Weißkleeweiden als magerer Typus sowie den Goldhaferwiesen der subalpinen Assoziation und den Lägerfluren.

Verbreitung/Vorkommen: Großflächige Weiden des Berglandes auf Hochplateaus, sanft geneigten Rücken und in Karen der Rand- und Zentralalpen zwischen 1400 und 2300 m Höhe. Größtenteils befinden sich die Almen in der natürlichen Waldzone, die

Milchkrautweide im Vorsommer (oben) und im Frühling von dichten Krokusteppichen überzogen (rechts). Unten: Brachestadium

durch Rodung und Beweidung in Weiden umgewandelt wurde. In Österreich liegen 75 Prozent aller Almen in diesem Bereich.

Standortmerkmale: Nährstoffreiche Standorte auf Urgestein (Zentralalpen) und auf Kalk (Randalpen). Die Bereiche um Hütten, Unterkünfte und Viehlagerplätze sowie ebene Flächen sind nährstoffreicher als die Hänge. Kurze Vegetationszeiten von Frühsommer bis Herbst. Hohe Niederschläge außer in den Zentralalpen und starke Sonneneinstrahlung.

Charakteristische Pflanzen:
Milchkraut oder Rauer Löwenzahn (*Leontodon hispidus*)
Goldpippau (*Crepis aurea*)
Weißklee (*Trifolium repens*)
Alpen-Rispengras (*Poa alpina*)
Alpenlieschgras (*Phleum alpinum*)
Frauenmantel (*Alchemilla vulgaris*)
Alpen-Mutterwurz (*Ligasticum mutellina*)
Rasiger Klee (*Trifolium thalii*)
Braunklee (*Trifolium badium*)
Scheuchzers Glockenblume (*Campanula scheuchzeri*)

Nutzung: Von mehreren Bauern oder einem ganzen Dorf mit Almvieh bewirtschaftete Sommerweide. Beweidungszeit liegt je nach Höhenlage zwischen Juni und September und beträgt auf Niederalmen 150 und auf Hochalmen nur 40–60 Tage. Nutzung geht auf Jahrhunderte alte Traditionen zurück

Alpine Milchkrautweiden

Oben: Krokusse
Rechts: Scheuchzers Glockenblume, typisch für die untere alpine Region.

und reicht bis in die Bronzezeit zurück. Die traditionelle Bewirtschaftung sieht die Betreuung der Rinder, die Weidepflege und die Verarbeitung der Milchprodukte durch Sennen und Sennerinnen vor.

Ökologische Bedeutung: Floristisch um so reichhaltiger, je magerer und je extensiver genutzt. Lebensraum typischer Schmetterlingsarten wie Alpen-Scheckenfalter oder Grauer Fleckenbär. Lebensraum der alpinen Fauna wie Murmeltier, Steinadler, Gämse, Alpensalamander u. a. Schutz vor Erosion, Lawinen und Regulativ der Niederschläge.

Gefährdung: Nutzungsaufgabe. Die Blütezeit der Almen ist, bedingt durch den landwirtschaftlichen Strukturwandel, vorbei und die Milchkühe sind weitgehend von den Al-

men verschwunden. Auf den meisten noch genutzten Almen wird nur noch Jungvieh aufgetrieben, das nicht ständig betreut werden muss. Intensivierung durch Überbeweidung. Düngung und Herbizideinsatz. Aufforstung und saure Niederschläge verändern die Zusammensetzung der Pflanzenbestände.

Schutz und Pflege: Aufrechterhaltung der bisherigen Nutzungen. Umsetzung umweltverträglicher Almverbesserungsmodelle, wie in der Schweiz und in Österreich erprobt, damit sich die Milchviehhaltung wieder lohnt.

Die Milchkrautweiden finden sich oft in der Welt des Murmeltiers.

Extensivgrünland im Bereich der Riede und Moore: Feucht- und Nasswiesen

Pfeifengras-Streuwiesen
Molinion caeruleae

Kennzeichen: Relativ dichte, artenreiche und hochwüchsige Wiesen auf ungedüngten, wechselfeuchten Böden mit hohem Anteil sich spät entwickelnder Stauden, die durch die späte Mahd im Herbst (Streugewinnung) begünstigt werden.

Verbreitung/Vorkommen: Ausgesprochen südmitteleuropäische, gemäßigt-kontinentale Verbreitung. Vor allem in Grünlandgebieten, in denen es aus klimatischen Gründen wenig Getreidebau gibt; in den Alpen und im nördlichen Alpenvorland.

Standortmerkmale: Auf wechselfeuchten bis wechselnassen, mesotrophen Nieder- und Übergangsmoortorfen von Verlandungszonen, außerdem am Rande (Lagg) von Hochmooren, in staunassen Mulden, an quelligen Hängen oder auf ärmeren Anmooren. Bodentypen: Auf kalkreichen Standorten vorherrschend Gleye aber auch Anmoor- und Moorgleye, auf kalkarmen, saurem Untergrund Pseudogleye, Gleye und Gleypodsole.

Oben links: Dieser Wiesentyp ist Habitat für Heuschrecken. Oben rechts: Sibirische Schwertlilie. Rechts: Schwalbwurz-Enzian. Ganz rechts: Horst eines Pfeifengrases. Unten: Blutwurz

Charakteristische Pflanzen:
Blaues Pfeifengras *(Molinia caerulea)*
Blutwurz *(Potentilla erecta)*
Kümmelblättrige Silge *(Selinum carvifolia)*
Schwalbwurz-Enzian *(Gentiana asclepiadea)*
Teufelsabbiss *(Succisa pratensis)*
Färber-Scharte *(Serratula tinctoria)*
Weiden-Alant *(Inula salicina)*
Sumpf-Schafgarbe *(Achillea ptarmica)*
Sibirische Schwertlilie *(Iris sibirica)*
Lungen-Enzian *(Gentiana pneumonanthe)*
Nordisches Labkraut *(Galium boreale)*
Sumpf-Kratzdistel *(Cirsium palustre)*
Kugel-Rapunzel *(Phyteuma orbiculare)*
Prachtnelke *(Dianthus superbus)*
Hirsen-Segge *(Carex panicea)*
Sumpf-Hornklee *(Lotus uliginosus)*

Pfeifengras-Streuwiesen

Nutzung: Bis Mitte des 20. Jahrhunderts in stroharmen Regionen wie dem Alpenvorland von erheblicher wirtschaftlicher Bedeutung. Aus Streuwiesen bezog der Bauer anstelle des fehlenden Getreidestrohs das Einstreumaterial für den Viehstall. Mahd erfolgte immer erst im Herbst, wenn der Wiesenaufwuchs strohig geworden war. Im Gegensatz zu den Futterwiesen erhielten diese nie eine Hofdüngung. Heute gelten Streuwiesen in den Augen der Landwirte als Ödland.

Ökologische Bedeutung: Wegen ihres floristischen Reichtums (über 200 höhere Pflanzenarten) und ihrer historischen Bedeutung für die Grünlandentwicklung allgemeines wissenschaftliches Interesse und höchster Naturschutzwert. Kalk-Pfeifengraswiesen beherbergen eine Vielzahl von seltenen und geschützten Tier- und Pflanzenarten wie Enziane, seltene Seggenarten, Orchideen usw. Neben Wuchsort für Pflanzen magerer Standorte auch Habitat seltener Vogelarten (z. B. Bekassine, Wiesenpieper, Braunkehlchen) und Schmetterlinge (z. B. Waldportier, Pfeifengras-Trauereule). Da dieser Biotoptyp vom Frühjahr bis in den Herbst blüht, besitzt er einen hohen Erlebniswert für uns Menschen.

Orchideen- und vollgrasreiche Form der voralpinen Pfeifengraswiese.

Gefährdung: Seit Mitte des 20. Jahrhunderts rapide Abnahme. Grund: Pfeifengraswiesen wachsen auf den gleichen Böden wie die Futterwiesen, sind daher leicht in diese zu verwandeln. In jüngerer Zeit Gefährdung dieser „Halbkulturrasen" durch fehlende extensive Nutzung (Verbuschung und Wiederbewaldung). Seit der Modernisierung der Landwirtschaft und der Umstellung auf Schwemmentmistung erneut starke Abnahme. Heute fast nur noch im Alpenvorland und den randlichen Teilen der Alpen anzutreffen, aber auch hier immer seltener. Mit Flächenrückgang auch Abnahme der typischen floristischen wie faunistischen Artengarnitur: Ein Drittel des Artenbestandes der Flora der Feuchtwiesen sind inzwischen verschollen oder stark gefährdet. Gefahr außerdem durch Eutrophierung wegen nicht ausreichend dimensionierter Pufferzonen gegenüber umliegenden landwirtschaftlichen Nutzflächen.

Nur wo es viele Nektarpflanzen gibt, flattert der Schachbrettfalter.

Schutz und Pflege: Erhalt der Restflächen durch Nachahmung der überkommenden Bewirtschaftungsweise: mindestens alle zwei Jahre im Herbst mähen und die Streu von der Wiese entfernen (Mulchen allein genügt nicht!). Sollen bestimmte Tier- oder Pflanzengruppen erhalten oder die schleichende Eutrophierung beseitigt werden, müssen spezielle Schnittzeitpunkte und Pflegeverfahren eingehalten werden.

Extensivgrünland im Bereich der Riede und Moore: Feucht- und Nasswiesen

Nasse Hochstaudenbestände
Filipendulion ulmariae

Kennzeichen: Nicht mehr oder ungenutzte, hochwüchsige Pflanzenbestände auf feuchten bis nassen, nährstoffreichen Böden (kräuterbetonte Feuchtwiesenbrachen). Oft nur mit einer oder wenigen dominierenden Pflanzenarten (z. B. Mädesüß, Gilbweiderich, Brennnessel, Goldrute, Wasserdost).

Verbreitung/Vorkommen: Im gesamten Mitteleuropa von der planaren Höhenstufe bis in den subalpinen Bereich. Großflächig: Biosphärenreservat Spreewald und Niederlausitzer Heidelandschaft in Brandenburg.

Standortmerkmale: Ursprünglich an Bächen in Erlen-Eschenwäldern als so genannte Primärstandorte. Heute häufig auf brachliegenden Feuchtwiesen, mitunter in eutrophierten Streuwiesen auf grund- und sickerwasserreichen Böden. Hauptvorkommen: Nährstoffreiche, milde bis mäßig saure, humose, sandige oder reine Lehm- und Tonböden (sog. Sumpfhumusböden).

Charakteristische Pflanzen:
Mädesüß *(Filipendula ulmaria)*
Gilb-Weiderich *(Lysimachia vulgaris)*
Blut-Weiderich *(Lythrum salicaria)*
Kriechender Arznei-Baldrian *(Valeriana procurrens)*
Wasser-Dost *(Eupatorium cannabinum)*
Sumpf-Storchschnabel *(Geranium palustre)*
Geflügeltes Johanniskraut *(Hypericum tetrapterum)*
Wasser-Minze *(Mentha aquatica)*
Zottiges Weidenröschen *(Epilobium hirsutum)*
Späte Goldrute *(Solidago gigantea)*

Nutzung: Nicht landwirtschaftlich genutzt. Meist aus brachliegenden, ehemals gedüngten Feuchtwiesen entstanden. Entwicklung oft zu reinen Mädesüß-Beständen. Besonders in der Übergangszone von Intensiv-Grünland zu den Pfeifengraswiesen. Wegen Kräuterreichtum ist (war) Streu für die Landwirtschaft unbedeutend.

Ökologische Bedeutung: Da weder die Bestandesbildner noch die charakteristischen Pflanzen zu den gefährdeten Pflanzenarten zählen, ist dieser Biotoptyp für den botanischen Artenschutz nur von untergeordneter Bedeutung. Vor allem in Stadtlandschaften und in landwirtschaftlich intensiv genutzten Regionen aber wichtig als ungestörter Lebensraum für Insekten, Vögel und Kleinsäuger. Insbesondere die Goldrute ist eine wichtige Nahrungspflanze für Insekten, vor allem für Wespen, Bienen und Schwebfliegen. Damit bekommen auch solche „monotonen" Grünlandtypen eine Bedeutung für die Ernährung der Vogelwelt.
Um die von Ackerland in nährstoffarme Feuchtgebiete einfließenden Dungstoffe fernzuhalten, besitzen Hochstaudensäume die Funktion einer Pufferzone und sollten deshalb erhalten bleiben.

Oben: Blutweiderich
Mitte: Hochstauden als Nektartheke für Schmetterlinge
Unten links: Mädesüß
Unten rechts: Gilb-Weiderich

Nasse Hochstaudenbestände

Ein geübtes Auge sieht es sofort: Hier fehlt der Mähbalken. Trotzdem hat sich ein blütenreicher und dauerhafter Pflanzenbestand eingestellt.

Gefährdung: Nasse Hochstaudenbestände sind im allgemeinen nicht gefährdet. Sie nehmen eher ständig zu, da sie das brachliegende Stadium der Pfeifengras- und Feuchtwiesen darstellen. In Ballungsräumen jedoch durch Grundwasserabsenkung, Siedlungs- und Erholungsdruck sowie durch Auffüllungen oder Aufforstung bedroht.

Schutz und Pflege: Keine Pflegemaßnahmen erforderlich, wenn Pflanzenbestände als solche erhalten werden sollen. Gehölzanflug kommt in diesen Pflanzenbeständen nicht auf, es sei denn, der Bestand wird durch Brand, wühlende Wildschweine oder ähnliches verletzt. Ist aber eine Vergrößerung der Artenzahl der oft monokulturartigen Pflanzenbestände erwünscht, so empfiehlt sich jährliches, einmaliges Mulchen Mitte August oder noch besser Mähen mit Abräumen des Mähgutes Ende September.

Als Pufferzone sollten nasse Hochstaudenbestände – damit der Schutz artenreicher Wiesenformationen wirkungsvoller ist – im Herbst gemäht und das Mähgut abgeräumt werden. Auf diese Weise können Pufferzonen bei einer Breite von 3–5 Metern – je nach den örtlichen Verhältnissen – ihre Schutzfunktion erfüllen.

Extensivgrünland im Bereich der Riede und Moore: Feucht- und Nasswiesen

Gedüngte Feucht- und Nasswiesen (Dotterblumenwiesen)
Calthion palustris

Kennzeichen: Hochwüchsiges und dichtes aber blütenreiches, meist zweischüriges Extensivgrünland zur Futtergewinnung auf feuchten bis nassen Standorten. Je nach den Standortverhältnissen auch als Kohldistel-, Bachdistel-, Trollblumen- oder Traubentrespenwiese in Erscheinung tretend.

Verbreitung/Vorkommen: In Mitteleuropa von der planaren bis zur montanen Höhenlage. Hervorgegangen entweder aus nassen Staudenfluren, wechselfeuchten Streuwiesen, entwässerten Röhrichten, Großseggen- oder Kleinseggenwiesen unter mehr oder weniger starker Mitwirkung der Düngung. Mit steigender Meereshöhe Übergang

Rechts: Trollblumenaspekt einer typischen Feuchtwiese. Unten: Braunkehlchen.

der Kohldistelwiese in die Trollblumen-Bachdistelwiese. Auf basenarmen Standorten (Silikatgebirge, altpleistozänes Flachland) dagegen Ausbildung als Wassergreiskrautwiese, Waldsimsen- oder Traubentrespenwiese. Nährstoffreiche Nasswiesen haben sich erst nach 1900 stärker ausgedehnt. In trockeneren Klimaten (pannonisches Klima in Niederösterreich) auf die tiefgründigen, regelmäßig überschlickten Aueböden als ihre natürlichen Standorte beschränkt. Großflächig im Biosphärenreservat „Schorfheide-Chorin" in Brandenburg und an der Odermündung (deutsch-polnische Grenze).

Standortmerkmale: Der mittlere Grundwasserstrand schwankt zwischen 1,2 m (mäßig feucht, Übergang zu Glatthaferwiesen) und 30 cm unter Flur (nass, Übergang zu Schlankseggenwiesen). Im Hochwasser oft Abtrocknung, sodass Beweidung möglich ist. Trotzdem stets reichliche und sichere Wasserversorgung, jedoch selten Staunässe vorhanden. Dotterblumen- und Kohldistelwiesen bevorzugen nährstoffreiche, relativ basenreiche mineralische Nassböden oder entwässerte Torfböden entsprechender Beschaffenheit. Bei Kohldistelwiesen sind Gleye, Pseudogleye und Moorböden (z. B. wechselfeuchter, im Wurzelraum vererdeter und gesackter Niedermoortorf) die vorherrschenden Bodentypen. Wechselnasse bis nasse, nährstoffreiche Niedermoortorfe dagegen eher mit Trollblumen und Bach-Kratzdistel.

Gedüngte Feucht- und Nasswiesen

Rosafarbene Kuckucks-Lichtnelken und gelber Hahnenfuß.

Charakteristische Pflanzen:
Kohl-Kratzdistel *(Cirsium oleraceum)*
Wiesen-Schaumkraut *(Cardamine pratensis)*
Kuckucks-Lichtnelke *(Lychnis flos-cuculi)*
Bach-Kratzdistel *(Cirsium rivulare)*
Wiesen-Knöterich *(Polygonum bistorta)*
Sumpf-Dotterblume *(Caltha palustris)*
Wald-Simse *(Scirpus silvaticus)*
Bach-Nelkenwurz *(Geum rivale)*
Wald-Engelwurz *(Angelica sylvestris)*
Trollblume *(Trollius europaeus)*
Sumpf-Pippau *(Crepis paludosa)*
Breitblättriges Knabenkraut *(Dactylorhiza majalis)*
Sumpf-Vergissmeinnicht *(Myosotis palustris)*
Sumpf-Schotenklee *(Lotus uliginosus)*

Nutzung: Der in der Regel zweischürige Wiesentyp wurde schon immer – je nach Bewirtschaftung – in mäßigem Umfang mit Hofdüngern (100–150 dt Festmist pro Jahr) versorgt. Dank gesicherter Wasserversorgung ist die futterbauliche Ertragsfähigkeit mit 50 bis 70 dt TM/ha relativ hoch. Durch periodische Entwässerung und Düngung konnten auf Kosten seltener Arten wertvolle Futterpflanzen relativ leicht zur Vorherrschaft gebracht werden. Der Ertrag sinkt bei gleicher Nutzungsintensität, aber ausbleibender Düngung häufig bald ab.

Ökologische Bedeutung: Ähnlich derjenigen einschüriger Pfeifengras-Streuwiesen, sofern sie nur schwach gedüngt und höchstens zweimal gemäht werden. Ihre faunistische Artenvielfalt ist groß. Untersuchungen an feuchten Wiesen in Nordwestdeutschland haben etwa 1900 Tierarten ergeben, die zu 80 Prozent biotopspezifisch sind. Bekannte Vogelarten: Großer Brachvogel, Uferschnepfe, Rotschenkel, Kiebitz, Wachtelkönig, Bekassine und Sumpfohreule.
Frühlings- und Vorsommeraspekt mit auffälligem, erholungswirksamem Farbenwechsel. Zunächst herrschen das Violett und Gelb der Blüten des Wiesen-Schaumkrautes bzw. der Sumpf-Dotterblume, später zeichnen sich kaminrote, braunrote, rosarote und gelbe Farben ab (Kuckucks-Lichtnelke, Kriechender Hahnenfuß, Wiesen-Knöterich, Sauerampfer und Wolliges Honiggras).

Gefährdung: Gedüngte Feucht- und Nasswiesen haben in den letzten Jahrzehnten stetig abgenommen. Zerstörung durch Entwässerung und Nutzungsintensivierung, durch Umbruch zu Ackerland (Silomais) oder durch Brachlegen. Der farbenfrohe, zwischen der feuchten Glatthaferwiese und der Pfeifengras-Streuwiese vermittelnde Grünlandtyp ist künstlich relativ schwierig zu erhalten, da die kräuterfördernde organische Düngung fehlt.

Schutz und Pflege: Beibehaltung extensiver futterbaulicher Nutzung. Gelegentliche Düngung mit Festmist und Mahd Mitte Juni und im Herbst sichern zum einen ausreichende Futtererträge und -qualitäten für Pferde, Schafe, heranwachsende Rinder und Milchkühe mit geringerer Milchleistung. Zum anderen würde dadurch die vielfältige Tier- und Pflanzenwelt erhalten.
Kann die Wiese nicht mehr landwirtschaftlich genutzt werden, soll aber künstlich in ihrem Bestand erhalten bleiben, bietet sich 1–2-mal jährliches Mulchen an. Dies kommt dem Entwicklungszyklus der Arten entgegen und vermag die Blütenpracht noch am ehesten zu konservieren. Natürliche Sukzession scheidet meist aus Gründen des botanischen Artenschutzes aus. Es würden sich mächtige Streuauflagen bilden, monotone Hochstaudenfluren wären die Folge. Aus Norddeutschland liegen Erfahrungen vor, wonach eine gezielte Schafbeweidung brachliegender Kohldistelwiesen die Artenvielfalt nach 5–10 Jahren beträchtlich erhöhen kann.

Der Große Brachvogel ist auf baum- und strauchfreie Feucht- und Nasswiesen angewiesen.

Landröhrichte
Phragmition terrestre

Kennzeichen: Schilfreiche, hochwüchsige Bestände an nassen und feuchten Stellen von nicht mehr genutzten Grünlandgesellschaften. Als Sukzessionsstadien sowohl in aufgelassenen Dotterblumenwiesen als auch in Streu- und Seggenwiesen.

Verbreitung/Vorkommen: In ganz Europa verbreitet. Schilf gedeiht sogar in den Subtropen noch gut und ist weltweit anzutreffen. Das Wärmebedürnis allerdings setzt ihm in Nordeuropa und in der montanen Stufe der

Rechts: Gelbe Schwertlilie
Unten: Viele Nieder- und Anmoore tragen ausgedehnte Schilfbestände.

mitteleuropäischen Gebirge eine deutliche Grenze (dort bis 900 m, Alpen bis 1100 m ü. NN). Flächengrößte Vorkommen in Mitteleuropa: Unteres Odertal an der deutsch-polnischen Grenze, an der Müritz (Meckl.-Vorp.) und in den Elbtalauen in Niedersachsen.

Standortmerkmale: Die Anpassungsfähigkeit des Schilfrohres (*Phragmites australis*) an die Boden- und Wasserverhältnisse ist sehr groß. Sie reicht von kalk-oligotrophen über die sauer-oligotrophen bis zu eutrophen Gewässern. Deshalb Wuchsort sowohl auf Gleyen und Auenböden als auch auf häufig überschwemmten Böden.

Charakteristische Pflanzen:
Schilf (*Phragmites australis*) – vorherrschend
Rohrglanzgras (*Phalaris arundinaceae*)
Zaunwinde (*Convolvulus sepium*)
Gelbe Schwertlilie (*Iris pseudacorus*)
Sumpf-Rispe (*Poa palustris*)

Nutzung: Entstehung an keine landwirtschaftliche Nutzung gebunden, daher – wie auch die Verlandungsröhrichte – keine Grünlandstandorte im klassischen Sinne. In früheren Jahrhunderten jedoch in Westeuropa (heute z. T. noch in Polen) intensiv zur Dachabdeckung und als Isolierung (Schilfmatten) genutzt; deshalb Wiesencharakter.

Landröhrichte

Ökologische Bedeutung: Ähnlich den Verlandungsröhrichten der Stillgewässer sind auch Landröhrichte für einige Vogelarten, die ihren Lebensraum in Schilfbeständen besitzen, wichtig: Rohrweihe, Rohrammer, Teichrohrsänger, Schilfrohrsänger, Rohrdommel. In Verbindung mit Stillgewässern: Stockente, Pfeifente, Krickente, Spießente, Löffelente, Knäckente. Bedeutend für die Biotopvernetzung. Bereicherung des Landschaftsbildes und Erhöhung des Erlebniswertes.

Gefährdung: 36 Prozent der Pflanzenarten der Röhrichtbestände sind gefährdet und verdienen deshalb Schutz. Die Schilfbestände wurden in den letzten Jahrzehnten so stark zurückgedrängt, dass nun sämtliche Vorkommen als schützenswert einzustufen sind. Dies gilt aus vogelkundlichen Gründen auch für Lockerschilfbestände in Feuchtwiesen.

Rechts: Landröhrichte sind wichtige Brutgebiete der Rohrweihe.
Unten: Oft ist auch ein einzelner Schilfhalm ein Kleinlebensraum für sich.

Schutz und Pflege: Kaum Pflegemaßnahmen notwendig. Durch Mahd im Winter und die Entfernung der toten Halme können jedoch dichte und widerstandsfähige Bestände erzeugt werden. Dies kann z. B. dort sinnvoll sein, wo sie – ähnlich den krautreichen Hochstaudenbeständen – als Pufferzone zwischen landwirtschaftlicher Nutzfläche und eutrophierungsgefährdeten Biotopen fungieren. Solche Bestände sollten mindestens 5 Meter breit sein. Soll dagegen aus Gründen des Artenschutzes oder der Landschaftspflege die Verschilfung von brachliegenden Pfeifengras-Streuwiesen oder Dotterblumenwiesen zurückgedrängt werden, empfiehlt sich zunächst ein Zweischnittregime, und zwar im Juni und Ende September. Schilf verträgt keinen frühen Schnitt! Nach deutlicher Reduzierung seiner Vitalität kann auf jährliche und schließlich auf Mahd im 2–3-jährigen Turnus mit Abräumen des Mähgutes zurückgegangen werden.

Extensivgrünland im Bereich der Riede und Moore: Feucht- und Nasswiesen

Großseggenwiesen
Magnocaricion

Kennzeichen: Artenarme, dichte und oft horstig (bultig) wachsende Pflanzenbestände, bestehend aus hochwüchsigen Seggen auf zeitweilig überschwemmten Böden. Die bultlose Schlanksegge (Carex gracilis) dagegen bildet wiesenähnliche Rasen, die mit ihren vom Wind ausgerichteten gebogenen Blättern von weitem an ein Fell erinnern. Charakteristisch ist oft das Vorherrschen einer einzigen Seggenart.

Verbreitung/Vorkommen: Ähnlich dem Schilf sind diese an alle Klimazonen Mitteleuropas angepasst. Im Wasserschwankungsbereich oligotroph-kalkarmer bis mäßig dystropher Seen gedeihen nur lockere und niedrige Seggenrasen, an nährstoffreicheren Gewässern dagegen hohe und dichte Bestände. Die wiesenähnlich wachsenden Schlankseggenbestände sind besonders in Senken der Talauen und in verlandeten Altwasserarmen Nord- und Ostdeutschlands verbreitet. Im Unteren Odertal gibt es die ausgedehntesten Großseggensümpfe Mitteleuropas (allein im Nationalpark Unteres Odertal 20 km^2); großflächig auch in den Elbtalauen Nordostdeutschlands.

Standortmerkmale: Sowohl auf sauren als auch auf kalkreichen Standorten. Die Böden entsprechen denjenigen der Schilfbestände: Gley und schlammiges Anmoor sowie feuchte bis nasse, eutrophierte Niedermoortorfe. Im Anschluss an Verlandungsröhrichte landeinwärts breiten sich hochwüchsige Seggen auf Böden aus, die im Herbst und Winter trockenfallen.

Charakteristische Pflanzen:
Schlanke Segge (Carex gracilis) – rasig
Sumpf-Segge (Carex acutiformis) – rasig
Schnabel-Segge (Carex rostrata) – rasig
Blasen-Segge (Carex vesicaria) – rasig
Fuchs-Segge (Carex vulpina) – rasig
Rispen-Segge (Carex paniculata) – bultig
Steife Segge (Carex elata) – bultig
Sonderbare Segge (Carex appropinquata) – bultig
Sumpf-Schachtelhalm (Equisetum palustre)
Helmkraut (Scutellaria galericulata)
(Arten kommen alternativ vor.)

Typischer Bewohner intakter Großseggenwiesen: die Bekassine

In Großseggenwiesen dominieren verschiedenährige Seggen (männliche Blüte oben, weibliche Blüte unten).

Besonderheit: Die größte bekannte Rispensegge (Carex paniculata) mit einer Höhe von 1,4 m und dem Umfang von 3,2 m wächst in einem Niedermoor in Süddeutschland.

Nutzung: Ähnlich wie Pfeifengras-Streuwiesen in der Vergangenheit zur Gewinnung von Einstreu in die Viehställe genutzt. Produktivität etwas geringer als die Röhrichte. Aufwüchse der Schlankseggenwiese (Caricetum gracilis) fanden früher in Notzeiten sogar als Viehfutter Verwendung. Gutes Pferdefutter wegen des hohen Kieselsäuregehaltes der Großseggen. Heute keinerlei Nutzung mehr, sondern lebendes landschaftshistorisches und kulturgeschichtliches Element.

Ökologische Bedeutung: Habitat von Stock- und Löffelente, Bekassine und Tüpfelsumpfhuhn. Bei Verzahnung mit Röhrichten ferner Wasserralle, Rohrammer, Schilfrohrsänger und Sumpfohreule. Basenreiche Standorte reich an Mollusken (Schnecken, Weichtiere). Typischer Lebensraum der Grünen Zikade. Lebensraum von Amphibien wie Grünfrosch, Grasfrosch, Moorfrosch, Kammmolch, Teichmolch.

Gefährdung: Bedroht durch Grundwasserabsenkung und Trockenlegung. 5 Prozent des floristischen Artenbestandes dieses Biotops verschollen. Ein ähnliches Bild zeichnet sich bei den Tierarten ab. Brachliegende Großseggenwiesen besiedeln sich ziemlich rasch

Oben: Die Blätter und Halme der Seggen wogen im Wind wie ein Weizenfeld.
Rechts: Grasfrosch. Jäger und gleichzeitig Gejagter anderer Bewohner dieses Grünlandbiotops.

mit Schwarzerlen und Grauweiden und entwickeln sich zum Erlenbruchwald als Klimaxgesellschaft weiter.

Schutz und Pflege: Um weniger nasse Großseggenwiesen vor der Bewaldung mit Erlen und Weiden zu schützen, sollte alle 2–4 Jahre ab Mitte September oder im Winter (möglichst bei gefrorenem Boden) eine Mahd erfolgen und das Mähgut entfernt werden. Die nasseren, bultartig wachsenden Großseggenbestände jedoch bedürfen keiner Pflege oder höchstens einer Mahd alle 5 Jahre, da ihre Bestände aus sich selbst heraus lebensfähig sind und Gehölze kaum Fuß fassen können.

Extensivgrünland im Bereich der Riede und Moore: Feucht- und Nasswiesen

Kalk-Kleinseggen-wiesen
Caricion davallianae

Kennzeichen: Niedrigwüchsige, artenreiche Seggenbestände auf kalkhaltigem, nassem Untergrund, bei dem der Grundwasserspiegel nur wenige Zentimeter unter der Oberfläche ansteht.

Verbreitung/Vorkommen: Äußerst seltener Grünlandtyp! Natürlicher Standort an Sumpfquellen der subalpinen Stufe. Bei ähnlichen Bodenverhältnissen tieferer Lagen konnten sich Kalk-Kleinseggenwiesen erst durch die Rodung von Bruchwäldern bilden. Gelegentliche Mahd schützte diese Rasengesellschaft bisher vor Wiederbewaldung. Heute sind die Kalk-Kleinseggenwiesen meist entwässert und in ertragreiche Futterwiesen verwandelt. Sie nehmen nur noch kleine Flächen ein. Großflächig-sekundäre Bestände im Naturpark Feldberg-Lychener Seenlandschaft in Brandenburg.

Standortmerkmale: Auf feuchteren, staunassen Standorten als Pfeifengraswiesen. Ihr mittlerer Grundwasserstand liegt bei 5–30 cm unter Flur. Böden sind fast ständig nass, luft- und nährstoffarm, außer Kalzium, das im Überschuss vorhanden ist. Meist handelt es sich um sandig-grusige Lehme bis leh-

*Sumpf-Ständelwurz (oben) und Simsenlilie (links unten) sind typische Vertreter in Kalk-Kleinseggenwiesen.
Die Mehlprimel (rechts) bringt rosafarbene Töne in den schütteren Pflanzenbestand.*

mige Tone. Echtes Torfmoor ist seltener (nur $1/4$ der Standorte), Mineralböden höchstens anmoorig. Häufigster Bodentyp: (Anmoor-) Gley, danach Moorgley, selten extremer Pseudogley. Trotz Wasserüberschuss keine nennenswerte Torfbildung (also Sumpf im Gegensatz zu Moor). Kalktuffbildung ist verbreitet.

Charakteristische Pflanzen:
Kopfbinsenarten (*Schoenus spec.*)
Gewöhnliche Simsenlilie (*Tofieldia calyculata*)
Davallsegge (*Carex davalliana*)
Mehlprimel (*Primula farinosa*)
Gewöhnliches Fettkraut (*Pinguicula vulgaris*)
Stumpfblütige Binse (*Juncus subnodulosus*)
Gelbe Segge (*Carex flava*)
Sumpf-Ständelwurz (*Epipactis palustris*)
Schlauch-Enzian (*Gentiana utriculosa*)
Breitblättriges Wollgras (*Eriophorum latifolium*)
Fleischrotes Knabenkraut (*Dactylorhiza incarnata*)
Gebirgs-Binse (*Juncus alpinus*)
Hirsensegge (*Carex panicea*)

Nutzung: Ähnlich wie bei Pfeifengraswiesen wurde das Mähgut früher als Einstreu verwendet. Kalk-Kleinseggenwiesen erreichen jedoch nur ein Drittel bis die Hälfte der Menge des Aufwuchses der Pfeifengraswiesen. Die Qualität ihrer Streu ist auch geringer als jene. Die Bedeutung für die Erholung, den Natur- und Landschaftsschutz entspricht derjenigen der Pfeifengraswiesen.

Ökologische Bedeutung: Die extremen Standortverhältnisse haben sie zu äußerst wertvollen Refugien vieler seltener Sumpfpflanzen der mitteleuropäischen Flora werden lassen (Rote-Listen-Arten, siehe charakteristische Pflanzen). Beispiele für Insekten: Libellen, Laufkäfer, Bartkäfer, Kugelkäfer, Kurzflügler, Zipfelkäfer, Schenkelkäfer, Heuschrecken, Zikaden, Eulen, Spanner, Bläulinge, Widderchen, Marmorierte Kreuzspinne u. a.

Gefährdung: Die Wuchsorte weisen eine sehr hohe Basensättigung des Bodens sowie eine hervorragende Humusform und damit eine große potentielle Fruchtbarkeit auf. Deshalb sind ihre Bestände ganz besonders empfindlich gegenüber Störungen des Wasserhaushaltes (Entwässerung). Bereits durch geringfügige Absenkung des Wasserspiegels gelangen anspruchsvollere Wiesenpflanzen zur Vorherrschaft und verdrängen die typischen Arten. Wegen der starken Durchnässung des Bodens wirkt sich Düngung allein weniger gravierend aus. Zerstörung ferner durch landwirtschaftliche Intensivierung. Auffüllungen, Aufforstung. Übernutzung durch Naherholung in umgebenden Gebieten.

Das Fettkraut fängt kleine Fliegen und Mücken mit den Verdauungsorganen der Blätter.

Schutz und Pflege: Der landwirtschaftlichen Entstehungsgeschichte entsprechend sollten die sekundären Kleinseggenriede alle 2 Jahre schonend (geringer Auflagedruck des Gerätes) ab Mitte September gemäht werden. Das Belassen des strohigen Mähgutes schadet dem Bestand nicht. Ist der Boden im September zu nass, besteht also die Gefahr von Verdichtungsschäden durch die Maschinen, dann sollte Frostwetter abgewartet werden. Als vorbeugender Schutz gegen Nährstoffeinträge sollte eine mindestens 10 m breite Pufferzone aus Extensivgrünland zu land- oder forstwirtschaftlichen Nutzflächen geschaffen werden. Bei den primären Kleinseggenwiesen der Alpen, also bei den nicht durch Nutzung entstandenen, ist eine Pflege nicht erforderlich.

Primäre Standorte dieses Wiesentyps sind die Quellhorizonte des Kalk-Gebirges.

Extensivgrünland im Bereich der Riede und Moore: Feucht- und Nasswiesen

Bodensaure Kleinseggenwiesen und Übergangsmoor-Seggenrasen

Caricion fuscae und Caricion lasiocarpae

Kennzeichen: Niedrigwüchsige, moosreiche Seggenbestände auf kalkfreiem, ständig nassem Boden, bei dem das Grundwasser oft bis an die Oberfläche ansteht.

Verbreitung/Vorkommen: Sehr seltener Grünlandtyp! Die bodensauren Kleinseggenwiesen besitzen ihren Verbreitungsschwerpunkt im nordwestdeutschen Flachland (im Kontakt zu Hochmooren). Vorkommen auch in silikatischen Mittelgebirgen und in den Zentralalpen, so etwa als Braunseggenwiesen *(Caricetum fuscae)*. Sie stellen in der alpinen Stufe eine natürliche Dauergesellschaft dar. Seit der neolithischen Revolution sind durch extensive Weidewirtschaft in Lichtlücken von Bruchwäldern neue Standorte für Kleinseggengesellschaften geschaffen worden. Großflächige Vorkommen im Naturpark Niederlausitzer Heidelandschaft in Brandenburg.

Standortmerkmale: Meistens in Mulden mit gehemmtem Abfluss in der Nähe von Quellen und Rinnsalen. Standorte dementsprechend auch im Sommer ausgesprochen nass. Grundwasser steht meist dicht unter der Oberfläche, nur in Ausnahmen bis in 50 cm Tiefe an. Böden äußerst nährstoff-, basen- und luftarm: sandige Lehme, Lehme und lehmige Tone aus Verwitterungsmaterial basenarmer Gesteine. Häufigster Bodentyp ist der Nassgley, es folgen Anmoor- und Moorgleye.

Bodensaure Kleinseggenwiesen und Übergangsmoor-Seggenrasen

Charakteristische Pflanzen:
Braune Segge *(Carex fusca)*
Schmalblättriges Wollgras *(Eriophorum angustifolium)*
Fadensegge *(Carex lasiocarpa)*
Zierliches Wollgras *(Eriophorum gracilis)*
Sumpf-Herzblatt *(Parnassia palustris)*
Sumpf-Veilchen *(Viola palustris)*
Blutauge *(Comarum palustre)*
Fieberklee *(Menyanthes trifoliata)*
Blutwurz *(Potentilla erecta)*
Grau-Segge *(Carex canescens)*
Stern-Segge *(Carex echinata)*
Hunds-Straußgras *(Agrostis canina)*
Flohsegge *(Carex pulicaris)*

Nutzung: Die Bauern nutzen diese sauren Wiesen als einschürige Streuwiesen oder magere Jungviehweiden. Streuerträge jedoch mit 10–35 dt TM/ha relativ gering. Werden Kultureinflüsse (besonders Entwässerungen) wirksam, stellen sich rasch Arten des Wirtschaftsgrünlandes ein.

Ökologische Bedeutung: Wie alle kurzrasigen Seggengesellschaften sind auch die bodensauren Kleinseggenwiesen Wuchsorte seltener Pflanzenarten der Roten Liste (siehe Charakterarten). Charakteristische Tierarten sind z. B. Sumpfmaus, Zwergmaus, Sumpfspitzmaus, Bekassine, Wachtelkönig, Wiesenpieper, Schafstelze, Braunkehlchen, Feldschwirl und Rohrammer. In Nachbarschaft von Gewässern auch Lebensraum der Ringelnatter *(Natrix natrix)*, die ursprünglich im sumpfreichen Mittelland der Schweiz und anderen Regionen Mitteleuropas die häufigste Schlangenart war.

Gefährdung: Ebenso wie Kalk-Kleinseggenwiesen sind die sauren Kleinseggenrasen gegenüber Grundwasserabsenkungen äußerst empfindlich, letztere vor allem auch gegen das Einfließen von kalkhaltigem Wasser. Zerstörung durch landwirtschaftliche Intensivierung. Auffüllungen, Aufforstung. Übernutzung durch Naherholung in umgebenden Gebieten. Sekundärvorkommen unterhalb 1000 m Mereshöhe auch durch Aufhören der Mindestpflege bedroht.

Schutz und Pflege: Bei Primärvorkommen der alpinen Stufe zur Bestandeserhaltung keine Pflegemaßnahmen erforderlich. Da sie meist kleinflächig sind, sollte jedoch ihre Umgebung geschützt werden.
Sofern Sekundärvorkommen unmittelbar in oder am Rande land- und forstwirtschaftlicher Flächen liegen, sollten Entwässerungseinrichtungen beseitigt werden und eine extensive Grünlandbewirtschaftung in einer Pufferzone von mindestens 10 m Breite erfolgen. In tieferen Lagen unterhalb 800 m ü. NN ist eine gelegentliche Mahd ab Mitte September notwendig. Ihr zeitlicher Abstand kann 2 oder mehr Jahre betragen. Schonendes Mulchen möglichst spät im Jahr (ab Oktober) hält die Flächen ebenfalls offen und schädigt weder die Fortpflanzung der Flora noch der Fauna.

Oben: Uferschnepfen gehören zu den Rote-Liste-Arten.
Mitte links: Sumpf-Herzblatt
Mitte rechts: Sumpfschrecke
Unten: Blutauge

Extensivgrünland auf Mineralböden

Borstgras-Magerrasen (Bürstlingsrasen)
Nardetalia

Kennzeichen: Kurzrasige Weidestandorte auf flachgründigen, basenarmen Silikatböden höherer Lagen. Vom Borstgras *(Nardus stricta)* dominiert, das überall physiognomisch ähnliche, relativ artenarme, eher eintönige Bestände bildet. Auffallend sind losgetretene, abgestorbene, von der Sonne gebleichte Exemplare dieses Grases. Bei näherem Hinsehen manchmal reich an niedrigen, schönblühenden Kräutern.

Verbreitung/Vorkommen: Entscheidende Voraussetzung für Gedeihen ist feuchteres und kühles Klima (montanes Klima). Dies trifft sowohl für die hochmontane Zone der Alpen wie auch die meisten Mittelgebirge zu. Auf bodensauren Standorten heimisch. Dort kommen sie als reine Grasweiden häufiger vor als die mit Zwergsträuchern (Ginster) verheideten. In Österreich ab 800 m im gesamten Alpenraum verbreitet.

Standortmerkmale: Stark saure Böden der montanen bis subalpinen Stufe. Größere Flächen nur auf Sandsteinen oder Tonschiefern, deren Böden ähnlich wie die altpleistozänen Quarzsande von Natur aus ziemlich basen- und nährstoffarm sind. Vorkommen aber auch auf Kalk, wenn das Kalkgestein von sauren Lehmen überdeckt ist, z. B. Schwäbische und Fränkische Alb. Bodentypen: Pseudogleye, Ranker-Braunerden, Ranker und Pseudogley-Braunerden. Entstanden vor allem durch Waldrodung. Als kalkmeidende Pflanze bildet Borstgras Rohhumusauflagen.

Charakteristische Pflanzen:
Borstgras, Bürstling *(Nardus stricta)*
Flügel-Ginster *(Genista sagittalis)*
Schweizer Löwenzahn *(Leontodon helveticus)*
Niederes Labkraut *(Galium pumilum)*

Kurzrasigkeit kennzeichnet das Bild der sauren Magerrasen.

Borstgras-Magerrasen

Berg-Wohlverleih *(Arnica montana)*
Echter Schafschwingel *(Festuca ovina)*
Rotschwingel *(Festuca rubra)*
Heidekraut *(Calluna vulgaris)*
Hunds-Veilchen *(Viola canina)*
Gelber Enzian *(Gentiana lutea)*
Gold-Fingerkraut *(Potentilla aurea)*
Gewöhnliche Kreuzblume *(Polygala vulgaris)*
Deutscher Ginster *(Genista germanica)*
Behaarter Ginster *(Genista pilosa)*
Weißzüngel *(Pseudorchis albida)*
Kleines Habichtskraut *(Hieracium pilosella)*

Nutzung: Entstanden durch düngerlose Weidenutzung. Futterwert reicht nur für Schaf- und Jungrinderweide aus. In den Alpen wird das Borstgras vom Vieh noch weniger gern gefressen als die Krummsegge, sodass der Bürstling im subalpinen Bereich als Weideungras gilt.

Rechts: Arnika, auch Berg-Wohlverleih genannt, zeigt sauren Boden an.

Weil es dem Vieh nicht gut schmeckt, bleibt das Borstgras stehen und bildet ausgedehnte Rasen.

scharfen Sense und nur im Jugendstadium schneiden. Die Heuernte der magersten Rasen (zwischen 5 und 10 Doppelzentner Heu pro Hektar) musste sogar mit dem Besen zusammengekehrt werden! Noch bis zum Beginn des 20. Jahrhunderts war der Bürstling im österreichischen Mühl- und Waldviertel deshalb so etwas wie eine Wappenpflanze.

Links: Flügelginster

Ökologische Bedeutung: Trotz der im Vergleich zu Kalkrasen geringeren Artenvielfalt kommen seltene und geschützte Pflanzenarten vor. Frühsommeraspekt mit Knabenkräutern, Ferkelkraut und Arnika, im Hochsommer Heidekraut, Glockenblumen und Johanniskraut, begleitet von Magerkeitszeigern wie Katzenpfötchen und Augentrost. Herbstaspekt mit Enzianen und Teufelsabbiss. Lebensraum des hochgefährdeten Birkhuhns. Alpenländisches Kulturdenkmal ersten Ranges für mühsame Grünlandwirtschaft. Bürstlingsrasen ließen sich nur mit einer ganz

Gefährdung: Heute sind die vielen ehemaligen Borstgrasheiden entweder mit Fichten aufgeforstet oder in gedüngtes Grünland umgewandelt. 30 Prozent der in Borstgrasrasen vorkommenden Pflanzenarten sind bereits in ihrem Bestand gefährdet, z.B. der Berg-Wohlverleih *(Arnica montana)*, mehrere Enzian-, Küchenschellen- und Bärlapparten. Dies liegt an der Intensivierung der Grünlandwirtschaft in Lagen unter 1000 m Meereshöhe, aber auch an Meliorationsmaßnahmen im Zuge von Flurbereinigungen. So ging z.B. im Schwarzwald zwischen 1960 und 1990 der Flächenanteil der dortigen Magerweiden um bis zu 97% zurück. Ursachen sind vor allem Aufforstung und die natürliche Wiederbewaldung nach Aufgabe der Nutzung. Großflächig heute nur noch auf Almen des Hochgebirges.

Schutz und Pflege: Nach Brachfallen relativ rasche Entwicklung zu Zwergstrauchheiden. Heidelbeere *(Vaccinium myrtillus)* und Drahtschmiele *(Deschampsia flexuosa)* werden durch die Einwanderung von Bäumen zusätzlich gefördert. Langfristiger Erhalt nur durch die seit Jahrtausenden bewährte, extensive Beweidung mit Rindern, Schafen und Ziegen. Wo dies nicht mehr möglich ist, kann Mulchen die Weidenutzung teilweise ersetzen, aber nur unter Verlust des schnittempfindlichen Bürstlings.

Extensivgrünland auf Mineralböden

Calluna-Heiden (Sandheiden) des Flach- und Berglandes
Genisto-Callunetum

Kennzeichen: Vom Heidekraut *(Calluna vulgaris)* bestimmt und oft mit Wacholder *(Juniperus communis)* aufgelockerte, sehr artenarme Zwergstrauchbestände des küstennahen Flachlandes auf podsolierten Sandböden sowie der silikatischen Mittelgebirge Europas. Häufig sind Übergänge zu Feucht- und Moorheiden wie auch zu Borstgrasrasen.

Verbreitung/Vorkommen: Voraussetzung für das Entstehen ist humides, kühles Klima. Nur auf sehr sauren, zu Rohhumusbildung neigenden und durch Streunutzung und Plaggenhieb verarmten Böden: Verheidete Sandflächen des Alt-Diluviums, die von Dänemark über Nordwestdeutschland bis nach Belgien hinein verbreitet sind. Bekanntestes Vorkommen: Lüneburger Heide (Niedersachsen). Größere Flächen auch im südlichen Mecklenburg. Die Calluna-Heiden des Berglandes konzentrieren sich auf die Sandstein- und Tonschiefergebirge (z. B. Harz und Harzvorland, Eifel) wie auch auf entwässerte Hochmoore.

Standortmerkmale: Durch jahrhundertelange Schafbeweidung und Plaggenhieb der Flachlandheiden entstand ein für Sandheiden ganz typisches Bodenprofil: der Heidepodsol. Horizontierung (von oben nach unten):
- Dünne Auflage von braunschwarzem Rohhumus
- Humusbleichsand
- Aschgrauer Bleichsand
- Humusorterde (Ortstein) in 30 m Tiefe (als Einschwemmhorizont)
- Eisenorterde

Prozess der Podsolierung: Starkes Absinken der pH-Werte im Oberboden, Verlagerung der Basen, des Phosphors und des Humus in den B-Horizont. Heidepodsole brauchen zu ihrer Ausbildung mindestens einige Jahrhunderte.

Charakteristische Pflanzen:
Heidekraut oder Besenheide *(Calluna vulgaris)* – vorherrschend
Schafschwingel *(Festuca ovina)*
Drahtschmiele *(Deschampsia flexuosa)*
Dreizahn *(Danthonia decumbens)*
Englischer Ginster *(Genista anglica)*
Behaarter Ginster *(Genista pilosa)*
Strauchflechten *(Cladonia spec.)*

Nutzung: Seit der Eisenzeit entfernten die Flachlandbauern Norddeutschlands aus Wäldern und Heiden einen Teil der dortigen Bestandesabfälle, um damit ihre Äcker zu düngen. Mit „Streurechen" und „Plaggenhauen" entzogen sie dem natürlichen Kreislauf viel mehr Mineralstoffe als durch bloße Holzentnahme und trugen dadurch stark zur Nährstoffverarmung des Bodens bei. Beim Plaggen der Heiden lösten die Bauern mit einer besonderen Hacke den Zwergstrauchbestand samt Streu und Rohhumusdecke vom Boden ab, brachten dieses Material auf den Hof, wo es – in einer Zwischenstation auf dem Weg zum Ackerland – im Viehstall als Einstreu für den Winter verwendet wurde. Da der Plaggenhieb etwa alle 15–20 Jahre wiederholt wurde, verhinderte dies das Aufkommen von Sträuchern und Bäumen und bewahrte das Heidekraut vor Überalterung. Durch diese regelmäßige Verjüngung der Pflanzen blühte die Heide immer wieder und zog Bienen und mit ihnen die Imker an. Imkerei, Schafhaltung und Ackerwirtschaft bedingten einander gegenseitig. Nach Aufkommen der Handelsdünger wurden die ehemals großen Heideflächen des nordseenahen Flachlandes melioriert und in Fettweiden oder Ackerland umgewandelt.

Die Bergheiden der Sandstein-Mittelgebirge wurden zwar nie abgeplaggt, aber man nutzte sie zur Streugewinnung, indem man sie abschichelte. Ihre Erhaltung und allmähliche Vergrößerung verdankten sie vor allem der Beweidung durch Schafe, Rinder oder Ziegen sowie der Axt und dem Feuer der Hirten.

Links: Heidekraut, auch Sommerheide genannt, bildet den Blütenaspekt dieser Lebensgemeinschaft.
Unten: Heidegrashüpfer. Wie der Name schon sagt, ein typischer Bewohner der Calluna-Heiden.

Ökologische Bedeutung: Einzigartige Kulturlandschaft. Eine verjüngte Calluna-Heide steht im Sommer voller Blüten und dient als hervorragende Bienenweide. Die Bienen ihrerseits sorgen für eine reiche Samenproduktion und damit für eine der wesentlichen Voraussetzungen zur Verjüngung und Erhaltung der einst so landschaftsprägenden Heidelandschaft. Hohe kulturhistorische Bedeutung!

Gefährdung: Heutzutage nur noch in Reservaten zu sehen, z. B. im Naturpark Lüneburger Heide bei Wilsede und Schneverdingen, im niederländischen Nationalpark Veluwezom und auf der Randböler Heide in Mitteldänemark. Wegen mangelnden Plaggenhiebs verjüngt sich das Heidekraut schlecht und es kommen trotz des Schafverbisses Bäume hoch (Birken). Lässt man das Heidekraut alt werden, bekommt es ein struppiges Aussehen und geht ein.

Calluna-Heiden

Schutz und Pflege: Erforderlich wäre eine regelmäßige Streuentnahme über das Abplaggen des Heidekrautes zusammen mit einer Beweidung durch Schafe (Heidschnucken). Die wiederholten mechanischen Beschädigungen erträgt das Heidekraut nicht nur gut, sondern sie wirken sogar verjüngend auf die Heidebestände. Ersatzweise kommt das Brennen in Frage. In den Niederlanden wie auch in Schottland hat sich das Abbrennen kleiner Flächen in planmäßigem Wechsel sehr gut bewährt, was eine Beweidung weitgehend erübrigt. Nirgends blüht die Heide schöner, voller und gleichmäßiger als auf Stellen, wo sie alle 2–5 Jahre mit der Hacke oder per Feuer dezimiert wurde.

Rechts: Hat die Verbuschung der Calluna-Heiden einen kritischen Punkt überschritten, schwinden auch die Lebensräume des Birkhuhns.
Unten: Von daher ist der regelmäßige Verbiss der Heidschnucke ein Garant für das Überleben dieses Hühnervogels.

Extensivgrünland auf Mineralböden

Lockere Sandrasen und Silbergras-Fluren
Corynephoretea canescentis

Kennzeichen: Lückige Vegetationsdecke mit hohem Anteil einjähriger Pflanzenarten auf unbewachsenen Binnendünen, Terrassensanden und in Sandabbaugebieten (Sandgruben). Pioniervegetation, die auf extreme Standortbedingungen wie Nährstoffarmut, Trockenheit und Übersandung spezialisiert ist. Erstbesiedlung durch die Blaugraue Kammschmiele *(Koeleria glauca)* und das Silbergras *(Corynephorus canescens)*, wobei das Silbergras in dieser ersten Phase die charakteristische Pflanze ist. Weitere Stadien folgen, indem Flechten und Moose sowie der Schafschwingel die Lücken besiedeln. Bei regelmäßiger Beweidung folgt auf diese Stufe der Sand-Grasnelken-Schwingelrasen, der (wenn die Beweidung aufhört) in Zwergstrauchheiden oder Kiefernwald übergehen kann.

Verbreitung/Vorkommen: Flugsandgebiete und Dünen der Küste und des Binnenlandes entlang der großen Flusstäler. Pegnitz- und Rednitzbecken, mittleres Maintal, mittleres Donau-Isar-Hügelland, Oberpfalz, nördliche Oberrheinebene.

Standortmerkmale: Pioniergesellschaft auf sandigem Untergrund von geringer Wasserkapazität. Erträgt Hitze und Trockenheit. Geringe Nährstoffversorgung. Die oberen Bodenschichten können im Sommer um 30–40° C wärmer sein als die umgebende Luft. Störung der Vegetationsdecke durch die Erosionskraft des Windes. Bewegte Binnendünen sind durch Kalksande überdeckt. Mit der Festlegung der Sande setzt Entkalkung und Bodenbildung ein.

Lückige, trockene Pflanzenbestände (rechts), in denen Laufkäfer (oben) Beute auf Kleininsekten machen, kennzeichnen diesen besonderen Grünlandtyp.

Lockere Sandrasen und Silbergras-Fluren

Charakteristische Pflanzen:
Silbergras *(Corynephorus canescens)*
Blaugraue Kammschmiele *(Koeleria glauca)*
Sand-Thymian *(Thymus serpyllum)*
Frühlings-Spörgel *(Spergula morisonii)*
Sand-Strohblume *(Helichrysum arenarium)*
Silberscharte *(Jurinea cyanoides)*
Sand-Vergissmeinnicht *(Myosotis stricta)*
Kleines Filzkraut *(Filago minima)*
Sand-Wicke *(Vicia lathyroides)*
Sand-Grasnelke *(Armeria elongata)*

Nutzung: Früher extensive Schafbeweidung. Spargel- und Weinanbau, Sandabgrabung. Später auch militärische Nutzung.

Werden Sandrasen durch Düngereintrag aus der Luftbelastung überdüngt, wandelt sich die Pflanzengesellschaft. Die Bodenbedeckung schließt sich immer mehr, und es fehlen die Plätze, wo den lockeren Boden bewohnende Insekten ihre Eiablageplätze graben.

Die Sandbiene zieht ihre Jungen in Erdröhren auf.

Pendler zwischen nasser und trockener Welt: Kreuzkröten benötigen zum Laichen flache, warme und sonnenexponierte Gewässer – oft sind es Pfützen, das Jahr über auch recht trockenes Gelände wie den Sandrasen.

Ökologische Bedeutung: Lebensraum hochspezialisierter, stark gefährdeter Pflanzen- und Tierarten. Typisch sind Grabwespen und Wildbienenarten. Von den in Baden-Württemberg bekannten 429 Wildbienenarten kommen weit über hundert in den Flugsandgebieten vor. Ferner: Laufkäfer, Heuschrecken, bodenbewohnende Spinnenarten und der Ameisenlöwe, die Larve der Ameisenjungfer. Auch Kreuzkröte und Wildkaninchen gehören in diesen Lebensraum.

Gefährdung: Ausbleiben der Winderosion durch Festlegung des Sandes etwa durch Vegetationsentwicklung und natürliche Sukzession. Intensivierung der landwirtschaftlichen Nutzung, insbesondere Düngung. Umbruch, Spargelanbau, Überbeweidung. Trittbelastung und Nährstoffeintrag durch Erholungsnutzung, Sandabbau, Verfüllung und Rekultivierung ehemaliger Sandabbaugebiete, Ablagerung von Erdaushub, Schutt und Gartenabfällen. Verbuschung und Aufforstung. Aufgabe militärischer Nutzung.

Schutz und Pflege: Fortführung bisher angepasster Nutzungen wie Extensivweide. Unterschutzstellung und Entwicklung funktionierender Pflegekonzepte. Entwicklung neuer Flächen auf Sandrohböden durch Verzicht auf Humisierung. Einfühlsame Streuung der Sukzession und Besucherlenkung.

Extensivgrünland auf Mineralböden

Sand- und Felsgrus-Trockenrasen
Sedo-Scleranthetea

Kennzeichen: Licht- und wärmeliebende Pflanzengesellschaft an Extremstandorten auf Felsen. Diese niederwüchsige, oft schüttere Vegetation kann sich dauerhaft nur auf Feldbändern, Felsköpfen und Felsgrus konkurrenzfrei halten. Mitunter sehr kleinflächig und oft in Trocken- und Halbtrockenrasen eingestreut. Typische Pflanzen wie Mauerpfefferarten sind mit dicken oder wachsüberzogenen Blättern ausgestattet, welche die Wasserspeicherung garantieren und während der trocken-heißen Sommermonate vor Wasserverlust schützen.

Verbreitung/Vorkommen: Gebirgige Landschaften, Felsschroffen an steilen Flußtälern, die durch natürliche Abtragung und Verwitterung entstanden sind. Aber auch an künstlichen, durch den Menschen geschaffenen Felsen wie in alten Steinbrüchen oder Einschnitten bei Straßenbauten. Auch auf Mauerkronen, Lesesteinwällen und historischen, aus Natursteinen errichteten Bauwerken können Felsrasen vorkommen. Verbreitungsschwerpunkte sind: Alpen, Schweizer Jura, Schwäbischer und Fränkischer Jura, Elbsandsteingebirge, Schwarzwald, Maintal, Vorderer Bayerischer Wald.

Rechts: Apollofalter

Standortmerkmale: Extremstandorte auf flachgründigen, durchlässigen Böden, die sich an exponierten Felsformationen wie Felsköpfen und entlang von Felsbändern gebildet haben. Hochgradige Erhitzung und Austrocknung während des Sommers. Je nach Exposition auch schattige und feuchtkühle Bereiche. Bei zunehmender Bodenentwicklung in flacheren Bereichen Entwicklung zum Trockenrasen.

Charakteristische Pflanzen:
Weißer Mauerpfeffer *(Sedum album)*
Scharfer Mauerpfeffer *(Sedum acre)*
Milder Mauerpfeffer *(Sedum sexangulare)*
Felsen-Fetthenne *(Sedum reflexum)*
Berg-Lauch *(Allium montanum)*
Dach-Hauswurz *(Sempervivum tectorum)*
Niedriges Hornkraut *(Cerastium pumilum)*
Pfingst-Nelke *(Dianthus gratianopolitanus)*
Felsen-Steinkraut *(Alyssum saxatile)*
Trauben-Gamander *(Teucrium botrys)*
Wimper-Perlgras *(Melica ciliata)*

Nutzung: Keine.

Auch die heißesten Standorte werden noch von Überlebenskünstlern wie Thymian besiedelt.

Sand- und Felsgrus-Trockenrasen

Ökologische Bedeutung: Wuchsort seltener, vom Aussterben bedrohter Pflanzenarten, die sich nur auf solchen konkurrenzfreien Extremstandorten halten können. Neben Gräsern und Kräutern bilden auch Flechten, Moose und Farne diese Felsbandpioniergesellschaften. Lebensraum seltener und geschützter Tierarten, die an diese schütter bewachsenen Standorte gebunden sind. Allein 67 Großschmetterlingsarten besiedeln diesen Biotoptyp, u. a. Apollofalter, Roter Scheckenfalter, Silbergrüner Bläuling. Weitere Arten sind: Rotflügige Ödlandschrecke, Mauereidechse (in niedrigen Lagen), Steinpicker und Kornschnecken. Hohe Felswände sind Brutplätze von Wanderfalke, Uhu, Kolkrabe und anderen Felsenbrütern.

Gefährdung: Freizeit- und Erholungsaktivitäten, insbesondere Sportklettern. Freistellen und Ausputzen von Felsen an Verkehrswegen. Eintrag von Dünger aus der Luft (Regen). Gesteinsabbau und Rekultivierung alter Steinbrüche. Beschattung durch Aufforstung und Waldentwicklung in der Nachbarschaft.

Rechts: Schwalbenschwanz auf Wolfsmilchblüte

Schutz und Pflege: Unterschutzstellung besonders erhaltenswerter und seltener Bestände. Durch das baden-württembergische Biotopschutzgesetz etwa sind alle Felsbildungen generell geschützt. Begrenzung der Kletteraktivitäten auf ausgewählte, weniger schützenswerte Felsen. Beseitigung von beschattendem Gehölzaufwuchs.

Den lebensnotwendigen Stickstoff holt sich der Wundklee aus der Luft, damit er auf diesen nährstoffarmen Standorten existieren kann. In der Pflanzenheilkunde wird der Wundklee heute noch als Heilmittel eingesetzt.

Extensivgrünland auf Mineralböden

Kontinentale Steppenrasen
Festucion valesiacae

Kennzeichen: Steppenrasen im Bereich kontinental geprägter Klimate. Große Zahl schönblühender Kräuter und horstbildender Gräser. Übergänge zu Halbtrockenrasen, Trockenrasen und Felsrasen. In einigen Ausbildungen ist das Federgras typisch. Das Aussehen erinnert an die Steppenvegetation Osteuropas, die jahreszeitlich großen Temperaturextremen ausgesetzt ist und aus den späteiszeitlichen Kältesteppen bis heute überdauert hat.

Durch die Gefährdung der Trockenrasen seltener geworden: Heidelerche.

Verbreitung/Vorkommen: Auf sehr trockenen Böden, inselartig als Steppenrelikte in der Münchner Schotterebene, der Windsheimer Bucht, Mainfranken, Inneralpen (Unteres Wallis), Böhmisches Mittelgebirge, Nahetal in Rheinhessen, am Kyffhäuser in Thüringen. Viele der Assoziationen, die in Deutschland, Österreich und der Schweiz vorkommen, sind den echten Steppen im südlichen Osteuropa recht ähnlich.

Standortmerkmale: An Standorten mit kontinental gefärbtem Klima, d.h. warme Sommer, kalte Winter, geringe Niederschläge und ausgeprägte Sommertrockenheit. Auf trockenen, flachgründigen, basenreichen Böden, z.B. Felsbändern des Muschelkalks, Kuppen von Gipsfelsen und auf den Schottern des Alpenvorlandes.

Der stark besonnte Steppenrasen (links) ist die Heimat des Schmetterlingshafts (unten).

Charakteristische Pflanzen:
Federgrasarten *(Stipa pennata, Stipa capillata u. a.)*
Walliser Schafschwingel *(Festuca valesiaca)*
Duvals Schafschwingel *(Festuca duvalii)*
Steppen-Wolfsmilch *(Euphorbia seguierana)*
Stand-Lein *(Linum perenne)*
Frühlings-Adonisröschen *(Adonis vernalis)*
Purpur-Schwarzwurzel *(Scorzonera purpurea)*
Mittleres Leinblatt *(Thesium linophyllon)*
Berg-Küchenschelle *(Pulsatilla montana)*
Graubündener Skabiose *(Scabiosa gramuntia)*
Gefleckte Flockenblume *(Centaurea stoebe)*
Ohrlöffel-Lichtnelke *(Silene otites)*

Kontinentale Steppenrasen

Wenn der sommerwarme Wind über die wärmeexponierten Trockenrasen streicht, verwandeln sich die Fruchtstände des Federgrases zu einem silberfarbenen Grasmeer.

Nutzung: Früher mitunter extensive Schafbeweidung, heute oft der natürlichen Sukzession überlassen oder als Freizeitflächen (Drachenfliegen, Lagerplätze) genutzt.

Ökologische Bedeutung: Wuchsort seltenster Pflanzenarten der osteuropäischen Steppengebiete, die hier an ihrer westlichen Verbreitungsgrenze liegen. Vegetationsgeschichtlich bedeutsame nacheiszeitliche Arealrelikte. Dasselbe gilt für die hier lebenden Tierarten wie Heide-Heuschrecke, Gehäuseschnecken, Schwarzfleckiger Grashüpfer und Schmetterlinge wie Bläulingsarten und Widderchen.

Gefährdung: Landwirtschaftliche Intensivierung. Nährstoff- und Pestizideintrag aus benachbarten landwirtschaftlichen Flächen. Überweidung und Pferchung. Abbau von Bodenschätzen. Aufforstung. Ablagerung von Erdaushub und Schutt. Bebauung. Trittbelastung durch Freizeit und Erholungsaktivitäten sowie Entnahme von Pflanzen.

Schutz und Pflege: Unterschutzstellung und Fortführung der bisherigen Nutzung wie extensive Schafbeweidung (z. B. Wanderschäferei). Endet diese, ist Pflege durch Mahd im Herbst erforderlich. Besucherlenkung.

Extensivgrünland auf Mineralböden

Kalk-Trocken- und Halbtrockenrasen (Kalk-Magerwiesen)
Brometalia erecti

Kennzeichen: Relativ lückige, aber sehr arten- und kräuterreiche, meist einschürige Rasen auf flachgründigen, kalkhaltigen, trockenen Böden. Hinsichtlich Gründigkeit des Bodens wird unterschieden zwischen Halbtrockenrasen (Verband: *Mesobromion*) und Trockenrasen (Verband: *Xerobromion*). Erstere bilden wiesenähnliche Bestände und enthalten eine große Fülle von Pflanzen; letztere mit lückiger, schütterer Vegetation. Abgrenzung gegeneinander und gegenüber den Salbei-Glatthaferwiesen oft schwierig, da Bodenverhältnisse, Hangneigung und Exposition fließende Übergänge bedingen.

Verbreitung/Vorkommen: In ganz Mitteleuropa auf flachgründigen Kalkverwitterungsböden, aber auch auf den geologischen Formationen mittlerer Keuper, Röt, Zechstein und Basalt. Ferner auf leicht austrocknenden Löss- und Lösslehmböden sowie auf kalkhaltigen, trockenen Kies- und Schotteralluvionen. Größere Bestände heute noch in Jura- und Muschelkalkgebieten (z. B. Schweizer Jura, Schwäbische und Fränkische Alb, Tauberland).

Standortmerkmale: Grundwasser- und überschwemmungsfreie Standorte, bei denen das Regenwasser rasch versickert. Bodentyp: Rendzinen sowie vom Wasserhaushalt ähnliche Bodentypen. Die Böden können durchaus reich an Nährstoffen sein, sind wegen Trockenheit aber von den Pflanzen nicht nutzbar. Minimumfaktor ist also das Wasser.

Die Polster des Frühlings-Fingerkrauts (links) wachsen dicht am Boden, während die Fliegen-Ragwurz (unten) am Stängel blüht.

Charakteristische Pflanzen:
Im Halbtrockenrasen:
Aufrechte Trespe *(Bromus erectus)*
Kleiner Wiesenknopf *(Sanguisorba minor)*
Tauben-Skabiose *(Scabiosa columbaria)*
Zypressen-Wolfsmilch *(Euphorbia cyparissias)*
Gewöhnlicher Wundklee *(Anthyllis vulneraria)*
Kleines Knabenkraut *(Orchis morio)*
Warzen-Wolfsmilch *(Euphorbia verrucosa)*
Helm-Knabenkraut *(Orchis militaris)*
Brand-Knabenkraut *(Orchis ustulata)*
Ragwurz-Arten *(Ophrys spec.)*
Deutscher Enzian *(Gentiana germanica)*
Kreuz-Enzian *(Gentiana cruciata)*
Rauer Löwenzahn *(Leontodon hispidus)*
Flaum-Hafer *(Avena pubescens)*
Trift-Hafer *(Avena pratensis)*
Zittergras *(Briza media)*
Im Trockenrasen:
Gewöhnliches Sonnenröschen *(Heliantheum nummularium)*
Karthäusernelke *(Dianthus carthusianorum)*
Frühlings-Fingerkraut *(Potentilla tabernaemontanii)*
Berggamander *(Teucrium montanum)*
Zarter Lein *(Linum tenuifolium)*
Trauben-Gamander *(Teucrium botrys)*

Kalk-Trocken- und Halbtrockenrasen

Gewöhnliche Kugelblume (*Globularia punctata*)
Hufeisenklee (*Hippocrepis comosa*)
Hügel-Meister (*Asperula cynanchica*)
Gewöhnliche Küchenschelle (*Pulsatilla vulgaris*)
Edelgamander (*Teucrium chamaedrys*)
Heideröschen (*Daphne cneorum*)
Faserschirm (*Trinia glauca*)
Rauher Alant (*Inula hirta*)
Sand-Esparsette (*Onobrychis arenaria*)
Scharfer Mauerpfeffer (*Sedum acre*)

Nutzung: Sekundärer Grünlandtyp, also auf ehemaligen Waldstandorten durch Rodung mit anschließender Beweidung und/oder Mahd entstanden. In früheren Jahrhunderten sind alle Magerrasen dieser Art beweidet worden. In großen Teilen Süddeutschlands und der Nordschweiz sind die Bauern gegen Mitte bis Ende des 19. Jahrhunderts an gut zugänglichen Standorten zur Schnittnutzung und Stallfütterung übergegangen. Biomas-

Oben: Helm-Knabenkraut, eine Orchideenart
Links: Der Heckenbewohner Neuntöter

senproduktion im ungedüngten Zustand: 10–35 dt/ha Trockenmasse. Als Beimischung zu strukturarmem Futter aus intensiv genutzten Wiesen kann dieses „Öko-Heu" aufgrund seines Mineralreichtums als „Heilkräuter-Apotheke" bei der Stallfütterung dienen (diätetischer Wert).

Ökologische Bedeutung: Regelmäßiger, über Jahrhunderte erfolgender Nährstoffentzug durch einmalige Mahd begünstigt solche Arten (Magerkeitszeiger), die auf besseren Böden von konkurrenzkräftigen, höherwüchsigen Pflanzen verdrängt werden. Dieser Umstand ermöglicht die Einnistung besonders vieler Arten und Spezialisten (z. B. ausgesprochene Kalkpflanzen). Deshalb gehört dieser Grünlandtyp zu den artenreichsten pflanzlichen und tierischen Biotoptypen überhaupt. Auf nur 25 m^2 bis zu 70 Gefäßpflanzenarten!! Darunter die berühmtesten: Knabenkraut- und Ragwurzarten. Tierische Bewohner: Hautflügler, Blatt- und Rüsselkäfer, Spinnen, Bienen, Hummeln, Schwebfliegen, Honigschweber, Schmetterlingshafte; am und im Boden: Regenwürmer und Insektenlarven. An Schmetterlingen: Schachbrettfalter, Ochsenauge, Widderchen, Kleiner Kohlweißling, Zitronenfalter, Schwalbenschwanz, Schecken-, Aurora- und Dickkopffalter u. a. m. Hoher landschaftsästhetischer, kulturhistorischer und landeskultureller Wert.

Gefährdung: Fehlende extensive landwirtschaftliche Nutzung mit Verbuschung. Trocken- und Halbtrockenrasen gehören zu den am stärksten gefährdeten Pflanzenformationen überhaupt. 40 Prozent des Gesamtartenbestandes ist gefährdet, 10 Prozent der Arten sind sogar akut bedroht bzw. bereits verschollen. Als Hauptverursacher für den Artenrückgang gelten neben dem Brachfallen und Verbuschen (mit Schwarz- und Weißdorn) Neuanlagen von Siedlungs- und Verkehrsflächen. Auch der Massentourismus (Tritt- und Lagerschäden, Sammeln attraktiver Arten) ist daran schuld. Mit dieser Pflanzenformation verschwinden ebenfalls die in und von ihr lebenden Tierarten.

Schutz und Pflege:
Halbtrockenrasen: Futterbaulich noch nutzbare Flächen durch Beibehaltung einer Mahd pro Jahr im Juli, je nach Höhenlage auch bis August, möglichst nach der Orchideenblüte. Können die Aufwüchse landwirtschaftlich nicht mehr verwertet werden, dann Offenhaltung über Mulchen. In feuchteren Jahren sollte der Pflegetermin Mitte August, in trockenen Jahren schon Ende Juni sein, um einen Abbau der Streu noch bis zum Beginn des Winters zu gewährleisten. Um ein vielgestaltiges Biotop zu erhalten (Ausweichräume für Insekten, Spinnen und Vögel), sollen Flächen von ausreichender Größe in flächenweisem Wechsel zeitlich gestaffelt gemäht werden.
Trockenrasen: Überlässt man Trockenrasen der natürlichen Sukzession, so bleiben sie bei genügender Entfernung zu Pioniergehölzen über Jahrzehnte gehölzfrei. Sind aber wurzelbrütige Sträucher in der Nähe, können die Flächen nach 20–40 Jahren vollständig mit Gebüsch bedeckt sein. Lediglich die als Steppenheide bezeichneten, von Natur aus waldfreien Rasen bleiben langfristig weitgehend offen. Wegen der sehr geringen Vegetationsdynamik also auch nach dem Brachfallen kaum Pflege erforderlich (Mulchschnitt nur jedes 3. oder 4. Jahr oder gar noch seltener). Bewährter Mulchtermin: Ende Juli bis Ende August.

Blumenbunte Kalk-Magerwiese

Kalk-Magerweiden (Wacholderheiden)
Gentiano-Koelerietum

Kennzeichen: Kurzrasige, magere Schafweiden, die mit aspektprägenden Wacholdersträuchern (Juniperus communis) hainartig durchsetzt sind.

Verbreitung/Vorkommen: Karstgebirge, wie z.B. die Schwäbische und Fränkische Alb. Muschelkalk-Landschaften, thüringische Rhön. Die heute noch flächengrößten Heidebestände Süddeutschlands von ungefähr 7000 ha weist die Schwäbische Alb auf. 80 Prozent dieser Heiden liegen am Hang.

Standortmerkmale: Trockene, meist hängige, flachgründige und kalkhaltige Standorte ohne Grundwassereinfluss (siehe Kalk-Halbtrockenrasen).

Charakteristische Pflanzen:
Gewöhnlicher Wacholder (Juniperus communis)
Silberdistel (Carlina acaulis)
Fiederzwenke (Brachypodium pinnatum)
Kleines Habichtskraut (Hieracium pilosella)
Arznei-Thymian (Thymus pulegioides)
Frühlings-Enzian (Gentiana verna)
Gefranster Enzian (Gentiana ciliata)
Deutscher Enzian (Gentiana germanica)
Gewöhnliche Küchenschelle (Pulsatilla vulgaris)
Fliegen-Ragwurz (Ophrys insektifera)
Stengellose Kratzdistel (Cirsium acaule)
Golddistel (Carlina vulgaris)
Frühlings-Fingerkraut (Potentilla tabernaemontanii)

Ganz oben: Silberdistel
Mitte: Die Raupe des Wolfsmilchschwärmers und das fertige Insekt
Unten: Frühlingsenzian

Küchenschelle

Kalk-Magerweiden

Die Wanderschäferei lässt diese Heidelandschaft entstehen. Schafe meiden den stacheligen Wacholder.

Nutzung: Im Gegensatz zu den durch Mahd geschaffenen Kalk-Magerwiesen verdanken die Wacholderweiden ihre Entstehung der *Wanderschäferei*. Die Schafe verschmähen den Wacholder, der deshalb als „Weideunkraut" hochkommt, in Form von Solitärgehölzen oder Gebüschgruppen die Magerweiden durchsetzt und damit eines der prägnantesten Landschaftsbilder schafft.

Ökologische Bedeutung: Ähnlich wie bei gemähten Kalk-Magerwiesen eine große Vielfalt an Pflanzen- und Tierarten. Durch den selektierenden Schafbiss allerdings eine etwas andere floristische Artenzusammensetzung.
Auf der Schwäbischen Alb werden 40 Prozent der Heideflächen als Naherholungsflächen von Menschen aus dem Ballungsraum Stuttgart genutzt. Seltenheit, die ganzjährig gute Begehbarkeit sowie das Vorkommen des Wacholders und anderer Solitärgehölze rücken diese Magerrasen im Bild des Beschauers oft weit ins Unberührte, Natur- und Märchenhafte. Sie üben auf den Menschen unserer Zeit einen besonderen Reiz aus. Früher weit verbreitete Landnutzungsform, heute von einzigartigem landschaftsökologischem und kulturhistorischen Wert.

Gefährdung: Die Wacholderheiden befinden sich in dramatischem Rückgang. Seit Anfang des 20. Jahrhunderts verringerten sich deren Flächen um die Hälfte. Die Hauptgründe dafür liegen in der geringen Wirtschaftlichkeit der Wanderschäferei und den vielfältigen Beschwernissen beim Treiben von Großherden in unserer dichtbesiedelten, von Straßen zerstückelten und intensiv genutzten Landschaft. Beispiel: Von 1900 bis 1933 schrumpften die Kalkmagerwiesen im Kreis Göppingen auf der Schwäbischen Alb von 2070 auf 519 Hektar.

Schutz und Pflege: Großflächig nur durch extensive Beweidung mit Schafen erhaltbar. Sie kann von Mai bis in den Herbst hinein, vorzugsweise aber in der Hauptvegetationsperiode von Anfang Juni bis Ende August durchgeführt werden. Bei guter Biomasseentwicklung hat eine zweimalige Beweidung eine günstige Auswirkung auf die Artenvielfalt, da keine Altgrasauflage entstehen kann. Durch Beigesellung von 20–30 Ziegen zu einer großen Schafherde kann überdies dem drohenden Zuwachsen mit Schlehdorn sehr gut begegnet werden.
Flächen mit seltenen Pflanzenbeständen dürfen nicht jedes Jahr zur gleichen Zeit beweidet werden. Der Zeitpunkt der Beweidung sollte sich nach der Blüte und Fruchtbildung der zu schützenden Flora richten. Gegebenenfalls ist zur Regeneration der Pflanzenbestände eine ein- bis mehrjährige Beweidungspause vorzusehen. Zur Erhaltung kleinerer Flächen empfiehlt sich auch das Mähen in den Wintermonaten mit Abräumen des Mähgutes.

Ausgesprochene Naturrasen

Salzwiesen
Asteretea tripolii

Kennzeichen: Feuchte Wiesen- und Weideflächen über der mittleren Hochwasserlinie vor allem entlang der Küste des Wattenmeeres im Bereich von 1–1,5 m über dem Meeresspiegel. Hier wachsen salzverträgliche, licht- und nährstoffliebende Pflanzen, die überwiegend an salzbeeinflusste Lebensräume angepasst sind. Dominierende Blühaspekte sind die Grasnelke, die von Mai bis September rosa blüht, und der violette Strandflieder von Juli bis September. Natürliche Wiesenbestände, die nicht bewalden. Die Salzwiesen sind von Prielen durchzogen, deren Ufer durch steile Abbruchkanten gekennzeichnet sind.

Verbreitung/Vorkommen: An den Küsten und Inseln der Nord- und Ostsee. Vordeiche an der Wattenmeerküste auf einem ca. 600–1000 m breiten Streifen. Brackige Strandseen und meeresnahe Flussauen. Auch im Binnenland, wo kochsalzhaltiges Wasser an der Erdoberfläche austritt, z. B. Werratal, Wendland, Wetterau, außerdem im Bereich von Salinen und Salzbergwerken.

Standortmerkmale: Durch das Meer geschaffener natürlicher Lebensraum, der von nährstoffreichen, schlickigen Sedimenten gebildet wird. Stark salzhaltige Böden. Ähnlich den Mangroven an tropischen Küsten sind die Salzwiesen an Überflutungen mit Meerwasser und an den Gezeitenrhythmus angepasst.

Links: Strandnelke

Oben: Der Queller, eine der wenigen Pflanzenarten, die Salz verträgt.
Links: Eine seltene und bedrohte Urwiese am Meeresstrand ist die Salzwiese. Urlauber sollten daher diesen Lebensraum mit respektvollem Abstand betrachten.

Salzwiesen

Charakteristische Pflanzen:
Strandaster *(Aster tripolium)*
Andel oder Strand-Salzschwaden *(Puccinellia maritima)*
Queller *(Salicornia europaea)*
Salzmelde *(Suaeda maritima)*
Meerestrand-Dreizack *(Triglochin maritimum)*
Strandflieder *(Limonium vulgare)*
Strandnelke *(Armeria maritima)*
Meerstrand-Wegerich *(Plantago maritima)*
Strandbeifuß *(Artemisia maritima)*
Englisches Löffelkraut *(Cochlearia anglica)*
Meerstrand-Milchkraut *(Glaux maritima)*

Nutzung: Extensive Viehweide.

Ökologische Bedeutung: Lebensraum von 55 Pflanzen- und etwa 2000 Tierarten, von denen knapp die Hälfte auf diesen Lebensraum spezialisiert ist. Allein 25 Tiere fressen nur an der Strandaster. „Trittsteinbiotop" für wandernde Vogelarten. So sind die nordfriesischen Salzwiesen einzige Nahrungsquelle für die Dunkelbäuchige Ringelgans im April und Mai. Brutbiotop für viele Seevögel wie Austernfischer, Rotschenkel und Säbelschnäbler. Rastplatz für Seevögel während Hochwasserperioden. Die Salzwiesen schützen das Vorland vor Erosion durch Sturmfluten.

Gefährdung: Zerstörung durch Eindeichung und Vorlandgewinnung. Die Durchschnittsbreite der Salzwiesen ist nach Eindeichungen und Landgewinnungsmaßnahmen auf 230 Meter geschrumpft. Entwässerung durch ein systematisches Netz von Entwässerungsgräben. Überbeweidung. Massentourismus (Störungen und Bauvorhaben).

Schutz und Pflege: Sicherung als Naturreservate, die nicht genutzt werden. Deichverstärkung anstelle neuer Vordeichungen. Vorlandgewinnung nur unter ökologischen Gesichtspunkten. Verzicht auf Entwässerung und Erhalt mäandrierender Priele mit Abbruchkanten. Verringerung der Weideintensität. Besucherlenkung.

Die natürliche Be- und Entwässerung der Salzwiesen erfolgt über die so genannten Priele.

Alpine Sauerbodenrasen
Caricetalia curvulae

Kennzeichen: Niedrigwüchsige, von der Krummsegge *(Carex curvula)* beherrschte alpine Rasen mit olivbraunem Aussehen. Gut erkennbar an den lockig gedrehten, abgestorbenen Blattspitzen dieses Sauergrases. Bergrücken und flache Hänge im Juli gelb durch den blühenden Schweizer Löwenzahn *(Leontodon helveticus)*, sonst eher eintöniges Bild.

Verbreitung/Vorkommen: Subalpiner bis alpiner Bereich der silikatischen Zentralalpen zwischen 2200 und 2800 m ü. NN. Natürliche, nicht vom Menschen geschaffene Gebirgswiesen. Zusammenhängende Flächen nur oberhalb der Waldgrenze. Krummseggenrasen im engeren Sinne nur in den Alpen, da sowohl im hohen Norden als auch in der Tatra und den Gebirgen der Balkanhalbinsel fehlend.

Standortmerkmale: Nur auf sauren, rohhumusreichen Böden mit pH-Werten zwischen 4,0 und 5,5 (sog. Sauerhumusböden). Bodentypen: Kalkarme Ranker, oberflächig entkalkte Pararendzinen, Rasenbraunerden. Humusdecke nur 3–5 cm dick. Bergseits abgelöst von subnivalen Schuttfluren, talseits von Borstgras-Hochalmen oder der Zwergstrauch- und Krummholzzone. In Kalkgebirgen nur auf isolierenden Tonschieferbänken und Lehmen.

Rechts: Die Bärtige Glockenblume gehört zu den auffälligsten Blütenpflanzen der Zentralalpen.

Alpine Sauerbodenrasen

Charakteristische Pflanzen:
Krummsegge *(Carex curvula)*
Schweizer Löwenzahn *(Leontodon helveticus)*
Bergwohlverleih *(Arnica montana)*
Gold-Fingerkraut *(Potentilla aurea)*
Zwergprimel *(Primula minima)*
Bärtige Glockenblume *(Campanula barbata)*
Krainer Kreuzkraut *(Senecio carniolicus)*
Maßlieb-Ehrenpreis *(Veronica bellidioides)*
Kugelblumenblättrige Teufelskralle
   (Phyteuma globulariaefolium)
Pelz-Anemone *(Pulsatilla vernalis)*
Zweizeiliges Blaugras *(Oreochloa disticha)*

Nutzung: Als die am höchsten gelegenen Almen nur selten vom Weidevieh aufgesucht, da Futterwert sehr gering. Oft nicht einmal für die genügsameren Ziegen und Schafe ausreichend. Weidezeit nur 40–60 Tage möglich.

Rechts: Zwergprimel
Unten: Alpen-Rispengras
Ganz unten: Habichtskraut

Ökologische Bedeutung: Lebensraum von Schneeammer, Murmeltier, Gämse, Steinbock, Alpendohle, Alpenkrähe, Tannenhäher und Kolkrabe. Jagdgebiet des Steinadlers. Als Endstufe der natürlichen Vegetationsentwicklung (Klimax) wissenschaftliches Studien- und Anschauungsobjekt. Schutz vor Erosion und Muren. Ausgleich des Wasserhaushaltes. Naturdynamik.

Gefährdung: Zum Teil durch Wintersport (Anlage von Skipisten). Überzogener Fremdenverkehr in den Bergen durch Verbesserung der Infrastruktur. Bau von Seilbahnen und Liften in bislang schwerer zugängliche Bergregionen. Trampelpfade durch Touristenströme, die zu starker Erosion führen.

Schutz und Pflege: Stopp der Erschließung der Bergwelt für den Massentourismus. Keine Pflege erforderlich, da Naturrasen von Natur aus waldfrei.

Ausgesprochene Naturrasen

Alpine Kalkmagerrasen
Elyno-Seslerietea

Kennzeichen: Buntblumige, artenreiche Rasengesellschaften der europäischen Hochgebirge oberhalb der Waldgrenze auf Kalkstein. Man unterscheidet zwischen der potentiellen Wald- und Baumgrenze, die bei etwa 1800 Metern über dem Meeresspiegel liegt, und der aktuellen Waldgrenze, die durch Holzeinschlag auf etwa 1600 Metern heruntergedrückt wurde, was zur Ausdehnung verschiedener Biotoptypen führte. Viele Pflanzen tragen als Schutz gegen Einstrahlung und Verdunstung eine auffällige Behaarung (z. B. Edelweiß).

Verbreitung/Vorkommen: Kalk- und Dolomitstandorte der subalpinen und alpinen Stufe der östlichen Alpen und Alpenaußenketten. Kalkreiche Komplexe der Inneralpen, z. B. im Schweizer Nationalpark im Engadin in Graubünden. Andere Hochgebirge Mitteleuropas aus Kalken, z. B. Hohe Tatra, Karpaten.

Oben: Durch rücksichtslose Wanderer fast ausgerottet: das Edelweiß.
Mitte: Aurikel
Unten: Stengelloser Enzian

Standortmerkmale: Urrasen auf flachgründigen Böden über durchlässigem Kalkgestein mit geringer Nährstoffzufuhr. Lange Schneebedeckung, danach hohe Sonneneinstrahlung und ständiger Wind.

Charakteristische Pflanzen:
Rost-Segge *(Carex ferruginea)*
Nacktried *(Elyna myosuroides)*
Blaugras *(Sesleria varia)*
Horst-Segge *(Carex sempervirens)*
Silberwurz *(Dryas octopetala)*
Schnee-Enzian *(Gentiana nivalis)*
Frühlings-Enzian *(Gentiana verna)*
Quirlblättriges Läusekraut *(Pedicularis verticillata)*
Edelweiß *(Leontopodium alpinum)*
Alpen-Aster *(Aster alpinus)*
Berghähnlein *(Anemone narcissiflora)*
Große Mehlprimel *(Primula halleri)*
Frühlingsheide *(Erica herbacea)*
Aurikel *(Primula auricula)*
Strauß-Glockenblume *(Campanula thyrsoides)*

Nutzung: Genutzt werden die Kalk-Urwiesen als Almweide. Oberhalb der potentiellen Baumgrenze handelt es sich um Hochalmen, die nur an 40–60 Tagen im Jahr beweidbar sind. Als almwirtschaftliche Ersatzgesellschaften breiten sich die Kalkmagerrasen durch Rodung und Beweidung auch unterhalb der Baumgrenze aus. Hier handelt es sich um sogenannte Nieder- und Mittelalmen. Durch den Strukturwandel der Almwirtschaft verbuschen solche Flächen nach Nutzungsaufgabe und bewalden allmählich wieder.

Ökologische Bedeutung: Lebensraum oder Teillebensraum vieler seltener Pflanzen- und Tierarten der Alpen. Zu den bekanntesten zählen Edelweiß, Enzian, Alpensalamander, Murmeltier, Adler, Gämse und Steinbock. Die Vegetationsform der alpinen Kalkmagerrasen schützt vor Muren (Erd- und Geröllrutsch), Erosion und reguliert den Wasserhaushalt im Gebirge.

Gefährdung: Freizeitnutzung wie Trampelpfade, Besucherdruck, Erschließung für Ski, Snowboard und andere Winteraktivitäten, Mountainbike fahren usw.
Gegen Freizeit- und Erholungsaktivitäten, die mit mechanischen Schäden wie Trittbelastung, Bau von Wegen, Pisten und Liften einhergehen, ist die Bodendecke äußerst emp-

findlich. Ist die Grasnarbe einmal verletzt, schließt sie sich nur sehr langsam wieder. Bodenabtrag durch Erosion ist die Folge.

Weitere Gefährdungsfaktoren: Überbeweidung, Düngung, Neueinsaat standortfremder Grasarten, Wege- und Pistenbau, Nutzungsaufgabe der Almwirtschaft oder Aufforstung tiefer gelegener Teile. Auch Nährstoffeintrag durch Luftverunreinigung kann sich nachhaltig auswirken.

Schutz und Pflege: Oberhalb der potentiellen Waldgrenze handelt es sich bei den *Elyno-Seslerietea*-Gesellschaften um Urrasen, die zu ihrer Erhaltung keiner Pflege bedürfen. Diese Bereiche sollten effektiven Schutz genießen: eingeschränkter Ausbau der Wintersportinfrastruktur und Besucherlenkung im Sommer. Wo Alpine Kalkmagerrasen unterhalb der potentiellen Waldgrenze vorkommen, soll bisherige Nutzung oder Ersatznutzung als Jungviehweiden fortgesetzt werden. Vermeidung von Aufforstungen und Freihaltung durch Landschaftspflegeprogramme.

Oben: Nur durch konsequenten Schutz ist es möglich, dass wir auch noch zukünftig bei unseren Bergwanderungen den Deutschen Enzian finden.
Rechts: Im Bereich der alpinen Magerrasen steht der Steinadler an oberster Stelle der Nahrungspyramide.

Ausgesprochene Naturrasen

Schwermetallrasen
Violetea calaminariae

Kennzeichen: Schütter bewachsene niedrige Rasen auf schwermetallhaltigem Gestein. Mit lichthungrigen Pflanzen, die gegen Schwermetalle wie Kupfer, Blei, Zink, Cadmium usw. resistent sind. Meist auf vom Menschen geschaffenen Standorten wie Schlacken- oder Abraumhalden in Bergbaugebieten. Charakterart ist das gelbblühende Galmei-Veilchen, das auch Zink-Veilchen genannt wird. In Anfangsstadien Schwermetallrasen meist mit Flechten und Moosen bewachsen oder Pionierstadien mit kleinflächigen Beständen ein- und zweijähriger Pflanzen, später oft Übergänge zu mager- und trockenrasenähnlichen Beständen.

Verbreitung/Vorkommen: Von Natur aus nur in höheren Gebirgen wie den Alpen, wo schwermetallhaltiges Gestein die Grundlage für Bodenbildung ist. Hier als alpine Schwermetallfluren. Sonst im Bereich von Bergbaugebieten wie etwa im Harz, Erzgebirge oder Lahn-Dill-Erzgebiet auf künstlichen Aufschüttungen.

Standortmerkmale: Schwermetallreiche Gesteine und Gesteinschutt. Meist auf feinerdearmen Abraum- und Schlackenhalden, die Nährstoffarmut und Trockenheit kennzeichnen, ähnlich natürlichen Steinschutthalden. Sonnenexponiert.

Charakteristische Pflanzen:
Hallers Grasnelke *(Armeria halleria)*
Zink-Veilchen *(Viola calaminaria)*
Wiesen-Schaumkresse, „Erzblume"
  (Cardaminopsis halleri)
Frühlingsmiere *(Minuartia verna)*
Galmei-Taubenkropf *(Silene vulgaris,
  ssp humilis)*
Galmei-Täschelkraut *(Thlapsi caerulescens,
  ssp calaminare)*
Gemeine Grasnelke *(Armeria maritima)*

Nutzung: Keine.

Ökologische Bedeutung: Wuchsort der Pflanzengesellschaft des Schwermetall- oder Galmeirasens. Die Fauna entspricht der des Trockenrasens. Durch Ausblasung von Staub und Auslösung von Schwermetallen können die Halden eine Umweltbelastung darstellen.

Gefährdung: Durch Rekultivierung von Halden, Aufforstung und ausbleibendem Schwermetallnachschub sowie durch fortschreitende Vegetationsentwicklung vor allem nach Bildung von Humus, der die Vegetationsschicht vom Untergrund isoliert.

Schutz und Pflege: Verzicht auf Rekultivierung und Aufforstung, wo keine Sanierungsmaßnahmen notwendig sind. Eventuell gezieltes Naturschutzmanagement durch Mahd und Störung der Sukzession.

Schwermetalle sind für den Menschen giftig, das Galmei-Veilchen aber erträgt höhere Gehalte davon.

Das Ende der Wiesen und Weiden

Der Strukturwandel in der Grünlandwirtschaft
Die Gefährdung von Wiesen und anderem Grünland

Kulturlandschaft im Wandel

An den Wiesen und Weiden wird es besonders deutlich. Durch Ackerbau und Viehzucht schuf der Mensch in Mitteleuropa ein vielfältiges Mosaik veschiedener Nutzungsmuster und damit unterschiedliche Lebensräume für wildlebende Tiere und Pflanzen: die Kulturlandschaft. Es gibt kaum ein Fleckchen Erde, das nicht im Laufe der Zeit durch den Menschen und seine Haustiere verändert worden wäre. Unberührte Urnatur gibt es daher nur noch wenig. Neben Siedlungen, Wegen, Äckern, Wiesen, Weiden, Hutungen und Wäldern gehören zum Mosaik der Kulturlandschaft auch Hecken wie die Knicks in Norddeutschland, Feldgehölze, Raine und Säume und sonstige Strukturen, welche die kleinteilig parzellierte Landschaft reichhaltig gliedern.

Die bäuerliche Kulturlandschaft bestimmte über viele Jahrhunderte hinweg bis etwa 1950 das Landschaftsbild in weiten Teilen Europas. Obwohl sie die natürlichen Gegebenheiten stark veränderte, trug der Mensch bis zu diesem Zeitpunkt dazu bei, die von der Natur vorgegebene Vielfalt noch zu steigern. Die Kulturlandschaft beherbergte bis dahin ein Höchstmaß an Lebensraumstrukturen für vielerlei Lebensgemeinschaften.

In diesem Fleckenteppich verschiedener Biotope, das dem Fell eines Leoparden glich, konnte sich eine enorme Vielfalt von Pflanzen- und Tierarten einstellen, die an die Bewirtschaftungsformen angepasst waren und die durch Wanderungsbewegungen der Volksgruppen und der Viehherden über ganz Europa verteilt wurden. Die Vielfalt begründete sich auch durch die langen Grenzlinien entlang unterschiedlicher Biotope. Diese Linien sind besonders artenreich, da sie die Arten beider Lebensräume, z. B. Wald und Wiese, enthalten.

Heuernte anno dunnemal

Nur noch den Älteren unter uns sind sie in Erinnerung, die ochsengezogenen Heuwagen. Kunstvoll von Wagnern gefertigte Leiterwagen mit hölzernen Speichen und einem gitterartigen, schrägen Holzaufbau, der für die Heuernte noch durch Seitenbretter erhöht wurde. Hochbeladen mit Heu von den Wiesen fuhren sie zur Erntezeit durch die Dorfstraßen zur Scheune. Dann lag oft Heu auf den Straßen oder an deren Rändern, das vom Wind oder dem Holpern von den hochbeladenen Wägen heruntergefallen war.

Manch einer erinnert sich auch noch an Ferienaufenthalte auf einem Dorf oder Besuche bei Bauern zur Zeit der Heuernte, wo es üblich war mitzuhelfen, oder gar an die hektische Eile, die die Bauern befiel, wenn sich nach heißen Sommertagen am Horizont schwarze Gewitterwolken auftürmten, die ersten Blitze zuckten und wie die Heuernte gerade noch trocken eingebracht werden konnte, bevor die ersten schweren Tropfen fielen.

Diese für die Generation der Großeltern und Eltern noch alltäglichen Tätigkeiten in ländlichen Gebieten sind heute der Jugend in der Stadt und sogar auf dem Land fremd geworden. Wir leben immer entfernter von Landwirtschaft, Natur und Landschaft. Zum Teil muss man schon auf Heimatbücher mit Titeln wie *Wie's früher war* oder *So war es damals* zurückgreifen, um genauere Informationen über den Ablauf der Heuernte zu bekommen.

So beschreibt Herbert Schüßler in seinem Buch *Unbekanntes Hohenlohe-Franken* die Heuernte, wie sie Anfang und Mitte des 19. Jahrhunderts in dieser Gegend üblich war. Das ganze Dorf richtete sich auf dieses Ereignis ein. Für die Kinder, die mithelfen mussten, gab es eine Woche Ferien, wobei sich der Lehrer dabei nach dem Wetter richtete, das für die Heuernte eine längere trockenwarme Periode vorsah. Jeweils zwei Kinder rechten mit einem großen Schlepprechen das liegen gebliebene Heu von der Wiese. Die Erwachsenen besorgten das Wenden, Häufeln und Aufladen sowie das Heimfahren. Alles Arbeiten, die überwiegend von Hand erledigt wurden. Das Abladen der hohen Heuwagen dauerte bis in die Nacht hinein. Mit langen Heugabeln wurde das Heu vom Wagen in den Heuboden hinaufgehoben und oben abgenommen.

Erst mit beginnender Technisierung gab es hin und wieder einen Heuaufzug mit Motor und eisernen Greifern, welche diese Arbeit mechanisch erledigten. Erst relativ spät kamen motorbetriebene Mähbalken auf, so dass das Mähen noch lange Zeit mit der Sense erledigt wurde.

In heureichen Jahren waren die Kinder zum „Heuhopfen" gern gesehen. Dabei musste das Heu fest zusammengedrückt werden, damit die ganze Ernte unter das Dach gebracht werden konnte. Das Jauchzen und Lachen erfüllte die ganze Scheune. Für die Kinder gab es nichts Schöneres, als sich von höher gelegenen Balken in das duftende Heu fallen zu lassen und darin zu versinken.

Noch Anfang des 20. Jahrhunderts wurde das Gras mit Sensen geschnitten. Der Autor beschreibt, wie während eines Sommergewitters, wenn bei der Heuernte eine Zwangspause eingelegt werden musste, die Bauern ihre Sensen in der Scheune dengelten, und er schildert den hellen Klang des Dengelhammers und das Zwitschern der Schwalben, die durch das offene Scheunentor ein- und ausflogen.

Verzog sich das Gewitter und kündigte sich wieder trockenes Wetter an, machten sie sich mit ihren frisch gedengelten Sensen und dem Wetzstein, der im wassergefüllten „Kumpf" am Gürtel hing, erneut auf zu den Wiesen, um das Gras zu schneiden.

Durch den dramatischen Strukturwandel in der Landwirtschaft und damit wegfallende Nutzungen gehören solche Bilder bald der Vergangenheit an. Wenn nicht konsequent Gegenmaßnahmen ergriffen werden, werden wir auf unseren Spaziergängen solche Landschaften bald vermissen.

Wir brauchen deshalb konsequente Maßnahmen der Biotopvernetzung und der Biotoppflege. Grünlandbereiche spielen bei naturnaher Bewirtschaftung dabei eine wichtige Rolle. Zur Förderung des Grünlands bedarf es einer Neuorientierung der EU-Agrarpolitik.

Über die Grünlandwirtschaft der 20er- und 30er-Jahre des 19. Jahrhunderts und die Heuernte aus dem Gebiet der Untereider berichtet Hans-Hermann Storm in seinem Buch *Das Leben auf dem Lande*. Die Landschaft, die vom Schwemmland der Marschen geprägt ist, liegt an der Nordseeküste Schleswig-Holsteins. So wird berichtet, dass sich die Bauern im Frühjahr der Wiesenpflege widmeten. Sie ebneten Maulwurfshügel ein und walzten mit schweren pferdegezogenen Wiesenwalzen die Grasnarbe. Zur Wiesenpflege gehörte auch das Streuen von Kalk, Düngern und gegebenenfalls von Schweinemist. Gegen Mitte Juni begann die Heuernte, zu deren Vorbereitung die Sensen gedengelt und gewetzt wurden, die kleinen Holzharken aufgezinkt und die „Großmutter", eine sehr breite Holzzinkenharke, ebenfalls auf Vordermann gebracht wurde.

Zur Vorbereitung gehörte es auch, die Erntewagen zu verlängern und durch Raufuttergatter zu verbreitern. Die Heuernte dauerte etwa drei Wochen. Wenn die Wiesen weiter vom Betrieb entfernt lagen, wurden die Landarbeiter in Behelfsunterkünften untergebracht und mit Nahrungsmitteln ausgestattet. Da sich das taunasse Gras im Gegensatz zu trockenem wesentlich besser schneiden ließ, arbeiteten die Schnittermannschaften von 3 Uhr nachts bis 11 Uhr mittags, mit nur einer kurzen Frühstückspause. Nach dem Mittagessen machte die Mannschaft bis 3 Uhr nachmittags Mittagsruhe. Dann ging es ans Wenden und „Diemen" (Aufrichten kleiner Heuhaufen) bis ungefähr 7 Uhr abends. Nach dem Abendbrot wurde bis zum Einbruch der Dunkelheit weiter gearbeitet.

Im Gegensatz zur Getreidemahd wurde Gras so aus dem be-

Das Ende der Wiesen und Weiden

stehenden Bestand herausgemäht, damit mehrere Schnitter gleichzeitig arbeiten konnten, ohne sich zu behindern. Man mähte Gräben aus und putzte die Wälle herunter. Nachdem Sonne und Wind die gemähten Schwaden oberflächig getrocknet hatten, setzten die Helfer nach dem Wenden mit der kleinen Harke das Heu in kleine Diemen auf. Unter Diemen oder „Hümpel" wie sie auch genannt wurden, verstand man kleine Heuhaufen, die sich in dem feuchten Marschland zur Trocknung des Grases bewährt hatten. So trocknete das Gras leichter, wenn es nicht mit dem feuchten Untergrund in Berührung kam. Mit einem besonderen Dreh konnten diese Diemen mit der Harke hochgehoben und locker und verhältnismäßig windstabil aufgestellt werden. Aus besonders feuchten Niederungen musste das Heu auf Tragen abtransportiert werden, weil Pferdefuhrwerke im feuchten Untergrund eingesunken wären.

Auf dem Heuwagen stand der Lademeister, der Anweisung gab, wohin ihm der Aufstaker das Heu reichen sollte. In dieser Gegend war es auch üblich, im Freien große pyramiden- oder pultdachförmige Hausdiemen aufzusetzen, wenn die Staufläche in den Scheunen nicht ausreichte. Zum Schutz gegen Regen und Wind wurde auf diesen haushohen Heuschobern eine letzte Lage mit minderwertigem Stroh oder mit Heidekraut ausgelegt.

Erntetag bei Bauer Früh – eine Momentaufnahme

Gerade schiebt sich die Sonne über den Horizont der Hohenloher Ebene im fränkischen Teil Baden-Württembergs, da rasselt um 5.15 Uhr der Wecker. Es ist der 20. Mai und der erste Tag der Heuernte auf dem Bauernhof der Familie Früh in Gaggstatt. Gleich nach der Morgentoilette und dem Anziehen macht sich das junge Landwirtsehepaar auf in den modernen Boxenlaufstall, wo rund 50 schwarz-weiß-gefleckte Kühe (so genannte Schwarzbunte) ungeduldig auf das Melken warten.

Frau Früh treibt die ersten acht Kühe in den Doppelviererfischgrätmelkstand – ja, so heißt das wirklich. Dies ist ein hochmoderner Melkstand mit acht Melkzeugen und einem Vakuumsteuergerät, das den Melkvorgang automatisch und tiernah steuert. Während die Bäuerin die Euter vorbereitet und das Melkzeug anlegt, sorgt Herr Früh dafür, dass die gemolkenen Kühe herausgelassen und andere in den Melkstand eingetrieben werden. Um 7 Uhr sind sie mit dieser Arbeit fertig, denn das Milchauto ist pünktlich, das die rund 350 Liter Milch abholt. Erst jetzt wird gemeinsam mit den Kindern, die in der Zwischenzeit ebenfalls aufgestanden sind, gefrühstückt.

Beim Hof der Familie Früh handelt es sich um einen modernen Futterbaubetrieb mit Milchviehhaltung. Die landwirtschaftliche Nutzfläche gliedert sich in 25 Hektar Wiese – die so genannte Grundfutterfläche – und 11 Hektar Ackerland. Auf letzterem wird vor allem Mais und Kleegras als energiereiches Futter angebaut.

Während Frau Früh der Arbeit im Haus nachgeht und das Säubern der Kannen übernimmt, füttert ihr Mann nach dem Frühstück die Kühe, Kälber, Schweine und Pferde. Letztere werden für die Kinder und die Gäste, die Ferien auf dem Bauernhof machen, gehalten. Auch das Ausmisten und Einstreuen der Ställe gehört zu dieser Arbeit, die etwa eineinhalb Stunden dauert. Zwischenzeitlich ist es 9.30 Uhr, und die Kühe haben das Futter vom Vortag aufgefressen. Nun kuppelt Jörg Früh den Ladewagen an den 75-PS-starken Schlepper, an dem bereits das Frontkreiselmähwerk montiert ist. So ausgerüstet fährt er zur nahegelegenen Wiese, wo er das mit dem Frontkreiselmähwerk ge-

Noch wird mancherorts Heu in die Scheune eingebracht. Doch zunehmend wird das Futter in Silos gelagert, oder die Bauern kaufen Fremdfutter, das zum Beispiel aus Sojaschrot hergestellt und aus Südamerika, Afrika oder Asien importiert wird.

mähte Gras in einem Arbeitsgang während des Fahrens auf den automatischen Ladewagen auflädt. Die zwei Wagenladungen werden auf dem Futtertisch im langgestreckten Stallgebäude vor der Futterraufe abgeladen und in drei Schüben über den Tag verteilt in den langgestreckten Futtertrog gegabelt. Hinter dieser befindet sich ein so genanntes Selbstfanggitter, das sicherstellt, dass jede Kuh dieselbe Menge Futter erhält.

Mittlerweile steht die Sonne schon hoch am Horizont, und es wird ein warmer, leicht windiger Maitag – ideales Wetter für den Erntebeginn, der jedes Jahr Mitte Mai beginnt. Dieser frühe Schnittzeitpunkt ist in der heutigen Milchviehhaltung allgemein notwendig, da hierdurch die Qualität des Futters voll ausgenutzt werden kann. Noch um 1960 war es üblich, erst Ende Juni, Anfang Juli mit der Ernte zu beginnen. Ein zweiter Heuschnitt, das Öhmd, erfolgte dann im September.

Heute sind auf dem Hof von Bauer Früh mindestens drei Schnitte üblich: der erste im Mai, bei dem Heugras für die Silage (ein durch Milchsäuregärung haltbar gemachtes Futter) geschnitten wird, Ende Juni, Anfang Juli der zweite, das Öhmd oder Grummet, bei dem das Gras zu Heu getrocknet wird, und dann der dritte Schnitt, das so genannte Afteröhmd im September. In vielen Gebieten Österreichs, der Schweiz, Deutschlands und Luxemburgs ist es möglich, noch öfter zu mähen. So sind beispielsweise im Allgäu durch die höheren Niederschläge bis zu sechs Nutzungen möglich.

Für die Ernte des Heugrases montiert Bauer Früh jetzt ein zweites Mähwerk hinten am Traktor, sodass er mit zwei Mähwerken insgesamt über eine Mähbreite von vier Metern verfügt. Mit dieser technischen Ausstattung schafft er in eineinhalb Stunden 2,5–3 Hektar Wiesen-Mahd. Die Mähwerke sind so angeordnet, dass das geschnittene Gras in Reihen, auf hohenlohisch „Rengela" gelegt wird.

Früher war es üblich, mit dem Messerbalken, der am Traktor montiert war, zu mähen. Das Schwadbrett sorgte dafür, dass das Gras ebenfalls in Schwaden in Reihen gelegt wurde. Das Mähen mit dem Messerbalken gleicht dem Schnitt mit einer Schere, während beim Kreiselmäher die Messer das Gras abhacken. Für die Fauna der Wiesen ist die sanftere Methode des Messerbalkens schonender als die schnelldrehenden Messer des Kreiselmähers.

Gegen 12.30 Uhr fährt Bauer Früh wieder auf den Hof, wo seine Frau das Mittagessen vorbereitet hat. Nach der Mittagspause, die etwa eine Stunde dauert, fährt er wieder auf die Wiese, wo er mit dem Kreiselheuer das gemähte Gras wendet und flach verteilt. Es muss noch etwas trocknen, da es nur im angewelkten Zustand siliert werden kann. Unter Silieren versteht man die Haltbarmachung des Futters über die Milchsäure-

Kultur- und Zeitdokument zugleich: Die Handarbeit bei der Stallmistdüngung als Relikt einer bald zwei Jahrtausende alten Landwirtschaftsform stirbt ebenso aus wie das Wissen um die althergebrachte kleinbäuerliche Landwirtschaft.

regärung. Es ist derselbe Vorgang, der Sauerkraut haltbar macht. Bei der verbreitetsten Siliermethode wird das Mähgut in einem Fahrsilo ausgebreitet und anschließend durch Fahren mit dem schweren Schlepper verdichtet. Danach wird das Ganze mit Folie bedeckt und mit Sandsäcken beschwert. Bauer Früh siliert jedoch in einem hohen tankförmigen Metallsilo, der die Betriebsgebäude weithin sichtbar überragt. Gerade das Silieren hat sich in der modernen Landwirtschaft immer stärker durchgesetzt, da es Zeit spart und die Futterqualität erhöht.

Um 14.30 Uhr bereitet er die Maschinen für das Silieren vor. Dabei wird das gemähte Schnittgut gehäckselt, eingefahren und in den Silo geblasen. Dazu gehört die Vorbereitung der Automatik- oder Erntewagen sowie des Feldhäckslers, der das gehäckselte Gras durch ein Rohr direkt in den Erntewagen bläst. Auf dem Hof ist es üblich, zwischen 16.30 Uhr und 17.00 Uhr noch eine Kaffee-Vesperpause einzulegen, denn bis zum Nachtessen ist es noch einige Zeit hin. Gegen 17.00 Uhr gehen die Bauersleute wieder in den Stall, wobei Inge Früh wieder im Melkstand arbeitet und Jörg Früh die Stallarbeit erledigt. Dazu gehört, dass das Futter vom Morgen in den Futtertrog gegabelt wird. Zusätzlich erhalten die Kühe noch einen Wagen Maissilage für die Nacht, denn auch im Sommer wird zusätzlich Mais-

Das Ende der Wiesen und Weiden

Mensch, Haustier und Natur bildeten früher in der Landwirtschaft noch eine harmonische Einheit. Auch wenn wir heute nicht mehr so mühsame Handarbeit verrichten wollen und Maschinen selbstverständlich ganz rationell auch beim ökologischen Landbau zum Einsatz kommen, wäre durch eine naturverträgliche Grünlandbewirtschaftung ein wesentlicher Beitrag zum Grundwasser- und Bodenschutz sowie zur Bewahrung der Biodiversität gegeben.

silage verfüttert. Jede Kuh erhält ca. 30 kg Silage am Tag, das sind etwa 10 m^3 Häckselgut, die pro Großvieheinheit (darunter versteht man eine Kuh mit 500 Kilogramm Lebendgewicht) vorgehalten werden müssen. Darüber hinaus erhalten die Milchkühe ein Milchleistungsfutter. Dieses stärkehaltige Fertigfutter kompensiert den Eiweißüberschuss der Silage und wird computergesteuert über einen Automaten einzeltierabhängig verfüttert. So trägt jedes Tier einen magnetischen Code um den Hals, so dass der Computer die Futtergabe nach seiner Milchleistung und nach dem Alter berechnen kann.

Die Milchleistung der Kühe liegt zwischen 10 und 25 Litern am Tag, das sind im Jahr rund 6500 Liter Milch. Trotz dieses automatisierten Stallbetriebs legt Jörg Früh Wert darauf, dass die Tiere artgerecht gehalten werden. So haben sie im Boxenlaufstall die Möglichkeit, frei umherzulaufen und können über ein Gatter ganzjährig zum Auslauf auf eine Standweide, die jedoch nicht der Futteraufnahme dient, da die Tiere ihre Ration bereits im Stall erhalten haben. Von klein auf lernen die Kinder auf dem Hof den Umgang und die Verantwortung für das Vieh, das ja die Lebensgrundlage für die Familie darstellt. Die Geschwister der Bauersleute erinnern sich noch gut an die „Rosel", die quasi zur Familie gehörte. Sie gab die Milch für die Kinder und wurde deshalb mit besonders nährstoffreichem Futter bedacht. Dafür erhielt sie als einzige Kuh im Alter das Gnadenbrot und durfte bis zu ihrem Lebensende im Stall verbleiben, was sonst nicht üblich ist.

Nach der Stallarbeit macht sich Jörg Früh abermals mit dem Schlepper und dem Frontkreiselmäher zur Wiese auf, um nochmals drei Hektar zu mähen. Erst gegen 21 Uhr trifft sich die Familie wieder gemeinsam zum Nachtessen, und oft kommen die Bauersleute nicht vor 23 Uhr ins Bett, da noch viele andere Arbeiten auf dem großen Hof wie Reparaturen oder Buchführung zu erledigen sind. Und manchmal will man ja noch mit Gästen oder Nachbarn zusammensitzen oder im Fernsehen schauen, was in der Welt so alles los war.

Am darauf folgenden Tag wird das angewelkte Gras zum Silieren eingefahren, wozu noch eine dritte Kraft, häufig der Großvater, nötig wird. Deshalb müssen der Tagesablauf und die täglich wiederkehrenden Arbeiten heute etwas anders organisiert werden. So macht Inge Früh den Stall, während der Betriebsleiter das Futter für die Kühe holt. Danach schwadet er auf der Wiese das angewelkte Gras, so dass es von dem Feldhäcksler in einem Arbeitsgang aufgenommen, gehäckselt und auf den Ladewagen geblasen werden kann. Ein Gebläse transportiert dann das Häckselgut von dort in den Silo. Das Häckseln und Silieren von zwei Hektar Wiese dauert ungefähr eine Stunde. Diese Arbeiten wiederholen sich über die nächsten Tage, bis die Grünlandaufwüchse eingebracht sind.

Um zu verstehen, wie der Wiesenbestand von Bauer Früh zustande kommt, muss noch etwas über die Wiesenpflege gesagt werden. Jörg Früh versucht, seinen Betrieb weitgehend im Kreislauf zu fahren, weshalb fast nur mit Gülle gedüngt wird.

Diese fällt als Treibmist bei der Milchviehhaltung an, wobei die Mischung aus Kot und Harn in einen großen Güllebehälter gelangt. Zusätzlich bringt Bauer Früh noch ca. 30 Kilogramm Stickstoff als Mineraldünger pro Hektar Grünland aus. An Gülle fährt er 20 m^3 pro Hektar auf die Wiese. Diese Düngung erfolgt März/April, Anfang Juni und Ende September.

Wohl durch die Gülledüngung hat Bauer Früh verstärkt mit dem Breitblättrigen Ampfer, dem gefürchtetsten Wiesenunkraut überhaupt, zu tun, das als Futter schlecht geeignet ist. Hier setzt er, wenn auch ungern, chemische Pflanzenbehandlungsmittel ein, wobei er versucht, den Einsatz soweit als möglich durch Einzelpflanzenbekämpfung mit dem so genannten Dochtstreichgerät zu begrenzen.

Da durch die früh einsetzende und häufigere Mahd die Grasnarbe artenarm ist und auch viele Kräuter nicht mehr zur Aussaat gelangen, gibt es mitunter kahle Stellen, so genannte Narbenlücken. Diese werden nach dem 1. Schnitt durch eine Nachsaat wieder geschlossen. Hier bringt der Landwirt mit der Sämaschine Samen von Weidelgras – dem kampfkräftigsten Gras überhaupt – aus. Dieses liegt bisher in 50 Hochleistungssorten gezüchtet vor und ist eines der ertragreichsten und schnittverträglichsten Gräser überhaupt.

Hier hat sich gegenüber früher eine Veränderung ergeben. So erzählt der Großvater, dass es früher üblich war, die Wiesen mit Heublumensaat nachzusäen, die auf dem eigenen Heuboden zusammengekehrt und gesammelt wurden. Dort ist es nämlich aus dem getrockneten Heu und aus den dürren Blütenständen bei den verschiedenen Arbeitsgängen ausgefallen und war auf dem Heuboden liegen geblieben. Auch durch die spätere Mahd, die früher allgemein üblich war, und das häufigere Wenden und Aufladen des Heus hatte eine Vielzahl von Wiesenpflanzen früher eher die Chance sich fortzupflanzen. Diese ist heute nicht mehr gegeben, sodass die Vielschnittweide von Bauer Früh zwar ertragreicher, aber ärmer an bunten Kräutern, Gräsern und Schmetterlingen, Heuschrecken und anderen Tierarten geworden ist.

Eine Vorstellung von den artenreichen, bunten, blühenden Wiesen mit Margeriten, Wiesenbocksbart, Salbei und Glockenblumen geben in solch intensiv genutzten Agrargebieten nur noch vereinzelte Randstreifen entlang von Wegen und auf kleineren versprengten Wiesenstücken. Sie werden in der herkömmlichen Weise, nämlich extensiv von Nebenerwerbslandwirten bewirtschaftet. Diese haben in ihren Ställen auch noch die lokale Rinderrasse des Hohenloher Fleckviehs stehen, das, anders als das schwarzbunte aus Norddeutschland stammende Niederungsvieh von Bauer Früh, weniger zur Erzeugung hoher Milcherträge als zur Fleischproduktion geeignet ist.

Solche lokale Rinderrassen gab es früher in vielen Gegenden Mitteleuropas. Es waren Rassen, die über Jahrhunderte gezüchtet, an die regionalen Bedingungen und die örtlichen Klimate angepasst waren. Beispiele sind das Hinterwälder Rind, das die Allmendflächen des Schwarzwaldes beweidete und durch seine Zähigkeit, seine gute Futterverwertung und seine Einsetzbarkeit im steilen Gelände bestens geeignet war. So zum Beispiel zur Landschaftspflege, da es mit den kleinen Hufen und dem geringen Gewicht die Grasnarbe kaum verletzte und deshalb der Erosion vorbeugte. Solche Rassen und Besonderheiten, wie auch das Deutsche Weideschwein, sind heute vom Aussterben bedroht und müssen über spezielle Förderprogramme erhalten werden.

Die beschriebene moderne Milchkuhhaltung, die für die 90er-Jahre üblich war, gehört vielleicht auch schon bald der Vergangenheit an. Milchkontingentierung, die Öffnung des europäischen Marktes und Entwicklungen auf den Weltmärkten bringen die Milchviehbauern zunehmend in Not.

Braunkehlchen sind auf intakte Wiesenstrukturen mit vielen Doldenblütlern angewiesen.

Wiesen und Weiden unterm Pflug (Wiesenumbruch)

Durch den Nutzungwandel ging allein in den alten Bundesländern Deutschlands die Fläche der Wiesen von 1968 – 5,6 Mio. Hektar – auf 1988 – 4,6 Mio. Hektar – zurück. Das entspricht einer Abnahme um fast 18 Prozent in 20 Jahren. Ähnlich ist die Situation auch in anderen Teilen Mitteleuropas. Ein Großteil des Verlustes geht auf die Umwandlung von Wiesen und Weiden in Ackerland zurück, der oft eine Entwässerung vorausging. Beim Umbrechen des Grünlandes mit dem Pflug wird die komplette Lebensgemeinschaft der dort lebenden Tier- und Pflanzenwelt zerstört.

Insbesondere die Milchquotenregelung, die die Milchproduktion einschränkte, führte innerhalb der Europäischen Gemeinschaft zum Grünlandumbruch. Dort, wo früher der Brachvogel am Himmel flötete, Bekassinen meckerten und Sumpfdotterblumen in gelben Tupfen leuchteten, stehen heute monotone Maisäcker.

Mit dem Grünlandumbruch, bei dem die Vegetationsschicht nach unten gedreht und der Wurzelhorizont nach oben gekehrt wird, gehen auch einschneidende ökologische Veränderungen einher. So findet zunächst einmal eine Mineralisation der organischen Substanz des Wiesenbodens statt. Das heißt, dass die im Humus gebundenen Nährstoffe auf einen Schlag frei werden und entweder an die Atmosphäre abgegeben werden oder aber das Nitrat ins Grundwasser ausgewaschen wird. Die wasserspeichernde und erosionschützende Funktion der Wiese geht plötzlich verloren. Das bedeutet, dass der Grundwasserspiegel sinkt, Bodenabtrag und Hochwasserereignisse aber zunehmen. Auf den Äckern lösen Monokulturen die vielfältigen Lebensgemeinschaften des Grünlandes ab, begleitet von intensiveren Wirtschaftswiesen mit einem erhöhten Dünger- und Pestizideinsatz.

Bei der Umwandlung weiter Grünlandflächen in Ackerland bleiben oft nur die inselartigen Restflächen zurück. Und auch diese Bereiche sind gefährdet. Ihre Artenzahlen nehmen durch den Isolationseffekt ebenfalls ab, da kein genetischer Austausch zu den Nachbarflächen mehr erfolgen kann. Neben dieser Artenverarmung findet gleichzeitig Massenvermehrung einzelner Arten statt – ein typisches Merkmal instabiler, häufig gestörter Lebensräume. Gemeinsames Ziel von Naturschutz und Landschaftspflege muss es sein, solche Restflächen durch geeignete Biotopstrukturen zu vernetzen.

Hunderttausende von Hektar einstigen Wiesenlandes mussten intensiv bewirtschafteten, monotonen und äußerst artenarmen Maisäckern weichen.

Folgen des Strukturwandels

Bedingt durch den Strukturwandel in der Landwirtschaft hat sich das Gesicht der Landschaften Mitteleuropas zwischen 1950 und 2000 so stark, so schnell und so tiefgreifend verändert wie wahrscheinlich in keiner geschichtlichen Epoche zuvor – sieht man von den Waldrodungsperioden des Mittelalters ab, die sich jedoch über einen ungleich längeren Zeitraum hin vollzogen.

Das Grundprinzip, nachdem dieser Wandel verlief, kann als Maximierung der Uniformität bezeichnet werden. So sind sich die verschiedenen Großlandschaften durch die gleiche Nutzung immer ähnlicher geworden. Weite kahle Ackerflächen grenzen an Waldflächen, die ebenfalls bis zum Horizont reichen. Oft sind in ausgedehnten Grünlandgebieten Weidezäune und grasende Kühe die einzige Abwechslung.

Monokulturen von Mais, Raps, Fichten oder Weinstöcken bedecken den Boden, soweit das Auge reicht. Auffällig sind auch

Gefährdung der Rasen- und Grünlandbiotope (Einschätzung)

A. Grünland im engeren Sinne (Gedüngte Frischwiesen und -weiden)
- [1] *Trockene Glatthaferwiesen (Salbei-Glatthaferwiesen)*
- [1] *Typische Tal-Glatthaferwiesen*
- [2] *Frische bis feuchte Glatthaferwiesen (Kohldistel-Glatthaferwiesen)*
- [2] *Streuobstwiesen*
- [3] *Goldhaferwiesen (Gebirgs-Fettwiesen)*
- [4] *Vielschnittwiesen und Mähweiden*
- [4] *Weidelgras-Weißkleeweiden (Fettweiden)*
- [3] *Almen und alpine Milchkrautweiden*
- [4] *Haus- und Parkrasen*

B. Extensivgrünland im Bereich der Riede und Moore: Feucht- und Nasswiesen
- [1] *Pfeifengras-Streuwiesen*
- [4] *Nasse Hochstaudenbestände*
- [1] *Gedüngte Feucht- und Nasswiesen (Dotterblumenwiesen)*
- [3] *Landröhrichte*
- [2] *Großseggenwiesen*
- [1] *Kalk-Kleinseggenwiesen*
- [1] *Bodensaure Kleinseggenwiesen und Übergangsmoor-Seggenrasen*

C: Extensivgrünland auf Mineralböden
- [2] *Borstgras-Magerrasen (Bürstlingsrasen)*
- [2] *Calluna-Heiden (Sandheiden) des Flach- und Berglandes*
- [1] *Lockere Sandrasen, Felsrasen, Schwermetallrasen*
- [1] *Kontinentale Trocken- und Halbtrockenrasen (Steppenheide)*
- [1] *Halbtrocken- und Trockenrasen (Kalk-Magerwiesen)*
- [2] *Kalk-Magerweiden (Wacholderheiden)*

D. Ausgesprochene Naturrasen (nicht durch den Menschen entstanden)
- [2] *Salzwiesen der Meeresküste (Andel- und Strandnelkenrasen)*
- [3] *Alpine Sauerbodenrasen (Caricetea curvulae)*
- [3] *Alpine Kalkrasen (Elyno-Seslerietea)*

[1] vom Aussterben bedroht [2] stark gefährdet [3] gefährdet [4] gegenwärtig nicht gefährdet

große Flächen, die aus der Nutzung herausgefallen sind. Zum Beispiel in den Mittelgebirgen oder in den Alpen, wo die natürliche Abfolge der Vegetationsentwicklung von Staudenfluren über Verbuschung wieder zurück zum Wald führt.

Die bäuerliche Wirtschaftsweise Mitteleuropas, die eine Vielfalt und optimale Reichhaltigkeit an landschaftlichen Kleinstrukturen hervorbrachte und über lange Zeit erhalten hatte, wurde von den Betriebsformen der Weltmärkte verdrängt. Vorbild waren und sind die Tausende von Hektar großen Weizenfelder des *Corn belt* in Nordamerika oder die ebenso großen Weideflächen für Rinder im Mittelwesten Nordamerikas oder in Argentinien, die heute den Weltmarkt bestimmen. Auch die Kolchosen der alten Sowjetunion, deren Felder von Horizont zu Horizont reichen, und auch die Folgebetriebe der früheren

Das Ende der Wiesen und Weiden

Landwirtschaftlichen Produktionsgenossenschaften in den neuen Bundesländern sind Beispiele für eine neue Landwirtschaft, die zunehmend großtechnische Strukturen aufweist und mit erheblichen Umweltbelastungen verknüpft ist.

Belastung des Grundwassers, der Atmosphäre, des Naturhaushalts mit Agrarchemikalien, Erosion und Ausrottung von Tier- und Pflanzenarten sind traurige Folgen dieser Entwicklung, die wir letztlich alle teuer bezahlen müssen. Über die Auswirkungen der Gentechnik, die Anfang des 21. Jahrhunderts in die Agrarproduktion einzuziehen droht, existiert noch kein klares Bild. Immerhin gibt es genug warnende Stimmen, die weitere Schäden für die Ökosysteme und die Langzeitökonomie prophezeien.

Der Strukturwandel ist kaum dokumentiert, und es lassen sich die Verhältnisse, die noch um 1950 bestanden, schwer rekonstruieren. Noch am ehesten gelingt dies über Luftbilder, soweit sie in Archiven vorliegen.

Teilweise reagierte die Landwirtschaft selbst auf den Strukturwandel, indem sie ihre Wirtschaftsflächen maschinen- und produktionsgerecht umgestaltete. Etwa indem Büsche, Bäume, Hecken, Obstwiesen, Steinriegel, Böschungen, Mäuerchen und andere Biotopelemente beseitigt und Gräben, Sumpfstellen und Mulden verfüllt wurden. Auch das Einebnen topographischer Unebenheiten, z. B. der Buckelwiesen, gehört zu solchen Meliorationsmaßnahmen, oder das Entwässern sumpfiger oder feuchter Wiesen.

Flächen, die nicht mehr extensiv bewirtschaftet werden konnten, wie Talwiesen, brach man um und machte sie zu Maisäckern. Hängige Flächen an den Talrändern, die schwer zu bewirtschaften waren, wurden häufig mit Fichten aufgeforstet.

Hier wird der Feuchtwiese buchstäblich das Wasser abgegraben, obwohl jeder Landwirt weiß, dass es nur dort gute Futtererträge gibt, wo auch Grundwasser vorhanden ist.

Ringelnattern bewohnen nicht nur Seen, Weiher und sonstiges Gelände, sondern finden ihre Nahrung auch im Wiesenland.

Oft versprachen Christbaumkulturen einen kurzfristigen Nebenverdienst.

Diese Entwicklung, die unter dem wirtschaftlichen Druck erfolgte, der weiterhin andauert, wurde auch von staatlicher Seite kräftig unterstützt. So haben Flurbereinigungsämter aus den üppig fließenden Mitteln zur Verbesserung der Agrarstruktur und des Küstenschutzes mitgeholfen, die Uniformität zu beschleunigen und landauf, landab vollendete Tatsachen geschaffen. Zurückgeblieben sind ausgeräumte, uniforme monostrukturierte Landschaften. Geholfen haben Bachbegradigungen, Entwässerungen und andere Maßnahmen fatalerweise weder den Bauern und ihrer Existenz noch der Landschaft und schon gar nicht unserer Gesellschaft, die mit den ökologischen und ökonomischen Folgeschäden kaum fertig wird. Der landwirtschaftliche Konzentrationsprozess konnte trotz dieser Maßnahmen nicht aufgehalten werden; vielmehr trugen die Flurbereinigungen vielfach noch zu seiner Beschleunigung bei.

Auf der Strecke blieben der altehrwürdige Berufsstand des Bauern, die Umwelt und viele Tier- und Pflanzenarten, die durch diese Maßnahmen ausgerottet wurden. Wenigstens Letzteres ist traurig dokumentiert, nämlich in den Roten Listen der vom Aussterben bedrohten Tier- und Pflanzenarten. Eine Rote Liste für den Bauern gibt es nicht.

Bauernsterben – Wiesensterben – Artensterben

Wo Grillen zirpten, rauscht jetzt der Wind in den Baumwipfeln

Fallen Wiesen und Weiden aus der Bewirtschaftung heraus, stehen sie oft zur Aufforstung an. Gerade Landwirte in strukturschwachen Gebieten und in Grenzertragslagen wie den Mittelgebirgen erhoffen sich durch die Aufforstung wenigstens mittel- bis langfristig noch einen Ertrag von diesen Flächen.
Es sind gerade naturschutzrelevante Grünlandbiotope in Fluss- und Bachauen oder hängige Flächen mit kargen Böden, die oft aufgeforstet werden. Obwohl die Wald- und Landschaftsgesetze – je nach Region – Genehmigung von Aufforstungen ausdrücklich vorschreibt, hat sich gerade in den landwirtschaftlichen Problemgebieten der Wald auf Kosten des Grünlandes enorm ausgedehnt. Häufig sind es Fichtenmonokulturen, die von den Landwirten selbst auf wertvollen Pflanzenstandorten wie Magerböschungen angepflanzt werden. Denn die Fichte ist schnellwüchsig und verspricht etwa bei Christbaumkulturen schon nach wenigen Jahren und bei Stangenholz schon nach Jahrzehnten einen Ertrag.
Sofern stadtnahe Absatzmärkte bestehen, sind gerade Weihnachtsbaumkulturen beliebte Folgenutzungen für ehemalige Wiesen, Weide- und Heideflächen. Borstgrasrasen werden in der Regel mit Fichten aufgeforstet, während sandige Flächen wie Heiden und Sandrasen oft der Aufforstung mit Kiefern zum Opfer fallen.

Haben diese Jungpflanzungen anfangs noch eine größere Strukturvielfalt, da Arten des Grünlandes in den noch lückigeren Beständen wachsen, gehen diese verloren, wenn sich die Jungbäume zu waldartigen Beständen schließen. Auch die Aufforstung macht viele Grünlandbiotopen den Garaus. Häufig stoßen dann Fichtenforste direkt an landwirtschafliche Intensivkulturen. Für vielfältige, natürliche und halbnatürliche Lebensräume bleibt kein Platz mehr.

Aufforstungen werden auch im Zusammenhang mit Stilllegungsprogrammen zur Verminderung der Agrarüberschüsse diskutiert. Kosteneinsparung bei der Landschaftspflege ist ein weiterer Grund für Aufforstungsprogramme der Öffentlichen Hand, die mit Naturschutzkonzepten kollidieren. Solche Programme sind von militärischen Flächen bekannt, wo wertvollste Biotopflächen durch gepflanzte Waldbäume überwachsen wurden. Auch potentielle Wiesen- und Rasenflächen an Straßenböschungen oder Auffüll- und Abbaugebieten werden leider immer noch mit Gehölzen bepflanzt, um Pflegekosten zu sparen. So nutzt es wenig, Tier- und Pflanzenarten sowie Biotope unter Schutz zu stellen, wenn die Bestimmungen nicht eingehalten werden.

Umgepflügt oder überdüngt – Das Ende der Wiesen?

Die Landwirtschaft in Mitteleuropa ist seit dem Zweiten Weltkrieg von einer beispiellosen, rasant verlaufenden Intensivierung und Strukturveränderung gekennzeichnet. Meliorationen und Erhöhung des Nährstoffangebots als Voraussetzung der von der Landwirtschaft damals noch geforderten Ertragssteigerung haben zu einer starken Artenverarmung und Nivellierung der landwirtschaftlichen Nutzflächen geführt. Dabei hat die allgemeine Aufdüngung bzw. die Überdüngung mit den Hauptnährstoffen (Stickstoff, Phosphor, Kalium) von durchschnittlich 70–80 Kilogramm pro Hektar (Deutschland) ihren Teil zur großflächigen Standortnivellierung beigetragen.

Die anschließende Phase der stagnierenden, zuletzt sogar sinkenden Erzeugerpreise zwang die Bauern erneut, die begonnene Erzeugungsschlacht weiterzuführen. Mit erhöhtem Kapital-, Maschinen- und Energieeinsatz ging man daran, die landwirtschaftlichen Nutzflächen in jeder Beziehung maschinen- und kulturgerecht zu gestalten. Die Flurbereinigung hatte dafür die eigentumsrechtlichen, gelände- und wegemäßigen Voraussetzungen zu schaffen. Häufig wurde sie zum Anlass genommen, die boden- und wasserabhängigen Standortverhältnisse

Schützenswerte Natur: Wenn erst die Vermessungstrupps bei Flurbereinigungen und anderen Landerschließungsmaßnahmen auftauchen, ist es für manches Grünland schon zu spät. Pläne sind dann verabschiedet, und die Fakten sind geschaffen.

Das Ende der Wiesen und Weiden

Oben: Durch Aufforstungsmaßnahmen von Trockenrasen oder aber durch deren Verbuschung nach der Nutzungsaufgabe verschwinden die Lebensräume des Segelfalters. Links: Wird den noch kleinbäuerlich arbeitenden Landwirtschaftsbetrieben die Existenzgrundlage durch verfehlte Agrarpolitik genommen, versuchen sie oftmals aus Grenzertragsflächen doch noch etwas herauszuholen. So wird manche Magerwiese oder mancher Halbtrockenrasen mit Fichten aufgeforstet.

zu „verbessern", um dadurch einheitliche Wachstumsbedingungen für die Kulturpflanzen zu bekommen.

Die allgemeine Nutzungsintensivierung betraf zunächst einmal alle ackerfähigen Grünlandstandorte. So wurde ein Großteil der Glatthaferwiesen frischer bis mäßig trockener Bodenverhältnisse umgebrochen und zwecks Getreide- oder Hackfruchtanbau unter den Pflug genommen. Auf diese Weise erlitt dieser bunte und blütenreiche, vormals weit verbreitete Wiesentyp enorme Flächenverluste. Mit ihm verschwanden viele auf diesen Biotoptyp angewiesenen Tier- und Pflanzenarten.

In ausgesprochenen Grünlandgebieten war die Rentabilität milchviehhaltender Betriebe zunehmend nur noch durch Aufstockung des Viehbestandes möglich, was vor allem in den Niederlanden und in Nord- und Ostdeutschland zu der Tendenz führte, flächenunabhängige Betriebstypen aufzubauen. Diese sind dadurch gekennzeichnet, dass das Futter nicht mehr überwiegend von den hofeigenen Flächen stammt, sondern zugekauft wird. Damit war die Überdüngung der Kulturlandschaft vorprogrammiert. Spätestens ab diesem Zeitpunkt verwandelten sich die Ausscheidungen der Tiere vom Dünger in Abfall. Er muss als Flüssigmist (Gülle) entsorgt werden. Auf diese Weise hat so mancher Grünlandschlag den „Schwedentrunk" bekommen. Eine solche Agrarfabrik ist dann – hinsichtlich der Nährstoffe – alles andere als eine Kreislaufwirtschaft.

Im Bereich des feuchteren Grünlandes bedeutete Intensivieren vor allem Entwässern und Trockenlegen. Es betraf die nassen Wiesen, Moore und Sümpfe. Dadurch wurde viel so genanntes Öd- und Unland, also auch die floristisch wie faunistisch besonders wertvollen Kleinseggen-, Pfeifengras- und Trollblumenwiesen, unwiederbringlich zerstört. Mit moderner Technik und Gründlichkeit hat man mit der Tieferlegung der Entwässerungsgräben wasserstauende Ton- und Lehmschichten durchstoßen, sodass die Feuchtwiesen regelrecht ausbluten. Dabei wurde übersehen, dass gerade eine gute Wasserversorgung Grundvoraussetzung für witterungsunabhängige Futtertröge im Grünland ist. So sind heutzutage viele ehemalige Feuchtwiesengebiete für die Grünlandnutzung viel zu trocken.

Anderen Grenzertragsflächen erging es nicht anders. In Österreich beispielsweise ergab eine Kartierung der 918 wichtigsten Trockenrasen, dass bei 45 die Zerstörung bereits im Gange ist und bei 114 Rasen eine Vernichtung unmittelbar droht. Als hauptsächliche Ursachen für die Gefährdung nennt das österreichische Bundesinstitut für Gesundheitswesen:

- Flurbereinigung,
- Intensivierung der Landwirtschaft (z. B. Umwandlung in ertragreiche Fettwiesen durch Düngung, Umackern oder anderweitige Nutzung),
- Aufgabe der traditionellen Nutzung (Beweidung und Mahd) und in der Folge Verbuschung und Weiterentwicklung zu Wald nach Aufhören der Nutzung („Zuwachsen"),
- Aufforsten mit Gehölzen wie Fichte, Kiefer und Robinie,
- Materialgewinnung (Kies, Sand),

- Wohnbebauung (trockene, südwärts gerichtete Hanglagen sind die beliebtesten Baulagen),
- Müllablagerung,
- Freizeitgestaltung und Erholungsnutzung.

Wenn Blumen nicht mehr blühen dürfen – Silage statt Heu

Zwar wird eine Wiese erst durch regelmäßiges Mähen zu dem, was sie ist, nämlich zu einem artenreichen Pflanzenbestand mit Habitateignung für die Tierwelt, doch entscheidet der Zeitpunkt der Mahd ganz wesentlich über die Artenvielfalt: Je später der Schnittzeitpunkt liegt, umso mehr Möglichkeiten haben Flora und Fauna, sich im Ökosystem Wiese einzunischen. Je früher oder öfter er erfolgt, desto weniger Arten gibt es, die diesem Stress gewachsen sind.

Die heutige Milchviehhaltung mit ihren überzüchteten Hochleistungs-Milchkühen (mehr als 5000 l Milch Jahresleistung) ist auf junges, gut verdauliches, eiweiß- und energiereiches Futter angewiesen. Diese Futterqualität lässt sich aber nur erzeugen, wenn die Gräser und Kräuter in jungem Zustand, also bereits im Mai, geschnitten werden. Da der Landwirt für das Winterhalbjahr in der Regel einen Futtervorrat braucht, muss er einen Teil der Grünlandaufwüchse haltbar machen (konservieren). Früher wurde das Futter für diesen Zweck überwiegend auf dem Feld getrocknet und als Heu unter Dach gelagert. Zwar ist dies auch heute noch der Fall, aber in weit geringerem Umfan-

Hier wurde in einer naturverachtenden Weise Gülle zur falschen Jahreszeit ausgebracht. Damit Wiesen nicht zu Abfalldeponien werden, gibt es klare Vorschriften und Richtlinien über sachgemäße Düngung.

ge. Der moderne Landwirt siliert. Dabei wird die Wiese schon bei einer Bestandeshöhe von ca. 30 cm abgemäht, leicht angewelkt und in Hoch- oder Fahrsilos verdichtet, um die zur Konservierung erforderliche Milchsäuregärung einzuleiten. Als arbeitserleichternde Steigerung kennt die moderne Grünlandwirtschaft heute den Betriebstyp ganzjährige Silagefütterung. Er stellt die arbeitstechnisch rationellste Form eines milchviehhaltenden Betriebes dar. Bei ganzjähriger Silagefütterung wird auf Heugewinnung und Weidegang weitgehend verzichtet. Auch der Arbeitsaufwand für das tägliche Grünfutterholen (Reingrasen) fällt weg. Dafür muss aber das Silierverfahren optimiert werden. Solche Betriebe beginnen mit dem Siloschnitt bereits in der so genannten Weidereife bei ca. 25 cm Wuchshöhe, um bei Siloreife, wenn die Gräser im Stadium des Ährenschiebens sind (30–40 cm Höhe), alle Grünlandflächen geschnitten und eingebracht zu haben. Bei diesem engen Schnittregime kommen die Kräuter und Gräser nicht mehr zum Blühen, sondern haben nur noch die Möglichkeit der vegetativen Vermehrung. Derartige Vielschnittwiesen mit 4–6 Nutzungen können dann nur noch etwa 10–15 Pflanzenarten beherbergen. Schmetterlinge, Heuschrecken und andere Tiere haben in solchem Grünland keine Chance mehr.

Damit Wiesen nicht zu Abfalldeponien werden – Kontrollierte Güllewirtschaft

Wiesen und Weiden können ihr Gesicht auch durch Überdüngung verändern. Es dominieren dann die stickstoffliebenden Arten (nitrophile Pflanzen) wie Wiesenkerbel, Bärenklau, Stumpfblättriger Ampfer, Weiße Taubnessel oder Bastard-Weidelgras. Zur Überdüngung kommt es dann, wenn mehr Nährstoffe auf das Grünland gelangen, als der Pflanzenbestand zum Heranwachsen benötigt. Dann verschwinden all jene Pflanzen, die sich nur unter den Voraussetzungen eines mageren oder mäßigen Nährstoffangebotes behaupten konnten. Überdüngung kann durch Mineraldünger (Kunstdünger) bzw. durch Wirtschaftsdünger erfolgen. Da Mineraldünger aber teuer eingekauft werden muss, droht die größere Gefahr seitens der hofeigenen Dungstoffe, sprich: durch die Güllewirtschaft.

Gülle besitzt keinen guten Ruf. Für denjenigen, der den ländlichen Raum als Idylle erleben möchte, stellt ein gülleverspritzender Landwirt ein rotes Tuch dar. Der Autofahrer kurbelt schnell die Scheibe wieder hoch, die Hausfrau holt die Wäsche von der Leine, um sie vor dem beißenden Gestank, der sich in den Kleidern festsetzt, in Sicherheit zu bringen.

Abgesehen vom Geruch ist die moderne Güllewirtschaft deshalb so in Verruf geraten, weil beim Umgang und bei der Ausbringung dieses Flüssigmistes vieles falsch gemacht werden kann, viel mehr nämlich als mit Festmist. Dabei ist es eigentlich nicht so sehr die Gülle an sich, die problematisch ist, sondern deren Menge in Verbindung mit zu hohem Viehbesatz bei gleichzeitig hohem Kraftfuttereinsatz in der Milcherzeugung.

Aber Achtung: Gülle ist kein Abfallprodukt, das bei der tierischen Veredelung anfällt und schadlos beseitigt werden müsste. Im Gegenteil, sie ist ein ausgezeichneter Mehrnährstoffdünger. Der Umgang mit Gülle muss aber gelernt sein! Es ist die Kunst und Aufgabe des Landwirts, die wertvollen Inhaltsstoffe der Gülle möglichst verlustlos in den Nährstoffkreislauf des landwirtschaftlichen Betriebes zurückzuführen.

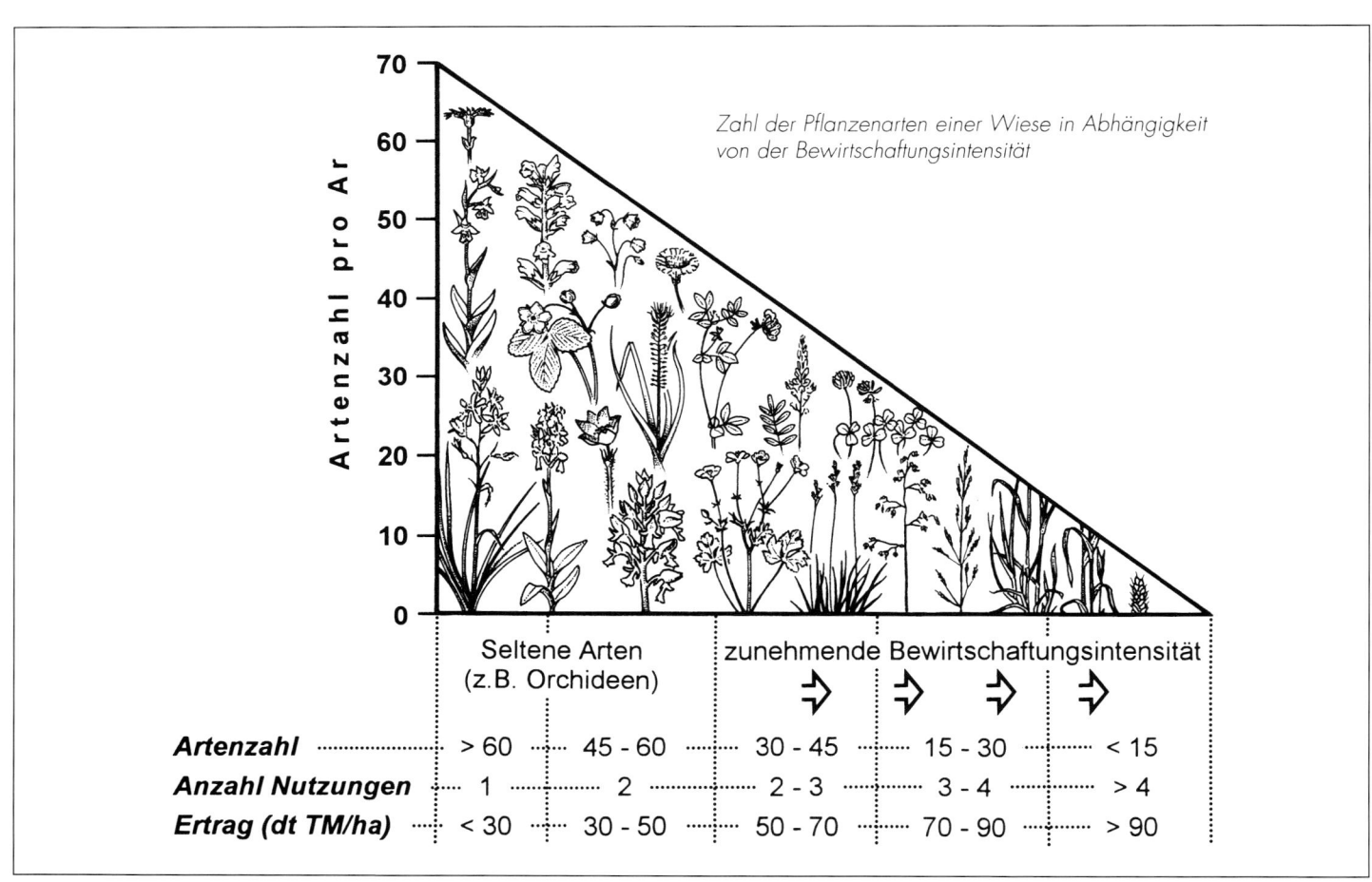

Zahl der Pflanzenarten einer Wiese in Abhängigkeit von der Bewirtschaftungsintensität

	Seltene Arten (z.B. Orchideen)		zunehmende Bewirtschaftungsintensität ⇒ ⇒ ⇒ ⇒		
Artenzahl	> 60	45 - 60	30 - 45	15 - 30	< 15
Anzahl Nutzungen	1	2	2 - 3	3 - 4	> 4
Ertrag (dt TM/ha)	< 30	30 - 50	50 - 70	70 - 90	> 90

Woraus setzt sich Gülle zusammen? Sie ist ein Gemisch aus durchschnittlich 67% Kot, 33% Harn und mehr oder weniger geringen Resten von Futter und Einstreu mit Wasseranteilen unterschiedlicher Menge. In 1 Kubikmeter (1000 l) sind bei 7,5% Trockensubstanz-Gehalt folgende Nährstoffmengen enthalten: 3,5 kg Gesamtstickstoff (Nges), 2 kg Ammonium-Stickstoff (NH_4-N), 1,5 kg Phosphorsäure (P_2O_5), 5 kg Kalium (K_2O), 0,8 kg Magnesium (MgO) und 2 kg Kalzium (CaO).

Das ökologische Problem: Gülle wird dann zum Abfall, wenn der Nährstoffanfall des Viehbestandes eines Betriebes größer ist als der Nährstoffbedarf der Futterflächen. In diesem Fall ist mit technischen Maßnahmen alleine nichts zu machen. Das Überschussproblem muss durch die Verringerung des Viehbesatzes behoben werden. Sonst werden wie im Alten Land die Wiesen zu Abfalldeponien.

Folgende Nährstoffmengen werden pro Großvieheinheit (Milchkuh) im Jahr in etwa ausgeschieden:
- 73–95 kg Gesamtstickstoff
- 31–36 kg Phosphorsäure
- 95–156 kg Kalium
- 20 kg Magnesium
- 36–49 kg Kalzium

Aufgrund von Wasserzusätzen, Einstreu- und Futterresten ist in der Rindviehhaltung mit einem tatsächlichen Gülleanteil von monatlich 2–2,5 m^3 pro Großvieheinheit zu rechnen. Das heißt, dass ein Rindviehbetrieb bei einer für sachgerechte Ausbringung erforderlichen 6-monatigen Lagerzeit über 12–15 m^3 Lagerkapazität pro Großvieheinheit verfügen muss. Ist dieser Lagerraum nicht vorhanden, muss zwangsläufig zu Unzeiten gegüllt werden, und das ist mit erheblichen Umweltbelastungen verbunden. Der Stickstoff liegt in der Rindergülle zu mehr als der Hälfte (55%) als Ammonium (NH_4) vor. Dieser Teil ist einerseits wasserlöslich und damit sofort pflanzenverfügbar, andererseits aber auch flüchtig (Verdunstung als Ammoniak). Die restlichen 45% sind an der Trockensubstanz organisch gebunden. Um von den Pflanzen aufgenommen werden zu können, muss dieser Teil erst durch Mikroorganismen des Bodens mineralisiert werden. Wegen dieser unterschiedlichen Bindungsformen des Stickstoffs ist die Gülle sowohl schnell wirkender Kopfdünger als auch langsam wirkender Vorratsdünger. Wird jahrelang mit Gülle gedüngt, so summieren sich die Nachwirkungen der organisch gebundenen Stickstoffkomponente (ähnlich wie bei Festmist). Der nährstoffgebundene Ausnutzungsgrad der Gülle darf deshalb nicht nur kurzfristig betrachtet werden, da infolge langjähriger Gülledüngung die allgemeine Bodenfruchtbarkeit ansteigt.

Stickstoffverluste können bei Gülle vor allem durch Ammoniak-Abdampfung entstehen (das ist es, was beim Gülle fahren so stinkt). Der moderne Landwirt hat deshalb folgende Gebote zur Gülleausbringung unbedingt zu beachten:
- Kein Ausbringen in Wasserschutzgebieten, Trockenrasen und anderen zu schützenden Grünlandbiotopen,
- nur kurz vor oder während der Vegetationsperiode (April bis September) ausbringen,
- möglichst Gülle mit Wasser verdünnen (wegen des schnellen Eindringens in den Boden),
- Gülle vor Befüllen des Fasses noch in der Grube gut homogenisieren,
- nur auf niedrige Grasbestände (z. B. kurz nach einem Schnitt) gleichmäßig verteilen,
- nur bei kühlen Lufttemperaturen und bei Windstille Gülle fahren,
- auf den Hektar Grünland nicht mehr als 18 m^3 auf einmal ausbringen.

Geschieht dies nicht, wird der Bauer schnell zum Umweltsünder.

Wenn Wiesen brachfallen

In nicht mehr genutzten Wiesen und Weiden verändern sich Artenzusammensetzung und Bestandsstruktur mitunter sehr rasch. Vom Brachfallen sind in erster Linie Grenzertragsstandorte betroffen, also Flächen, deren Bewirtschaftung sich im Vergleich zum Ertrag nicht mehr lohnt. Dazu zählen Feucht- und Nasswiesen sowie Trocken- und Halbtrockenrasen.

Die regelmäßige Mahd bewirkt, dass sich Pflanzen verschiedener Lebens- und Wuchsformen und unterschiedlicher Vermehrungsstrategien auf ein und demselben Standort vergesellschaften können. Entfällt aber der gleichmachende Eingriff des Menschen, kommen die Unterschiede in der Konkurrenzkraft zum Vorschein: Hochwüchsige und ausläufertreibende Kräuter beginnen sich durchzusetzen. Diese können entweder bereits vorher stellenweise vorhanden gewesen sein, oder aber sie wandern von Waldrändern neu ein. Es kann auch zur Dominanz einer einzigen Gras- oder Seggenart kommen, etwa durch Spezialisierung auf bestimmte Bodenverhältnisse oder ausgesprochene Schnittempfindlichkeit. Einige Brachegräser wie das Reitgras und die Quecke besitzen zudem spezielle Ausbreitungsstrategien. Sie scheiden aus den Wurzeln Stoffe aus, die andere Pflanzen im Wachstum hemmen (*Allelopathie*). Vergraste Grünlandbrachen im Gebirge sind gefährlich, weil der Schnee auf dem dichten Blattfilz leichter abrutscht. So wird der Boden aufgerissen, die Erosion gefördert, und es vergrößert sich die Lawinen- und Erdrutschgefahr.

Aufgelassene Weiden sind durch vorausgegangene selektiven

Wenn Wiesen brachfallen, ändert sich oft schnell die Zusammensetzung der Fauna und Flora. Lichtliebende Arten, die darauf angewiesen sind, dass Wiesen regelmäßig gemäht werden, verschwinden innerhalb kürzester Zeit. So auch Orchideen wie das Helm-Knabenkraut

Verbiss des Viehs oft mit „Weideunkräutern" wie Fiederzwenken, Brennnesseln, Disteln, Binsen und Ampfer bewachsen, die sich nunmehr verstärkt ausdehnen können. Dies gilt vor allem für dornbewehrte Holzpflanzen wie Schlehdorn, Wildrose, Weißdorn und Wacholder. Bereits im ersten Jahr nach Aufgabe der Nutzung kann man in Weiden Gehölzjungpflanzen finden, die ungestört weiterwachsen können. Wiesen auf nährstoffreichen, tiefgründigen Standorten lassen zwar Gehölze nur vereinzelt hochkommen (etwa auf Maulwurfshaufen oder Bodenverletzungen), sie entwickeln sich aber schnell. In ihrem Schatten wird die Vegetation dann lückiger und weitere Gehölzpioniere können Fuß fassen. Insgesamt gesehen verbuschen offene, magere Pflanzenbestände rascher als Wiesen mit dichter Vegetation.

Grünlandbrachen sind erkennbar am dichten Filz aus vorjährigen Altgrasauflagen. Durch diese Streuschicht verändern sich Feuchte und Temperatur des Oberbodens. Das Ausbleiben des Nährstoffentzugs bewirkt, dass die Brache in der Regel nährstoffreicher wird. Auf mageren Standorten kommt es allerdings oft zu einer Weitung des Kohlenstoff-Stickstoff-Verhältnisses (z. B. 15:1 gegenüber vorher 10:1), wodurch Stickstoffmangel eintritt und die Schmetterlingsblütler (Leguminosen) begünstigt werden.

Die Zahl der Pflanzenarten geht auf Grünlandbrachen im Allgemeinen deutlich zurück, da konkurrenzschwächere Arten durch Überwachsen von hohen Kräutern und Gräser verdrängt werden. Eine Ausnahme bilden trockene oder stark wiedervernässte Standorte, wo sich wegen der geringen Nährstoffverfügbarkeit keine dichte und hohe Vegetation bilden kann. Anders ist es allerdings mit der Tierwelt. Wie Untersuchungen aus Deutschland von dem Bracheforscher Karl-Friedrich Schreiber gezeigt haben, erfährt die Fauna durch Brachfallen der Wiesen oder Weiden eine deutliche Förderung. Dies liegt daran, dass die Tierwelt (vor allem die Insekten) durch die bisherige Nutzung in ihrer Brutbiologie stark gestört wurde. Mit zunehmender Verbuschung nimmt dann aber die Zahl der Tierarten, insbesondere die der Schmetterlinge wieder ab.

Aus landschaftsökologischer Sicht ist eine Nachbarschaft aus extensiv genutztem Grünland, jungen Brachen, Gebüschbrachen und Wald anzustreben.

Die Aktion

Schutz und Erhaltung artenreicher Wiesen, Weiden und anderer Grünlandbiotope
Ansatzpunkte
Konkrete Maßnahmen
Praktische Ratschläge

Die Aktion

Grünes Grünland oder buntes Grünland?

Ob sich eine Wiese sattgrün wie ein künstlicher Hausrasen oder bunt wie ein Farbenteppich präsentiert, hängt in erster Linie von Schnitthäufigkeit und Düngung ab. Es gibt nur wenige Pflanzen, die dem enormen Stress einer häufigen Mahd (oder Beweidung) gewachsen sind, wie es etwa in Park-, Haus- oder Sportplatzrasen der Fall ist. Dies ertragen in der Regel nur niedrigwüchsige Pflanzen mit besonders gutem Wiederaustriebsvermögen oder aber Arten, die ihre Blätter (Assimilationsorgane) an den Boden anpressen (Rosettenpflanzen) und dadurch den Messern oder den Zähnen der Weidetiere entgehen. Zu letzteren gehören Gänseblümchen, Breitwegerich und Ferkelkraut, zu ersteren Rispengräser, Straußgräser und Faden-Ehrenpreis.

Wiesen oder Rasen, die häufig gemäht werden und bei denen das Mähgut abgeräumt wird, brauchen auch besonders viel Düngung, die den Nährstoffentzug ausgleicht. Andernfalls wächst weder Gras noch Kraut, sondern nur noch Moos. Häufiger Schnitt (oder Beweidung) und viel Düngung bewirken aber, dass der Rasen stets aus viel junger und damit grüner Blattmasse aufgebaut ist. Zur Anlage von Blüten mangelt es an der nötigen Wuchshöhe, und die Pflanzen vermehren sich meist vegetativ. Eine mehr als 3-mal im Jahr genutzte Futterwiese oder Weide ist daher nicht bunt, sondern eben „nur" grün und somit artenarm.

Eine relativ geringe Schnitthäufigkeit von 1–2 Schnitten pro Jahr vermögen besonders viele Pflanzen auszuhalten. Viele Arten brauchen sogar diese periodische Freistellung, um im Kampf um genügend Sonnenlicht konkurrenzfähig zu bleiben. Dies gilt zumindest für die gut mit Nährstoffen versorgten Böden. Die meisten auffälligen Blütenpflanzen, also die Kräuter, die im Gegensatz zu den Grasartigen breitere und größere Blätter besitzen, sind nicht besonders schnittverträglich. Wird häufiger geschnitten, nimmt deren Artenzahl ebenso ab wie wenn gar nicht mehr gepflegt wird. So richtig buntes Grünland gibt es deshalb – von den Urrassen abgesehen – nur dort, wo eine Mindestnutzung bzw. Mindestpflege erfolgt.

Dies ist seit rund 5000 Jahren so. Überall, wo der Wald von Menschen gelichtet und durch Weiden, Wiesen, Äcker und Wegraine ersetzt wurde, wuchs die Zahl der Arten beträchtlich, nämlich bei den Pflanzen von etwa 200 auf 500 pro 25 km^2.

Eine in ihrer Intensität abgestufte landwirtschaftliche Nutzung und deren mosaikartige Verteilung in der Kulturlandschaft bietet eine Vielzahl von heimischen Pflanzen und Tieren optimale Lebensmöglichkeiten.

Die buntesten Blumenwiesen findet man unter den bodenfrischen bis mäßig trockenen Glatthafer- und Goldhaferwiesen. Die wichtigsten farbgebenden Kräuter sind hier: Wiesen-Pippau, Scharfer Hahnenfuß, Rauher Löwenzahn, Skabiosen-Flockenblume, Wiesen-Glockenblume, Margerite, Wiesen-Knautie, Wiesen- bzw. Waldstorchschnabel, Wiesen-Flockenblume und Rotklee. Auch die beiden Doldenblütler Wiesen-Kerbel und Bärenklau haben auf diesen zwei- bis dreischürigen Heuwiesen ihren typischen Wuchsort.

Eines muss man sich jedoch stets vor Augen halten: Man erhält diesen farbenfrohen Postkarten-Wiesentyp, der in vielen Volksliedern besungen und als Inbegriff unverfälschter Natur häufig auch in der Werbung verwendet wird, nur, wenn eine Mindestdüngung erfolgt! Die oben aufgezählten Wiesenblumen sind nämlich nicht etwa ausgesprochene Magerkeitszeiger, sondern haben sogar vergleichsweise hohe Nährstoffansprüche. Die Bestandes-Nährstoffzahl liegt in der 9-teiligen Skala des deutschen Vegetationskundlers Heinz Ellenberg zwischen 4,3 und 4,6 und zeigen damit mittlere Nährstoffverhältnisse im Boden an. Zum Vergleich: Ausgesprochene Magerwiesen bewegen sich hinsichtlich dieser Vergleichszahl zwischen 2,5 und 3,0! Oder anders ausgedrückt: Farbenfrohe Heuwiesen haben eine Biomassenproduktion von 40–80 Doppelzentner Trockenmasse pro Hektar (dt TM/ha) und wurden auch in früheren Zeiten regelmäßig mit Hofdüngern versorgt, nämlich mit Jauche und Stallmist; mit letzterem in der Größenordnung von 100–150 Doppelzentner pro Hektar und Jahr.

Ökologisch gesehen ist es nun sehr wichtig, im Hinblick auf den Nährstoffumsatz im Ökosystem Grünland eine Kreislaufwirtschaft zu betreiben. Das heißt, dass die Veredlungserzeugnisse des Grünlandes in Form von Milch und Fleisch zu möglichst hohen Anteilen aus den Wiesenaufwüchsen gewonnen werden und zu möglichst geringen Teilen aus dem (importierten) Kraftfutter kommen. Die Abfälle in Form von Tierausscheidungen bringt dann der Bauer als Gülle, Jauche oder Stallmist wieder auf seine Wiesen und Weiden. Der Nährstoffkreislauf ist damit geschlossen. Nur mit dieser flächenbezogenen Wirtschaftsweise kann eine ständige Aufdüngung und Überdüngung der landwirtschaftlichen Nutzflächen verhindert werden.

Diese Kreislaufwirtschaft kommt nun vor allem den Wiesenkräutern zugute. So ist es bei der Düngung wichtig zu wissen, dass Gräser mehr auf mineralische Dünger, Kräuter hingegen mehr auf organische Dünger ansprechen. Dies liegt daran, dass viele Wiesenkräuter in Symbiose mit *Mykorrhiza*-Pilzen des Bodens leben, welche die organisch gebundenen Nährstoffe der

Durch die Förderung einer landschaftsangepassten Landwirtschaft könnte auch das Grünland und damit eine ungeheure Vielfalt an Tieren und Pflanzen wieder eine Chance haben.

Hofdünger (Stallmist, Gülle) mineralisieren und so für die Kräuter verfügbar machen. Mit ihren längeren Wurzeln können die Kräuter außerdem die in tieferen Bodenschichten befindlichen Nitrate besser ausnutzen als die Gräser und bekommen dadurch Konkurrenzvorteile. Schließlich besitzen die Wiesenkräuter für die Hauptnährstoffe Kalium, Kalzium und Phosphor ein größeres Aneignungsvermögen als die Gräser. Wenn man nun bedenkt, dass zwischen Stall und Feld eigentlich nur beim Stickstoff, nicht aber bei den übrigen Hauptnährstoffen nennenswerte Verluste entstehen, lassen sich auch daraus Vorteile für die Wiesenkräuter ableiten. Sie gedeihen besonders im Frühjahr rascher als viele Grasarten und bilden in den Wurzeln beachtliche Reserven. Anschauliches Beispiel ist die so genannte Gülle-Flora, also die Massenvermehrung von Kerbel, Bärenklau und Löwenzahn bei überwiegender Güllewirtschaft. Während mit den schnell pflanzenverfügbaren Handelsdüngern (zu einem gewissen Teil auch mit Gülle) der Pflanzenbestand des Grünlandes direkt gedüngt wird, düngt der Bauer mit Stallmist zunächst einmal nur den Boden. Was den Stickstoff betrifft, so gelangt nur noch 70% des ursprünglichen Gehaltes auf das Feld, da nicht weniger als 30% durch den Rotteprozess verloren gehen. Davon liegen nun wiederum 85% in organisch gebundener Form vor und nur 15% sind als Ammonium unmittelbar pflanzenverfügbar. Das weite C/N-Verhältnis von ca. 25:1 bewirkt nun seinerseits, dass die 85% Stickstoff eine langsame, aber stetig fließende Nährstoffquelle darstellen, von der insbesondere die krautigen Pflanzen profitieren. Diese Sachverhalte erklären die besondere Bedeutung organischer Düngung, vor allem des Stallmistes (Festmist) für den Blumenreichtum der typischen Heuwiesen.

Die Notwendigkeit der organischen Düngung zur Erhaltung bestimmter Wiesenbestände gilt aber nicht grundsätzlich. Eine ganze Reihe der hier beschriebenen Wiesentypen benötigt keine Düngung – insbesondere die Urrasen oder extensiv bewirtschafteten Halb- oder Trockenrasen. Dort heißt die Devise: Nährstoffentzug, also vermagern, wenn sie gerettet werden sollen.

Ein Hauptproblem des Naturschutzes heute ist die allgemeine Eutrophierung, die Überdüngung von Land- und Gewässerbiotopen, der zahlreiche Tier- und Pflanzenarten zum Opfer fallen. So ergaben Untersuchungen von Blab und Kudrna, dass die Häufigkeit der Alpenfalter auch ohne erkennbare Biotopveränderung deutlich zurückgeht.

Ein bisher wenig diskutiertes Problem ist dabei die schleichende Düngung durch die zunehmende Luftverunreinigung: Der Stickstoffeintrag pro Jahr und Hektar liegt im Schnitt bei 20, kann aber in Ballungsräumen bis 60 Kilogramm betragen. Die angelaufenen Untersuchungen scheinen zu bestätigen, dass Lebensgemeinschaften, die auf geringe Nährstoffgehalte im Boden angewiesen sind, ihre Zusammensetzung ändern, auch dort, wo der Mensch keine Düngemittel einsetzt. Die nährstoffliebenden Arten nehmen zu, während die Magerkeitszeiger abnehmen. Die schleichende Eutrophierung durch Luftschadstoffe stellt deshalb für Magerrasen und magere Wiesen eine nicht zu unterschätzende Bedrohung der dort lebenden Pflanzen und Tiere dar.

Die Aktion

Programme für Landwirtschaft, Landschaft und Natur

Extensivierungsprogramme honorieren eine umwelt- und naturverträgliche Landbewirtschaftung

Ursprünglich nur als Wirtschaftsgemeinschaft konzipiert, hatte die Europäische Union ausschließlich die Ertragssteigerung der landwirtschaftlichen Produktion zum Ziel. Sie förderte eine Entwicklung, die europaweit zu einer umweltschädigenden Intensivierung der landwirtschaftlichen Produktion führte, mit dem Ergebnis einer subventionierten Überproduktion: Butterberg, Milch- und Weinsee waren Schlagworte in der zweiten Hälfte des 20. Jahrhunderts. Auf der Strecke blieben die bäuerlichen Familienbetriebe und mit ihnen die Tier- und Pflanzenarten der regionaltypischen europäischen Kulturlandschaften. So regte sich auch zunächst auf regionaler Ebene Widerstand gegen diese subventionierte Fehlentwicklung.

Mit der EG-Verordnung 2078/92 wurden den Mitgliedstaaten der EWG neue inhaltliche und finanzielle Gestaltungsmöglichkeiten für die Förderung einer umweltgerechten und ressourcenschonenden Landbewirtschaftung an die Hand gegeben. Die Förderung ist an Wirtschaftsflächen (Hektar) oder Großvieheinheiten (GVE) geknüpft. Es können Prämien von bis zu 843 Euro pro Hektar oder 253 Euro pro GVE erstattet werden. Die Länder haben einen eigenen Gestaltungsspielraum bei der Umsetzung der markt- und standortgerechten Landbewirtschaftung, wodurch die regionalen Besonderheiten bessere Berücksichtigung finden sollen. Sie können die Beihilfen je nach Schwerpunkt anheben oder absenken.

Etwa 30 % der landwirtschaftlich genutzten Fläche in Deutschland sind noch als Grünland genutzt. Obwohl es eine kostengünstige und ökologisch sehr sinnvolle Futtergrundlage liefert, hat seine Wettbewerbsfähigkeit zu Gunsten des lange Zeit von der Europäischen Union stark geförderten Silomaises stark nachgelassen. Immer mehr Gewicht bekommt Grünland jedoch unter den Gesichtspunkten der Erhaltung der Kulturlandschaft sowie der Bewahrung der Biodiversität, wobei der ökologische Nutzen im Vordergrund steht. Die Zukunft der Grünlandstandorte hängt daher stark von der staatlichen Förderung ab, insbesondere vom Trend zur Extensivierung der landwirtschaftlichen Erzeugung und von den gezielten Auflagen und Einschränkungen der Nutzung von Grünland aus Gründen des Umwelt-, Natur- und Biotopschutzes.

Das deutsche Bundesland Baden-Württemberg legte bereits 1992 eines der ersten flächendeckenden staatlichen Förderprogramme auf, das die Stärkung der Umweltvorsorge in der Landwirtschaft zum Ziel hatte. Diese Marktentlastungs- und Kulturlandschaftsausgleich (MEKA) genannte Programm wurde von der Europäischen Union als Modellprojekt gefördert. Der Kernpunkt des Programms besteht in einem flächenbezogenen finanziellen Ausgleich an die Landwirte für die Pflege und Förderung der Kulturlandschaft. Zu den Hauptelementen zählt dabei gerade auch die Förderung des Grünlandes, etwa durch Wiesenextensivierung, die Bewirtschaftung besonders gefährdeter Grünlandtypen oder die Beweidung von Flächen mit gefährdeten Nutztierrassen. Das Programm ist zwischenzeitlich verbessert und um eine erfolgsorientierte Förderungsmethodik erweitert worden.

Mittlerweile gibt es vergleichbare Programme in allen deutschen Bundesländern. Die übergeordneten Maßnahmen sind kursiv hervorgehoben.

Insbesondere Maßnahmen zur *Extensivierung von Grünland* erhalten die typischen Lebensgemeinschaften und entlasten die Umwelt, etwa durch Verminderung des Düngereintrages. Differenziert wird dabei in *tierbestandsbezogene Maßnahmen* wie die Verringerung des Rinder- und Schafbestandes und *flächenbezogene Maßnahmen* wie die Umwandlung von Ackerland in Extensivgrünland. Auch die Einhaltung einer extensiven Bewirtschaftung durch Einschränkung der Düngung und der Mahdhäufigkeit zählt zu den flächenbezogenen Maßnahmen.

Ebenso effektiv sind *Grünlandschutzprogramme* etwa in Form der Gewährung von Zuwendungen für naturschutzgerechte

Gelingt es, artenreiche Wiesen – und dazu gehören auch die Feuchtwiesen – zu erhalten, dann haben auch wieder Lebewesen wie die Erdkröten eine Zukunft.

In vielen Regionen wurden spezielle Programme für den Schutz von Wiesen und der dort vorkommenden Tier- und Pflanzenarten geschaffen. Im Bereich des Müritz-Nationalparks in Mecklenburg-Vorpommern etwa werden Feuchtwiesen durch finnische Fjällrinder beweidet. Diese gehörnlosen Rinder sind bestens an feuchte Wiesen und auch schlammige Stellen angepasst. Gerade mit alten – ebenfalls oft vom Aussterben betroffenen – Rinderrassen könnte in vielen Regionen erfolgreich Landschaftspflege betrieben werden.

Grünlandnutzung wie für besonders erhaltenswerte Grünlandtypen wie Feuchtgrünland, Trockenrasen oder Salzgrünland. Für Letzteres haben die Küstenländer Mecklenburg-Vorpommern und Schleswig-Holstein, wo natürliche Salzwiesen vorkommen, entsprechende Programme aufgelegt.

Zu nennen sind weiter *Landschaftspflege- und Vertragsnaturschutzmaßnahmen,* die die regionale Verwertung des Aufwuchses und regionalbezogene Landschaftspflegeprogramme umfassen. Es sind dies Förderprogramme für die *Pflege aufgegebener Flächen,* etwa von Grünlandbrachen, die *20-jährige Stilllegung zur Biotopgestaltung,* die *Erhaltung des Zugangs von Flächen für Freizeitzwecke,* die *Erhaltung und Förderung traditioneller Formen der Landbewirtschaftung* etwa für Streuobstwiesen, Feucht- und Nassbiotope oder für *besonders naturschutzwürdige Flächen.*

So dienen diese Programme direkt dem Erhalt bedrohter Arten wie etwa der Großtrappe in Sachsen-Anhalt, die an diese traditionellen Bewirtschaftungsformen gebunden ist. Zu diesen Programmen zählt etwa auch die Förderung von Wiesenbrütern und anderer auf Extensivgrünland angewiesener Vogelarten. Es gibt die Förderung von Grünlandbrachen mit dem Wechsel zwischen Mahd und Brache oder für Sumpfdotterblumenwiesen, Kleinseggenwiesen oder den Amphibienschutz, um nur einige zu nennen. Entsprechend der Bedeutung von Schleswig-Holstein für den Schutz wandernder Gänse- und Entenarten werden hier Ausgleichsgelder für landwirtschaftliche Flächen bezahlt, wo die Tiere ihre überlebensnotwendige Nahrung aufnehmen.

Da viele alte Haustierrassen direkt mit regionalen Wirtschaftsweisen und speziell mit Grünland- und Weidewirtschaft verknüpft sind, ist auch die *Förderung der Haltung und Anzucht gefährdeter Nutztierarten* wichtig. Es gibt sie in nahezu allen deutschen Bundesländern. In Niedersachsen etwa das Schleswiger Kaltblutpferd oder die Gehörnten Heidschnucken, in Thüringen das Harzer Rothvieh oder die Vorderwälder und Hinterwälder Rinder in Baden-Württemberg.

Eine Besonderheit der Wiesenförderung sind *Grünlandstreifenprogramme und die Ackerrandstreifenprogramme mit Stilllegungscharakter.* Bei letzteren werden Ackerrandstreifen als Grünflächen gepflegt und nicht mehr gespritzt und gedüngt. Auch viele Kommunen haben frühzeitig eigene Programme, die der Erhaltung der Umwelt und Förderung von Grünland dienen, ins Leben gerufen. Gefördert werden außerdem *Demonstrationsvorhaben* oder *Maßnahmen der beruflichen Bildung* die mit den Schutzzielen übereinstimmen. Information über aktuelle Förderprogramme sind bei den jeweiligen Landwirtschaftsämtern und den Naturschutzbehörden in den Landkreisen erhältlich.

Befinden sich schützenswerte Grünlandflächen in ausgewiesenen Bereichen, etwa nach der Fauna-, Flora-, Habitatrichtlinie der Europäischen Union in einem Biosphärenreservat, in einem Nationalpark, in einem Naturpark oder in einem Landschaftsschutz- oder Naturschutzgebiet, so besteht die Chance, dass

Die Aktion

Katalog der Kennarten für artenreiches Grünland (mit ökologischen Wertzahlen)

Deutscher Name	Wissenschaftlicher Name	Blütenfarbe	Blühzeit	Typ	W	M	F	R	N
Margerite	*Chrysanthemum leucanthemum*	Weiß	5–10	1, 2, 3	2	6	4	×	3
Bocksbart	*Tragopogon* spec.	Gelb	5–7	1, 2, 3	4	6	4	7	6
Acker-Witwenblume	*Knautia arvensis*	Blau	5–7	1, 2, 3	2	5	4	×	4
Klappertopf	*Rhinanthus* spec.	Gelb	5–9	2, 3	–1	4		×	3
Wiesen-Salbei	*Salvia pratensis*	Blau	4–8	2	2	5	3	8	4
Glockenblumen	*Campanula* spec.	Blau	5–9	1, 2, 3	3	5	5	×	5
Storchschnabel	*Geranium* spec.	Blau/lila	5–8	1, 2, 3	2	5	5	×	7
Rotklee	*Trifolium pratense*	Rot	6–9	1, 3	7	7	5	×	×
Flockenblumen	*Centaurea* spec.	Blau/lila	6–9	2, 3, 4	3	4	5	×	4
Teufelskralle	*Phyteuma* spec.	Blau/weiß	5–7	3, 4	5	4	5	×	5
Bärwurz	*Meum athamanticum*	Weiß	5–6	4	3	5	5	3	3
Tag-Lichtnelke	*Silene dioica*	Rot	4–9	1, 5	3	5	6	7	8
Wiesen-Pippau	*Crepis biennis, C. mollis*	Gelb	5–8	1, 3	4	5	6	×	5
Kohl-Kratzdistel	*Cirsium oleraceum*	Weiß/grün	6–9	5, 6	4	5	7	7	5
Großer Wiesenknopf	*Sanguisorba officinalis*	Rot	6–9	5, 6	5	5	6	×	5
Trollblume	*Trollius europaeus*	Gelb	5–6	6	–1	5	7	6	5
Wiesen-Schaumkraut	*Cardamine pratensis*	Weiß	4–5	5, 6	–1	6	6	×	×
Sumpf-Dotterblume	*Caltha palustris*	Gelb	4–6	6	–1	4	9	×	6
Wiesen-Knöterich	*Polygonum bistorta*	Rot/rosa	5–7	5, 6	4	6	7	5	5
Kuckucks-Lichtnelke	*Lychnis flos-cuculi*	Rot	5–7	5, 6	1	4	7	×	X
Bach-Nelkenwurz	*Geum rivale*	Rot/braun	4–7	5, 6	2	4	8	×	4
Augentrost	*Euphrasia rostk., E. stricta*	Weiß	5–10	7	–1	5	×	×	4
Flügel-Ginster	*Genista sagittalis*	Gelb	5–6	7	4	4	4	4	2
Blutwurz	*Potentilla erecta*	Gelb	6–8	7	2	3	×	×	2
Kreuzblumen	*Polygala* spec.	Blau/lila	5–8	4, 7	1	4	4	×	2
Feld-Thymian	*Thymus pulegioides*	Purpurrot	5–8	4, 7	1	4	3	×	1
Kleines Habichtskraut	*Hieracium pilosella*	Gelb	5–10	4, 7	2	4	4	×	2
Milch- und Ferkelkräuter	*Leont.* spec, *Hypoch.* radic.	Gelb	6–9	4, 7	5/1	5/7	5	4	4

Erläuterungen: Typ = Zugehörigkeit zu einem der 7 Grünlandtypen (siehe Briemle, 2000); W = Futterwertzahl (nach Klapp et al. 1953); M = Mahdverträglichkeitszahl (nach Briemle & Ellenberg 1994), F = Feuchtezahl, R = Reaktionszahl, N = Nährstoffzahl (nach Ellenberg et al. 1992); × = indifferentes ökologische Verhalten der Art. Aus praktischen Gründen (mangelnde Unterscheidbarkeit) werden Milchkraut und Ferkelkraut als eine „Art" betrachtet.

höhere Sätze als sonst üblich gewährt werden. Hier erteilen dieselben Stellen entsprechende Auskünfte.

Ein Umdenken in Richtung umweltverträgliche Landwirtschaft löste auch die so genannte BSE-Krise 2000/2001 aus. Hier wurde Agrarpolitikern und Verbrauchern schlagartig klar, welche Risiken eine Landwirtschaft heraufbeschwört, die sich aus natürlichen Kreisläufen ausklinkt und Umweltaspekte vernachlässigt. Wohl durch Verfüttern von infiziertem Tiermehl aus Abdeckereien an Wiederkäuer, die sich von Natur aus von Grasaufwuchs ernähren, wurde die Rinderwahnsinn (BSE) genannte tödliche Tierseuche verbreitet, die auch auf den Menschen übertragen werden kann. Die Verbraucher verzichteten auf den Verzehr von Rindfleisch, dessen Absatz um 70 Prozent zurückging. Anlass für die Europäische Gemeinschaft, aber auch für die deutschen Bundesländer, eine stärkere politische Weichenstellung zugunsten einer umwelt- und naturverträglichen Landbewirtschaftung vorzunehmen.

So haben verschiedene Beschlüsse dazu geführt, dass die gemeinsame Agrarumweltpolitik der Europäischen Union im Rahmen der Agenda 2000 weiterentwickelt wurde. So werden Finanzmittel aus der Markt- und Preispolitik zugunsten von Agrarumweltmaßnahmen umgeschichtet. Auch die europaweite Ausweisung von Flora-Fauna-Habitaten hat dazu geführt, dass in diesen Gebieten, die vorrangig der Erhaltung der biologischen Diversität dienen, Ausgleichszahlungen für naturschutzbezogene Bewirtschaftungsmaßnahmen erfolgen.

Dies gibt wieder Hoffnung für die Wiesenbiotope, ihre Lebensgemeinschaften und die an sie gebundenen Kulturlandschaften und damit für die Erhaltung eines bedeutsamen Teils unserer Heimat.

Neue Wege für uralte Wiesenkultur

Hinsichtlich des Erhalts von blumenreichen Wiesen beschreitet das Bundesland Baden-Württemberg seit dem Jahr 2000 einen neuen Weg: die Abkehr von einer maßnahmenorientierten Förderung und die Hinwendung zu einer erfolgsorientierten Honorierung ökologischer Leistungen. Erstmals in Deutschland ist es anhand eines Kataloges von nur 28 Wiesenblumenarten (siehe Tabelle links) möglich, auf einfache Art und Weise das extensiv genutzte Grünland anzusprechen und die Bauern für die Erzeugung blütenbunter Wiesen zu belohnen (2002 mit 50 Euro/ha). Die fortentwickelte Version des Programms „Marktentlastungs- und Kulturlandschaftsausgleich (MEKA)" honoriert also Wirtschaftsweisen, die „ökologisch messbar" sind. Ziel der Maßnahme ist es, extensiv bewirtschaftete, artenreiche, aber futterbaulich und ökonomisch geringerwertige Grünlandtypen in ihrem gegenwärtigen Umfang zu erhalten. Wiesentypen wie etwa die historisch überkommenen Glatthafer- und Goldhaferwiesen, Dotterblumen- und Trollblumenwiesen, aber auch Magerweiden, sind sowohl äußerst wertvolle Lebensräume als auch aus Sicht der Erholungssuchenden sehr attraktive Komponenten unserer Landschaft und haben letztlich eine hohe Bedeutung für Tourismusregionen. Außerdem können bunte Blumenwiesen nicht zuletzt auch einen wesentlichen Beitrag dazu leisten, das Ansehen der Landwirtschaft in den Augen der Öffentlichkeit zu erhöhen. Über welche Bewirtschaftung der Landwirt dieses ökologische Ziel erreicht, wird mit diesem Programm zweitrangig. Lediglich der Erfolg zählt! Damit wird auch der leidigen Diskussion ausgewichen, welche Düngungsbeschränkungen beispielsweise vonnöten sind, wann der erste Schritt zu erfolgen hat oder ob eine Herbstweide noch als Nutzung anzusehen ist oder nicht.
Mit der getroffenen Auswahl an Arten (siehe Tabelle links) sind die wesentlichen Elemente des *extensiv genutzten Grünlandes* geobotanisch abgedeckt. Es repräsentiert jene Pflanzengesellschaften, die in Baden-Württemberg zwischen dem Wirtschaftsgrünland einerseits und den so genannten „24 a-Grünlandbiotopen" also dem ausgesprochenen Naturschutz-Grünland andererseits stehen.

Wiesenschutzprogramme und Artenschutz

Eine Heimat für Wiesenvögel

Es ist das Verdienst privater Naturschutzorganisationen, insbesondere des Naturschutzbundes Deutschland (NABU), des Bundes für Natur- und Umweltschutz Deutschland (BUND), des Schweizer Vogelschutzbundes, des WWF Schweiz, des österreichischen Naturschutzbundes und vieler anderer, schon früh das Schutzbedürfnis des Extensivgrünlandes in das öffentliche Bewusstsein gerückt zu haben. Unzählige Naturbeobachtungen und Feldstudien erbrachten die notwendigen Informationen und Beweise für die Forderung nach politischem Handeln. Die Zusammenhänge zwischen Grünlandbewirtschaftung und Habitateignung für Wiesenvögel soll hier am Beispiel des Braunkehlchens aufgezeigt werden.

Die Bedeutung des Schnittzeitpunktes für die Grünlandfauna

Eine Frühmahd und die anschließende Mehrschnittnutzung bedeutet für viele Wiesentiere einen fast völligen Ausfall ihrer Lebens- und Fortpflanzungsmöglichkeiten. Noch vor 100 Jahren war laut Brehm's Tierleben (Ausgabe 1893) „das Braunkehlchen (…) in allen Ebenen Deutschlands und der benachbarten Länder sehr häufig (…). Wiesen, welche von Bächen durch-

Der Schnittzeitpunkt und die Einbringung des Heus ist für die Zukunft vieler Tierarten ganz entscheidend. Moderne, rationelle Futtergewinnung birgt die Gefahr in sich, dass viele Schmetterlingsarten keine Chancen mehr haben, weil sich die Raupen nicht mehr über das Puppenstadium zum fertigen Falter entwickeln können.

Die Aktion

Auch diese, aus Schottland stammende Rinderrasse, das Hochland-Rind, wird in verschiedenen Gebieten zur Landschaftspflege eingesetzt.

schnitten werden oder in der Nähe von anderen Gewässern liegen, an freies Feld oder an Waldungen grenzen und mit einzelnen niederen Gebüschen bestanden sind, bilden die beliebtesten Aufenthaltsorte der Braunkehlchen. Sie meiden die Öde und finden sich ausschließlich im bebauten Land (…)". Längst gilt diese Aussage nicht mehr, denn das Braunkehlchen wird in der Roten Liste der vom Aussterben bedrohten Arten geführt.

Drei Gründe sind für den Rückgang verantwortlich:
1. Früher war die erste Mahd nicht vor Anfang Juli. Das Braunkehlchen trifft als Zugvogel Anfang Mai bei uns ein, benötigt für den Nestbau 2–5 Tage, brütet seine Jungen in 12–13 Tagen aus und füttert diese nach dem Schlüpfen noch 17–19 Tage, bevor sie flügge sind. Es beendete sein Brutgeschäft als Bodenbrüter in der Wiese also noch rechtzeitig vor dem Heuschnitt. Heute erfolgt die erste Grünlandnutzung schon Mitte bis Ende Mai und die frischgeschlüpften Braunkehlchen fallen dem Mähwerk zum Opfer. So wurde z. B. beobachtet, dass von 129 Braunkehlchennestern in einer Wiesenlandschaft 72 vernichtet wurden, davon allein 40 durch zu frühzeitige Wiesennutzung.
2. Das Braunkehlchen ist ein Insektenfresser und bevorzugt Falter, Wiesenschnaken, Heuschrecken und Weichkäfer. Unter dem Schnittregime der altüberkommenen Glatthafer- und Goldhaferwiesen (zweischnittige Heuwiesen) haben sich spezielle Biozönosen herausgebildet, in denen diese Insektenarten noch vorhanden waren. Auf dem heutigen Intensivwiesen findet es kaum mehr solche Beute, da auch die Nahrungsgrundlagen dieser Insekten nicht mehr gegeben ist. Das Verschwinden des Braunkehlchens macht erst sichtbar, dass bereits vor ihm mehrere Heuschreckenarten, Falterarten und viele andere Insekten aus den Wiesen verschwunden sind, auf die das Braunkehlchen als Futter angewiesen ist.

Oben: Typische Bewohner intakter Magerwiesen: das farbenprächtige Blutströpfchen.
Links: Landschaftspflegemaßnahmen zur Erhaltung ökologisch wertvoller Halbtrockenrasen müssen sorgfältig geplant werden. Botanische Bestandsaufnahmen können Informationen liefern, ob solche Gebiete extensiv zu beweiden oder zu mähen sind.

Wiesen spielen eine bedeutende Rolle im internationalen Biotopverbund. Dies zeigen uns alljährlich die Störche, die sich immer wieder auf unseren Wiesen vor ihrem Flug in die Winterquartiere sammeln.

Überhaupt zeigt das Verschwinden einer Art, dass sich in einem Ökosystem etwas geändert hat. Das Verschwinden fällt uns jedoch meist zu spät oder gar nicht auf. Wenn aber Leitarten wie das Braunkehlchen bislang angestammte Lebensräume verlassen, bedeutet das für den Arten- und Biotopschutz und unsere Heimat höchste Alarmstufe.

3. Dieser Vogel erbeutet seine Nahrung mit unterschiedlichen Jagdstrategien. Nur auf frisch gemähten Wiesen sucht das Braunkehlchen am Boden nach Nahrung. Am allerhäufigsten fliegt es von einer Sitzwarte, die über die Wiese hinausragt, zwischen die Pflanzen und pickt dort von Blättern, Blüten oder dem Boden Insekten ab, oder es schnappt in der Luft nach fliegenden Insekten. Solche Sitzwarten können einzelne Bäume und Sträucher, aber auch große Dolden vom Bärenklau oder andere hohe Blütenstände sein. Eine 3–5-schürige Futterwiese hat aber keine solche Hochsitze für die Jagd des Braunkehlchens. Und in einer Landschaft ohne solche Hochsitze gründet das Braunkehlchen erst gar nicht im Frühjahr sein Revier. Ein Braunkehlchenrevier ist etwa 1–3 ha groß. Weil aber Braunkehlchenmännchen sich im Frühjahr am liebsten dort ansiedeln, wo in der Nähe schon andere Braunkehlchen singen, müssten zusammenhängende Flächen von mindestens 10–15 ha vorhanden sein.

Die Bedeutung des Schnittzeitpunktes für die Avifauna wird auch deutlich, wenn man sich die Brut- und Nestlingszeiten der übrigen wiesenbrütenden Vögel vergegenwärtigt. So kann beispielsweise der Kiebitz bereits Anfang März in Mitteleuropa eintreffen. Sein Brutgeschäft erstreckt sich in manchen Jahren bis Anfang Juni. Der Wachtelkönig, der in nicht zu trockenen, jedoch ausgedehnten Wiesenflächen vorkommt, beginnt mit der Fortpflanzung im Durchschnitt der Jahre erst Mitte Mai, und es können in seinem Habitat Jungvögel noch bis Ende August angetroffen werden. Im Übrigen sind die Auswirkungen des Mulchens auf die Tierwelt ähnlich zu beurteilen wie jene des Mähens mit Abtransport des Schnittgutes. Frühe Mulchtermine, wie sie aus floristischen Gründen, aber auch aus Gründen der Zersetzbarkeit der Streuschicht zu begrüßen sind, sind für viele Tiergruppen von Nachteil.

Fazit für die Fauna:

- Es gibt keine Pflege, die gleichzeitig allen Tierarten und allen Stadien derselben Art in optimaler Weise gerecht wird. Jede großflächig einheitliche Bewirtschaftung muss deshalb zwangsläufig eine Artenverarmung bei der Kleintierwelt zur Folge haben. Eine Vielfalt in der Bewirtschaftung bedeutet für die Fauna eine Vielfalt des Biotops.
- Die bisher ständig gesteigerte Intensität der Landnutzung gefährdete zahlreiche Tierarten. Extensiv oder überhaupt nicht bewirtschaftete Gründlandflächen stellen für solche Arten einen wichtigen Stützpunkt dar, sodass selbst Brachflächen diesbezüglich generell höher bewertet werden müssen als regelmäßig bewirtschaftete Flächen.
- Für die Tierwelt am günstigsten sind oft Übergangsstadien von Sukzessionen, die in dynamischer Weise vorherigen und nachfolgenden Tiergemeinschaften Lebensraum bieten.

Wiesenschutzprogramme zum Artenschutz

Eine große Anzahl von Vogelarten ist auf Feuchtwiesen und Dauergrünland sowie verwandte wiesenartige Biotope angewiesen. Eine Reihe ist sogar auf ganz besondere Biotoptypen spezialisiert. Einerseits als Nahrungsbiotop und als Brutbiotop zur Aufzucht der Jungen, andererseits als Trittsteinbiotop auf Wanderungen.

Mit der Abnahme der Wiesenflächen hängen auch die Bestandseinbrüche bei diesen Wiesenvögeln wie Storch, Wachtelkönig und Kiebitz zusammen. Zum Glück gibt es Projekte und Initiativen von Kommunen, Verbänden und Naturschutzbehörden, die konkret gegensteuern:

Beispiel Rheinstetten

Was nützt die idyllische Betrachtung von Feuchtwiesen, was nützt die Feststellung, dass sie eine überaus reichhaltige Fauna und Flora beherbergen, wenn andererseits die ökonomischen Rahmenbedingungen – insbesondere der EU-Agrarpolitik – das

Streuwiesen mit ihren charakteristischen Pflanzen wie der Sibirischen Schwertlilie sind nur noch durch spezielle Pflege im Rahmen von Naturschutzprogrammen zu erhalten.

Feuchtgrünland immer weiter zurückdrängen? Lamentieren nützt jedoch genauso wenig wie tatenloses Zusehen beim Verschwinden natürlicher sowie durch das Wirtschaften entstandener Grünlandtypen. Dass es sogar möglich ist, neues Dauer-Feuchtgrünland zu schaffen, dieses in eine Biotopverbundprogramm einzubeziehen und gleichzeitig den Lebens- und Erlebniswert einer Landschaft zu steigern, zeigt das Beispiel der Stadt Rheinstetten. Die Stadt Rheinstetten mit den Ortsteilen Forchheim, Mörsch und Neuburgweier wurde im Zuge der Gemeindereform 1975 gebildet. Sie ist mit über 20 000 Einwohnern eine der größten Landgemeinden in Baden-Württemberg. Rheinstetten liegt teils auf der Hoch- und Niederterrasse des Rheintales an der Bundesstraße zwischen Karlsruhe und Rastatt.

Bürgermeister, Stadtrat und der für Tiefbau in der Stadt zuständige Ingenieur Peter Zortea zeigten sich zukunftsorientiert und setzten sich zum Ziel, die einstige ökologische Vielfalt der Gemarkung durch ein umfangreiches Wiesenmanagement wiederherzustellen. Dies war auch bitter nötig, denn die bebaute Fläche der heutigen Stadtgemarkung ist von 0,8 Prozent im Jahr 1902 auf 7,5 Prozent, also um mehr als 900 Prozent gestiegen und ist mittlerweile noch um einiges größer.

Das war nur möglich, indem Acker- und Dauergrünland bzw.

unbebautes Land zu Bauland umgewandelt wurde. Waren es 1965 noch 348 Hektar Dauergrünland, so hatte sich diese Fläche bis 1980 auf 98 Hektar, also um über 72 Prozent, reduziert. Diese Entwicklung ist untrennbar mit dem Viehbestand verbunden: 1950 = 1078 Rinder, 1970 = 218 Rinder. Die Tendenz geht heute auf null zu!

Aber damit nicht genug: Rheinstetten grenzt unmittelbar an die Großstadt Karlsruhe. Der ohnehin vorhandene Druck auf Wohnraum und Naherholungslandschaft wird dadurch noch verstärkt. Die Freizeitaktivitäten wie Tennis, Fußball, Motorball und vieles mehr produzieren immer mehr Ansprüche auf das noch vorhandene Landschaftskapital. Die Reiter brauchen für ihre Pferde wenigstens noch gutes Heu und sind für manchen Bauern wegen der Einstellplätze noch ein attraktives Zusatzeinkommen. Doch das nützte alleine wenig: denn astronomische Baulandpreise brechen fast jeden Bebauungswiderstand.

Um diesem Trend eine konkrete nachhaltige Entwicklung entgegenzusetzen, nahm man den wohl attraktivsten „Feuchtwiesen-Vogel" Mitteleuropas – den Weißstorch – als Leitfigur, um im Rahmen des Artenschutzprogramms des Landes Baden-Württemberg den Gedanken des Naturschutzes und der Landschaftspflege kommunal zu verankern und umzusetzen.

Ziele der zwischen 1984 und 2002 schon umgesetzten Maßnahmen.

- Über den Weißstorch mehr Verständnis in allen Kreisen der Stadt für Natur und Landschaft zu wecken.
- Die kommunalpolitische Einsicht und Umsetzung in Sachen Landschaftsschutz zu fördern und festigen.
- Durch die (Wieder-)Umwandlung von Ackerflächen in extensiv genutztes Grünland Natur- und Trinkwasserschutz zu verbinden.

Um also den in der Stadt zuvor ausgestorbenen Störchen wieder einen Lebensraum zu bieten, musste eine weiträumige Wiesenlandschaft mit eingestreuten Feuchtgebieten wiederhergestellt werden:

- Mithilfe eines Extensivierungsprogramms des Landes wurden über 100 Hektar Ackerlandfläche aus der Bewirtschaftung herausgenommen; 70 Prozent davon wurden als extensives Grünland entwickelt. Auf eine Einsaat wurde verzichtet, um die naturnahe eigene Entwicklung der Wiesenvegetation zu ermöglichen.
- Auch die Landwirte wurden und werden in alle Maßnahmen integriert. Die Existenzgrundlage soll gewährleistet bleiben oder verbessert werden. Die Bauern werden, wo immer möglich, in Rheinstetten in die Landschaftspflege eingebunden und, wenn nicht mit den Extensivierungs-Entschädigungen des Landes abgedeckt, nach den Maschinenringsätzen von der Stadt bezahlt.
- Der Zeitpunkt der Mahd des zu extensivierenden Geländes wird von der Stadt mit den Landwirten zusammen festgelegt.
- Ein großer Teil des Schnittgutes wird als Heu für Pferde und teilweise für Rinder verwertet. Hier arbeitet man mit einem Landschaftspflegebetrieb zusammen, der auch vermarktet. Mittlerweile sind dies immerhin mehr als 4500 Hochdruckballen und mehr als 1000 Rundballen mit 1,5 Metern Durchmesser. Das Mähgut wird also nicht entsorgt, sondern im Sinne der Nutzung von Landschaft verwertet.
- Mit dem finanziellen Ertrag der Vermarktungsaktionen reduzieren sich für die Stadt die Kosten notwendiger Wiesenpflege und es werden dennoch Landwirte beschäftigt.

Durch das Engagement der Stadt Rheinstetten in Verbindung mit den Landwirten und den Natur- und Umweltschutzorganisationen sowie der staatlichen Naturschutzverwaltung sind mittlerweile die Störche als Brutvögel wieder zurückgekehrt. Insgesamt umfasst das angelegte Wiesenschutzprogramm mit Schwerpunkt Feuchtwiesenschutz in Rheinstetten fast 90 Hektar Dauergrünland. Von der Stiftung Europäisches Naturerbe (Euronatur) wurde die Stadt für diese Verdienste um den Feuchtwiesenschutz als vorbildliche „Storchengemeinde" ausgezeichnet.

Beispiel Bremer Wesermarsch

Immer mehr ging der Feuchtwiesenbestand rings um die Großstadt Bremen zurück. Der Förderverein Vogelschutz im Bremer Becken e.V., zahlreiche Umweltverbände wie BUND, NABU und landwirtschaftliche Organisationen verwirklichen – u. a. mit Unterstützung der Umweltstiftung Euronatur und Förderung durch die Allianz-Stiftung – ein Projekt, das einen Feuchtwiesenring um Bremen sichern und wiederherstellen will.

Ziele:

- Schutz vorhandener Feuchtwiesen
- Wiederherstellung überschwemmter Auenbiotope
- Entwicklung eines Naturerlebnisraumes, damit der Lebensraum Feuchtwiese einer größeren Zahl von Menschen bekannt wird.
- Förderung der extensiven Wiesen-Landwirtschaft
- Schutz vor Zersiedelung

Schritt für Schritt werden die Maßnahmen umgesetzt. Einiges konnte schon erreicht, anderes neu begonnen werden:

1. Ziel: Naturerlebnis und Erholung

Der Brokhuchtinger Raum eignet sich hervorragend, Naturbewahrung und Naturerholung gemeinsam zu realisieren. Im Zuge von ökologischen Ausgleichsmaßnahmen für den Bau des Güterverkehrszentrums gestaltet, ist das heutige 370 Hektar große Naturschutzgebiet Brut- bzw. Rastplatz für Arten wie Singschwan, Löffelente, Kampfläufer und Tüpfelsumpfhuhn. Die jeweiligen Lebensräume, darunter Überflutungspolder,

Die Aktion

Durch den Rückgang extensiv genutzter Feuchtwiesen sind die Kiebitze zunehmend in ihrem Bestand bedroht.

Nasswiesenbereiche, Feuchtbrachen, Gewässer und Auengehölze bieten die Möglichkeit, Wanderwege, Beobachtungseinrichtungen und Informationstafeln so einzurichten, dass empfindliche Tierarten ungestört bleiben. Der „Vogelkieker" ist der erste Schritt in diese Richtung. Auszubildende des Daimler-Chrysler-Werkes Bremen haben ihn zusammen mit dem Förderverein entworfen und gebaut und so einen Aussichtspunkt geschaffen, der schon vielen Bremern einen eindrucksvollen Blick auf die Feuchtwiesen, die riesigen Zugvogelschwärme und die überall versteckten Wiesenbrüter gegeben hat.

2. Ziel: Naturschutz und Landwirtschaft

Das am linken Weserufer gelegene zentrale Niedervieland wird von den Marschbauern auch heute noch sehr extensiv und damit ganz im Sinne der dort ausgeprägten Wiesen- und Grabenbiotope bewirtschaftet. Auf den feuchten Weiden grasen im Sommer, wenn Kiebitze und Rotschenkel ihre Brutsaison erfolgreich abgeschlossen haben, Rinder und Kühe. Im Juli oder August werden schließlich die bunten Seggen- und Heublumenwiesen gemäht. Eine naturschonende Grabenpflege garantiert seit Generationen das Überleben der seltenen Krebsschere und aller Libellenarten, die auf diese Wasserpflanze spezialisiert sind.

Allerdings ist es gerade die Erhaltung des Grabensystems, das die Bauern viel Zeit und Mühe kostet – was sich immer weniger rechnet.

Die Erhaltung dieser Lebensräume ist angesichts drohender großflächiger Landschaftseingriffe und einer im wirtschaftlichen Abseits stehenden kleinbäuerlichen Landwirtschaft ein Wettlauf mit der Zeit. Nur wenn sich eine flächenschonende Stadtentwicklung einfordern und die Existenzfähigkeit der Landwirte erreichen lässt, hat das Niedervieland eine Perspektive.

Zusammen mit den Landwirten soll ferner ein Konzept entwickelt werden, das ihnen ein ausreichendes Einkommen ermöglicht und gleichzeitig die feuchten Gräben langfristig erhält, sodass auf den Wiesen im Sommer weiter Rinder grasen, Blaukehlchen brüten und Störche auf Nahrungssuche gehen können. Eine wichtige Rolle spielt bei diesem Konzept die Vermarktung der landwirtschaftlichen Produkte – leckere Milch, Eier und gesundes Fleisch von artgerecht gehaltenen Tieren, um nur ein paar Beispiele zu nennen.

Beispiel Rühstädt

An der Elbe, nur jeweils 100 Kilometer von den Ballungszentren Hamburg und Berlin entfernt, vollzieht sich alljährlich im Frühling und Herbst ein besonderes Schauspiel: Ketten schnatternder Gänse überfliegen die verträumten Ortschaften, Schwäne und Enten rasten zu Tausenden in der breiten Flusstalaue und beleben die ansonsten stille Landschaft. Sie sind unterwegs auf dem jährlichen Pendelflug zwischen ihren nordischen Brutplätzen und den atlantischen Winterquartieren. An der „unteren Mittelelbe", wie dieser Abschnitt der 1144 Kilometer langen Stromes geographisch korrekt heißt, leben noch Großvögel wie Storch, Seeadler und Kranich, aber auch Tiere wie Biber, Fischotter und Rotbauchunke.

Die Natur hat von der einstigen innerdeutschen Grenze profitiert. Die unterbrochenen Verkehrsverbindungen und die Lage am Rande der jeweiligen Wirtschaftszentren haben beiderseits des Stromes einen Natur- und Kulturraum von unerwarteter Schönheit und Unberührtheit bewahrt. Die unüberwindbare Grenze engte hier die lebensraumvernichtenden Handlungen des Menschen über Jahrzehnte ein und ermöglichte das Überleben von Tieren und Pflanzen ursprünglicher Flussauen. Erst mit Öffnung des Eisernen Vorhanges wurde deutlich, welche grüne Mitgift der Osten in das gemeinsame Naturerbe eingebracht hat. Besonders signifikant ist das Feuchtgrünland entlang des östlichen Elbufers. Vor allem rings um Rühstädt – 15 Kilometer östlich von Wittenberge – blieb weitflächig und eher extensiv genutztes Feuchtgrünland erhalten. Eine reiche Nahrungsbasis für den Weißstorch, eine Symbolart für das Feuchtgrünland, die jetzt in Rühstädt mit rund 35 Paaren brütet. Frösche, Molche, Fische, Mäuse, Schlangen, Regenwürmer, Käfer, Schnecken und Heuschrecken: die Feuchtwiesen und das frische Grünland bieten den Störchen einen breiten Speisezettel. Die Bedeutung periodisch nasser Feuchtwiesenareale als Nahrungsraum für die Störche wurde von der Biologin Krista Dziewiagy untersucht. Von rund 2500 nahrungssuchenden Störchen, die in einer Brutperiode während über 500 Stunden Freilandarbeit beobachtet wurden, hielten sich rund 90 Prozent im Elbtal auf. Dort spielen nicht nur Qualmwasserzonen und feuchtgrüne Ländereien an der Binnenseite der Deiche mit ihrer Vielzahl an Kleingewässern eine Rolle, sondern auch die beweideten oder als Mähwiese genutzten Weidendeichvorländer der Elbe. Es zeigte sich jedoch auch, dass der Zustand und der Artenreichtum der unmittelbar an die Dörfer angrenzenden Wiesen eine wichtige Rolle als Nahrungshabitat für Störche einnehmen. Nachdem man sich intensiv dem Thema Storch und Feuchtgrünland angenommen hat, wurde die Gemeinde durch die Umweltstiftung Euronatur als europäisches Storchendorf ausgezeichnet. Heute ist der Bereich um Rühstädt Teil des brandenburgischen Naturparks „Elbtalaue".

Soll das reiche Natur- und Kulturerbe des Feuchtgrünlands als Lebens- und Erlebensraum erhalten bleiben, gilt es, Bauern, die noch Feuchtgrünland bewirtschaften oder Bewirtschaftungen wieder aufnehmen, zu unterstützen.

Blumenbunte Wiesen neu entstehen lassen? – Ansaat von Extensivwiesen und Saumbiotopen

Blumenreiche Futterwiesen

Die Bemühungen, aus Fettwiesen und -weiden durch Extensivierung der Bewirtschaftung, also durch Verschiebung des Nutzungszeitpunktes und Reduzierung oder gar Einstellung der Düngung, wieder artenreichere Grünlandtypen zu erzeugen, können sehr langwierig sein. Sind keinerlei Pflanzen (z. B. Magerkeitszeiger) mehr aus zurückliegenden, extensiveren Grünlandepochen im Pflanzenbestand vorhanden, ist eine Artenzunahme in den ersten 5–10 Jahren nicht zu erwarten.

Durch gezielte Ansaat von Kräutern kann aber der ökologische Wert (manchmal auch der Futterwert) von Grünlandbeständen durchaus erhöht werden. Aus verschiedenen Gründen bereitet es jedoch einige Probleme, die erwünschten Kräuterarten auf der Fläche einzubringen und einen Pflanzenbestand mit der angestrebten botanischen Zusammensetzung zu erhalten. Zunächst einmal sind die Standortbedingungen zu berücksichtigen. Für feuchte Böden kommen nur Arten infrage, die ihren natürlichen Wuchsort in der Feucht- und Nasswiese haben, für trockene ist auf das Arteninventar von Halbtrocken- und Tro-

Links: Selbst früher häufige Insekten der Trocken- und Halbtrockenrasen – wie das Blutströpfchen – werden durch die Lebensraumveränderungen immer seltener.
Unten: Solche blumenbunten Wiesen sind das Ergebnis jahrzehntelanger Arbeit des Bauern, der mit Sense, Mähbalken und Stallmist letztlich diesen Teil unserer Kulturlandschaft geschaffen hat.

Die Aktion

ckenrasen zurückzugreifen. Um Florenverfälschung zu vermeiden, sollte das Saatgut außerdem aus der heimischen Vegetation kommen. Während für frisches Grünland eine gewisse Auswahl an blütenreichen Grünlandkräutern möglich ist, gibt es für feuchtes Grünland nur eine sehr beschränkte Anzahl von Arten. Meist ist deren Samen ausgesprochen teuer (das Kilogramm für 250 bis 500 Euro; zum Vergleich: Hornschotenklee 7,50 Euro/kg). Da die Etablierung außerdem schwierig ist, sollte auf diese Kräuter nur bei günstigen Preisen (sie schwanken stark) und sicheren Einbringungsmöglichkeiten zurückgegriffen werden.

Ferner ist da die Frage der Saatgutverfügbarkeit. Während in den zurückliegenden Jahrzehnten nur wenige einheimische und ausdauernde Kräuter zur Verfügung standen, hat sich der Markt jetzt wieder belebt. Hauptsächlich werden jedoch Arten angeboten, die mehr für Landschaftsrasen als zur Futternutzung in der Landwirtschaft geeignet sind. Angebotsmenge, Preise, Reinheit und Keimfähigkeit sind nicht mit landwirtschaftlichem oder gärtnerischem Saatgut vergleichbar, das in seiner Qualität dem Saatgutverkehrsgesetz entsprechen muss. Leider wird häufig altes, kaum keimfähiges Saatgut angeboten.

Das Keimverhalten ist ebenfalls ein Risikofaktor. Keimbereitschaft und Keimzeit sind bei den Kräutern noch unterschiedlicher als beim üblichen landwirtschaftlichen Saatgut. Die Keimbedingungen sind auch noch nicht bei allen Arten bekannt. Einige Kräuterarten haben eine sehr lange Keimdauer, die sich sogar über Jahre hinziehen kann, einige brauchen Wechseltemperatur, andere sogar Frost.

Unter Feldbedingungen ist die Keimfähigkeit wesentlich geringer als auf Filtrierpapier im Gewächshaus. Eine Bodenbedeckung bei der Aussaat minimiert im Allgemeinen den Ausfall bei der Keimung. Die Bodenabdeckung sollte aber 0,5–1 cm nicht überschreiten. Sowohl bei Blanksaat als auch bei Nachsaat liegen die Keimprozente im Freiland etwa zwischen 10 und 30. Da die meisten Kräuterarten konkurrenzschwach sind, müssen unterstützende Pflegemaßnahmen zur Etablierung der jungen Keimpflanzen ergriffen werden, wie z. B. Reinigungsschnitt oder Vielschnitt.

Auch die Ansaatmethode ist wichtig. Bei Neuansaaten können getrennte Aussaattermine nützlich sein, um den konkurrenzschwachen Arten einen Wachstumsvorsprung zu geben. Die Kräuter werden 14 Tage vor dem (ebenfalls konkurrenzschwachen) Gras eingesät. Wichtig sind in diesem Zusammenhang verdrängungsstarke Gräser wie Deutsches Weidelgras und Glatthafer nicht oder nur in geringen Anteilen mit anzusäen. Werden höhere Krautanteile angestrebt, sollte der Gräseranteil insgesamt gering gehalten werden. Bei mehr als 50 Prozent Gräser-Gewichtsanteil sind die meisten Kräuter im Wettbewerb unterlegen. Bei Nachsaaten ist es sehr wichtig, die Altnarbe zu verletzen! Je stärker die Narbenverletzung ist, desto größer ist auch die Chance für die einzubringenden Kräuter.

Die Schweizer Arbeitsgemeinschaft zur Förderung des Futterbaus (AGFF) bietet eine erprobte, preisgünstige Saatmischung für Glatthafer- und Goldhaferwiesen an. Sie setzt sich aus einer Klee-Gras-Grundmischung und einer Wiesenblumenmischung zusammen und versteht sich als Initialzündung für eine blütenreiche Heuwiese.

Klee-Gras-Grundmischung

Weißklee
Hornschotenklee
Knaulgras
Wiesenschwingel
Wiesenrispengras
Rotschwingel
Glatthafer
Goldhafer
Saatstärke 20 kg/ha

Wiesenblumen-Mischung

Wiesenglockenblume
Ackerwitwenblume
Wiesenbocksbart
Kuckucks-Lichtnelke
Margerite
Wiesenflockenblume
Wiesensalbei
Kümmel
Spitzwegerich
Skabiosen-Flockenblume
Tauben-Skabiose
Kleiner Wiesenknopf
Wilde Möhre
Rotklee
Saatstärke: 3 kg/ha

Bis solch artenreiche Wiesen enstanden sind, vergehen oft Jahre.

Die Zusammensetzung ist so gewählt, dass bei richtiger Pflege nach einiger Zeit artenreiche Glatthafer- oder Goldhaferwiesen entstehen können, wie sie früher als blumenreiche Heuwiesen weit verbreitet waren. Voraussetzung ist allerdings, dass die alte, artenarme Grasnarbe zerstört wird. Vor entsprechenden Maßnahmen muss äußerst sorgfältig abgewogen werden, wie sie sich auf Landschaftsbild und Artengefüge auswirken. Keinesfalls darf eine Einsaat dort erfolgen, wo andere schützenswerte Biotoptypen zerstört würden. Um auf kleinen Flächen möglichst schnell viele Blumen zu haben, muss der Wiesenblumenanteil erhöht werden. Dies ist jedoch eine Preisfrage! Die meisten angesäten Kräuter blühen erst nach einer Überwinterung.

Kräuterbetonte Wiesen und Saumbiotope

In jüngerer Zeit bieten sowohl Naturschutzverbände als auch der Samenhandel Saatgut für spezielle Wildblumenwiesen an. Dabei handelt es sich um Mischungen mit einer Fülle von dekorativen Kräuterarten sowohl der Wiesen als auch der Ackerbegleitflora. Zu letzterer gehören besonders beliebte Arten wie Klatschmohn, Kornblume und Kornrade. Da diese Pflanzen aber einjährig und sehr schnittempfindlich sind, blühen sie höchstens im Ansaatjahr und verschwinden im zweiten Jahr schon wieder.

Also eine echte Wiese kann dadurch nicht entstehen. In öffentlichen Anlagen sind solche Elemente jedoch allemal besser als die langweiligen Einheitsrasen oder eine Alternative zu biologisch inaktiven Begonienbeeten. Die Universität Stuttgart hat einige kräuterreiche Saatmischungen für Saumbiotope und Extensivgrüngürtel zusammengestellt und erprobt, die sowohl auf die Bodenfeuchte als auch die Nährstoffverfügbarkeit Rücksicht nehmen. Die Mischungen sind für die Biotop-Neuanlage auf bisherigen Ackerstandorten konzipiert und haben für die meisten Ackerbaugebiete Süddeutschlands, Österreichs und der Schweiz mit mehr oder weniger guter Basenversorgung der Böden und bis zur Höhenstufe 800 m ü. NN Gültigkeit.

Folgende Mischungen wurden erprobt (nach Krebs, 1992):

Name	Artenzahl	Kräuteranteil (%)	Saatgutkosten (Euro/ha)
Fettwiese	23	40	2250,–
Magerwiese	24	40	2500,–
Ruderalgesellschaft	27	70	1500,–
Nährstoffliebende Saumges.	26	50	1500,–
Wärmeliebende Saumges.	30	50	2000,–
Hochstaudenflur	21	40	2300,–
Blütenreiche Extensivwiese	24	20	1000,–
Preiswerte Extensivwiese	24	10	500,–

Bezüglich der Artenzusammensetzung sei als Beispiel die „Blütenreiche Extensivwiese" herausgegriffen.

Pflanzenarten	Mischungs-Anteil in Gewichts-Prozent
a) Kräuter:	
Spitzwegerich (*Plantago lanceolata*), wild	4
Schafgarbe (*Achillea millefolium*), wild	3
Wiesen-Margerite (*Chrysanthemum leucanthemum*), wild	3
Hornschotenklee (*Lotus corniculatus*)	2
Wilde Möhre (*Daucus carota*)	2
Wiesen-Labkraut (*Galium mollugo*)	1
Sauerampfer (*Rumex acetosa*), wild	1
Wiesen-Bocksbart (*Tragopogon pratensis*)	1
Wiesen-Flockenblume (*Centaurea jacea*)	0,5
Acker-Witwenblume (*Knautia arvensis*)	0,5
Kleine Prunelle (*Prunella vulgaris*)	0,5
Wiesen-Pippau (*Crepis biennis*), wild	0,25
Wiesen-Platterbse (*Lathyrus pratensis*)	0,25
b) Gräser:	
Wiesenschwingel (*Festuca pratensis*), Sorte „Senu"	20
Kammgras (*Cynosurus cristatus*)	10
Goldhafer (*Trisetum flavescens*), Sorte „Trisett 51"	10
Wiesenrispe (*Poa pratensis*), Sorte „Erte"	10
Glatthafer (*Arrhenatherum elatius*), Sorte „Odenwälder"	5
Ruchgras (*Anthoxanthum odoratum*)	5
Rotschwingel (*Festuca rubra*), Sorte „Cascade"	5
Auf mäßig trockenen Standorten zusätzlich:	
Aufrechte Trespe (*Bromus erectus*)	10
Wiesen-Salbei (*Salvia pratensis*)	1
Auf mäßig frischen Standorten zusätzlich:	
Knaulgras (*Dactylis glomerata*), Sorte „Fala"	5
Deutsches Weidelgras (*Lolium perenne*), Sorte „Wendy"	5
Löwenzahn (*Taraxacum officinale*)	1
Auf mäßig feuchten Standorten zusätzlich:	
Wiesen-Fuchsschwanz (*Alopecurus pratensis*), Sorte „Alco"	5
Wolliges Honiggras (*Holcus lanatus*)	5
Kuckucks-Lichtnelke (*Lychnis flos-cuculi*)	1

Bei den Arten mit dem Zusatz „wild" gibt es auch Zuchtsorten für den Garten. Für die freie Landschaft sollte bei der Bestellung aber unbedingt die Wildform verlangt werden!

Aussaatmenge: 3 Gramm pro m^2 = 30 kg/ha

Nutzung/Pflege: Aufwuchs verfütterbar, Mahd 2–3-mal jährlich

Standort: Mäßig feuchte bis mäßig trockene Standorte

Zweck: Umwandlung von Ackerland in Grünland

Die Aktion

Damit aus Wiesentälern keine Ackertäler werden

Werden Wiesen umgepflügt, so wird dadurch eine vielfältige und komplexe Lebensgemeinschaft aus Pflanzen und Tieren vernichtet. Wollte man den alten Zustand etwa von Kleinseggenwiesen, Halbtrockenrasen oder bunten Glatthaferwiesen nach längerer Ackerphase wieder herstellen, so würde dies Jahrzehnte dauern bzw. wäre – was Moorböden betrifft – gar nicht mehr reversibel.

Neben dem Verlust der Tier- und Pflanzenarten finden auch Veränderungen im Boden statt. Durch die Belüftung oberster Bodenschichten wird der Humuskörper binnen 2–3 Jahren von den Mikroben zersetzt und mineralisiert. Mit der Zersetzung der organischen Substanz erfolgt auch eine Freisetzung des fixierten Stickstoffs (Eiweißverbindungen) und dessen Emission in die Atmosphäre oder ins Grundwasser. Der umgekehrte Vorgang, also der standorttypische Humusaufbau nach Neuaussaat von Grünland, dauert die 4fache Zeit!

In Hanglagen erhöht sich die Bodenerosion nach Wiesenumbruch ganz gewaltig, insbesondere wenn nachfolgend Hackfrüchte wie Mais oder Rüben angebaut werden.

In erosionsgefährdeten Bereichen wie Überschwemmungsgebieten ist deshalb der Wiesenumbruch generell untersagt bzw. genehmigungspflichtig. Dasselbe gilt auch für Wasserschutzgebiete wegen der Gefahr der Nitratauswaschung.

Gründe des Landschaftsschutzes wie Landschaftsbild, Naturschutz und Artenschutz rechtfertigen ebenfalls Umbruchverbote bzw. je nach Schutzstatus die Genehmigungspflicht. So hat der Landkreis Ludwigsburg bei zahlreichen Landschaftsschutzgebieten ein Wiesenumbruchverbot erlassen. Es soll sichergestellt werden, dass aus Wiesentälern nicht vollends Ackertäler werden.

Leider funktioniert die Überwachung solcher Rechtsgrundlagen nur unvollständig, und auch die Ahndung dieser Verstöße ist nicht so gestaltet, dass sie diese aus ökologischer Sicht negative Entwicklung stoppen könnte. Unter Hinweis auf die Sozialpflichtigkeit des Eigentums muss die Verpflichtung zum Erhalt eines funktionierenden Naturhaushaltes und der Abwendung von Schäden für die Allgemeinheit jedoch konsequent eingefordert werden.

Aufforstungsverbot

Ähnlich wie beim Wiesenumbruch stellt die Aufforstung einen nicht gutzumachenden Eingriff dar, der u. U. langsamer abläuft, da in die bestehenden Wiesen und Weiden gepflanzt wird, der aber in der Konsequenz ebenso zum Verschwinden des gesamten Lebensraumes des Grünlandes führt.

Durch die Beschattung verschwinden die lichthungrigen Wiesenpflanzen nach und nach und mit ihnen die an sie gebundene Fauna. Langfristig ändert sich der Bodenaufbau, sodass die ehemaligen Verhältnisse auch kurzfristig nicht mehr herstellbar sind, selbst wenn der Wald abgeholzt und wieder eine Wiese eingesät werden würde.

Je nach Baumart verändert sich das Bogengefüge und die Bodenreaktion entscheidend. Fichtenreinbestände versauern den Boden nachweislich durch die dicke Nadelstreuauflage. Tiefwurzler oder Flachwurzler erschließen die Bodenschichten ganz unterschiedlich. Werden Robinien angepflanzt, tragen diese als Stickstoffsammler zur Eutrophierung des Standorts bei. So gibt es noch viele andere Beispiele.

Die Wald- und Landeskulturgesetze verlangen deshalb eine vorherige Prüfung und Genehmigung, bevor Wiesen, Weiden oder sonstige landwirtschaftliche Flächen in Wald umgewandelt werden. Auch hier ist die Überwachung in der Regel unzureichend, so dass eine schleichende Aufforstung gerade in Problemgebieten nicht zu verhindern ist. Auch die vermeintlich kurzfristigen Erträge durch Christbaumkulturen rechtfertigen oft den Verlust des Grünlandes nicht. Auf die negativen Auswirkungen der Aufforstungen auf das Landschaftsbild und den Tourismus ist in diesem Zusammenhang ebenfalls hinzuweisen. Abhilfe kann nur eine konsequente Betreuung entsprechender Landschaften bringen. Diese muss einhergehen mit finanziellen Unterstützungen für die Aufrechterhaltung der landschaftsangepassten Pflege.

Trockenrasenpflege, aber wie?

Ziel sollte es immer sein, die ehemalige Nutzung wieder herzustellen. Wenn dies nicht möglich ist, dann sollte eine Managementform gefunden werden, die dieser doch sehr nahe kommt. Natürlich müssen hier auch Kompromisse eingegangen werden.

Nehmen wir das Beispiel der Trockenrasen, die ehemals mit Schafen beweidet wurden. Mit dem Nachlassen der Schäferei verbuschen diese Flächen und können schon nach Jahrzehnten wiederbewalden. Dann ist es für die Pflege oft zu spät, da die ursprünglichen Lebensgemeinschaften schon verschwunden sind und sich der Standort durch die Sukzession grundlegend verändert hat. Das Vegetationsmuster in den Ausgangszustand zurückzuführen, ist nur mit großem Aufwand und über längere Zeiträume erreichbar. Ob sich entsprechende Maßnahmen

Oben links: Wiesenfeuerfalter
Oben Mitte: Filigrane Momentaufnahme aus einer Frühsommerwiese: der Fruchtstand des Wiesenbocksbartes.
Oben rechts: Farbenprächtige Blattwanze
Unten links: Graureiher suchen nicht nur in Feuchtgebieten Fische, kleine Amphibien und Reptilien, sondern auch andere Nahrung wie Großinsekten in Wiesenbereichen.
Unten rechts: Knabenkraut

dann noch lohnen, ist in jedem Fall mit den Naturschutzbehörden abzustimmen.
Besser ist es jedenfalls, noch intakte Flächen einer dauerhaften, naturschutzorientierten Pflege zuzuführen. Ein Naturschutzverband kann, wenn die Flächen in öffentlicher Hand sind, einen Pflegevertrag mit der Gemeinde abschließen, oder wenn die Fläche in Privatbesitz ist, sie langfristig pachten. In jedem Fall soll der Verband, wenn er selbst die Kapazität nicht hat, eine langfristige Pflege sicherzustellen, versuchen, dass kommunale Pflegeprogramme eingerichtet werden oder darauf hinwirken, dass bestehende Pflegeprogramme auch umgesetzt werden.
Eine wichtige Voraussetzung bei der privaten Naturschutzarbeit ist, dass die schutzwürdigen Flächen in Biotopkartierungen erfasst, bekannt gemacht und unter gesetzlichen Schutz gestellt werden. Als zweiter Schritt müssen bei nahezu allen naturschutzrelevanten Flächen, die einer Sukzession unterliegen, Pflege- und Managementpläne entwickelt werden. Diese Pläne sagen aus, welche Pflegemaßnahmen zu welcher Zeit, wie und wie oft auszuführen sind, um dem Schutzzweck zu entsprechen.
Doch zurück zu den Trockenrasen und Heiden. Die Pflege ver-

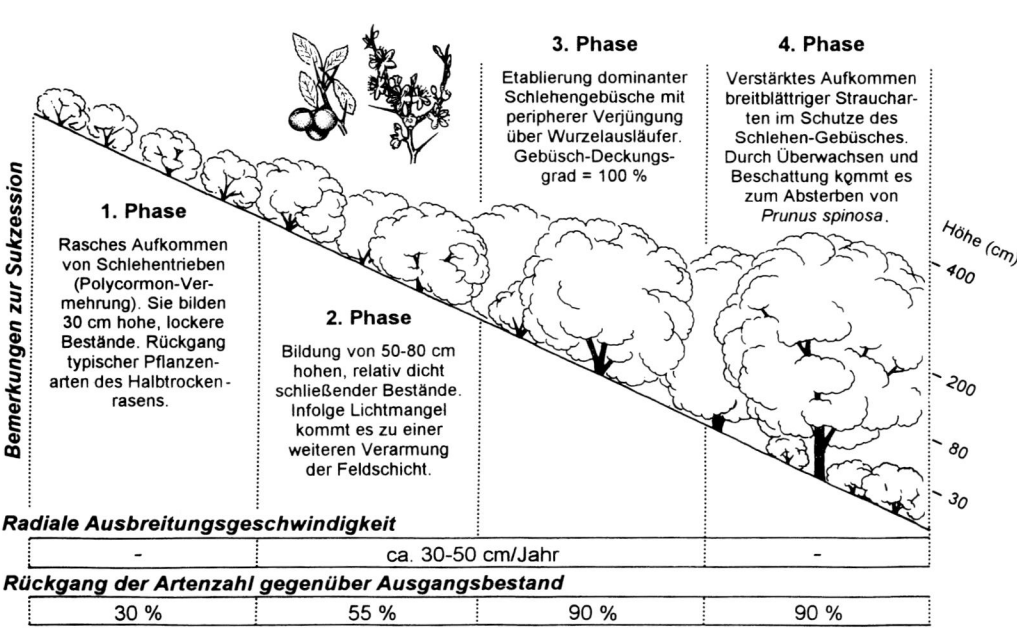

Phasen der Verbuschung aufgelassener Halbtrockenrasen mit Schlehdorn (Prunus spinosa)

lief bei den Modelleinsätzen wie folgt: Eine Gruppe von 20–30 Helfern mit einem oder zwei Leitern konnte im Durchschnitt eine Fläche von 1 Hektar pro Samstagvormittag pflegen. Der Einsatz wurde in der Vegetationsruhe, also im Spätherbst oder Vorfrühling durchgeführt. Dieser Zeitpunkt wird durch die Naturschutzbestimmungen vorgegeben, da vom 1. März bis zum 30. Oktober aus Gründen des Vogelschutzes keine Büsche oder Bäume entfernt werden dürfen. Allerdings sei darauf hingewiesen, dass dieser Pflegezeitpunkt mit der früheren Nutzungsform der Schafweide während der Vegetationszeit nichts mehr gemein hat. Es ist davon auszugehen, dass die typische Vegetation der Schafweide so nicht erhalten werden kann. Immerhin zeigte die Erfahrung, dass trotzdem eine ganze Reihe von Pflanzen- und Tierarten dieses Lebensraumes begünstigt und erhalten blieben, so etwa die Küchenschelle, Orchideenarten, Karthäusernelke u. a.

Nun wird der Trockenrasen, wenn er nicht schon mit dem Balkenmäher vorgemäht wurde, mit dem Freischneidegerät abgemäht. Letzteres wird vor allem im steilen und unwegsamen Gelände eingesetzt. Schon in der nächsten Vegetationsperiode ist ein Erfolg zu sehen, wenn wieder mehr Küchenschellen blühen oder plötzlich wieder Orchideen zu finden sind, die sonst im Schatten verkümmerten.

Besonders dann, wenn bereits ein Nährstoffeintrag in die Fläche erfolgt war, wird der Trockenrasen merklich artenreicher, nachdem er mit den Jahren spürbar ausgemagert ist. Ideal wäre es natürlich, wenn sich die Gemeinde bei größeren Heideflächen und Trockenrasengebieten einen amtlichen Schäfer leisten könnte wie die Stadt Markgröningen bei Stuttgart.

Werden die Trockenrasen gemäht, sollen sie zeitlich versetzt einer Mahd unterzogen werden, damit sich einzelne Pflanzenarten regenerieren können und Tierarten Gelegenheit haben, auf unberührte Flächen auszuweichen.

Bei großflächigen Trockenrasen sollen im Randbereich einzelne Busch- oder Baumgruppen stehen bleiben, um den Grenzlinienbewohnern Gelgenheit zur Ansiedlung zu geben. Auch in der Fläche können aus eben diesen Gründen einzelne Gehölze oder Buschgruppen erhalten bleiben, als Brutplatz und Sitzwarte für Vögel oder aus ästhetischen Erwägungen. Jedoch sollten es Gehölze sein, die nicht stark aussamen, langsam wachsen und keine Wurzelbrut bilden – etwa Wildrosen, Wacholder, Wolliger Schneeball, Weißdorn oder Schlehdorn.

Bei Pflegeeinsätzen, bei denen das Mähgut entfernt werden muss, also vor allem auf Trocken-, Halbtrocken und Magerrasen, stellt die Beseitigung oft ein Problem dar.

Empfohlen wird, das Material in der Nähe der gepflegten Flächen zu kompostieren oder auf angrenzenden landwirtschaftlichen Flächen als Mulchmaterial einzusetzen.

Insbesondere wenn es sich um eine Winterpflegemaßnahme handelt sind nämlich zahlreiche Tiere und ihre Überwinterungsformen wie Larven und Eier in und an den Stängeln zu finden, die dann noch die Chance haben, wieder in den angrenzenden angestammten Lebensraum zu gelangen.

So enthielten 30 Liter Trockenrasenschnittgut, das bei einer winterlichen Pflegeaktion entnommen wurde, 53 Tierarten mit insgesamt 148 Einzelindividuen.

Dass diese Arten und Individuen natürlich verloren sind, wenn das Material verbrannt oder weggefahren wird, liegt auf der Hand.

Vielen Privatinitiativen ist es zu verdanken, wenn heute wieder Heiden, Weiden und Wiesenflächen neu entstanden sind und wieder genutzt werden. Zu nennen sind hier auch Vermarktungsprojekte, die gemeinsam mit Landwirten in Gang gesetzt wurden. Etwa die Vermarktung an Wiesenheu an Pferdeställe oder die Direktvermarktung von Milch oder Lammfleisch. Dabei ist die Erzeugung und Vermarktung von Milch an Wiesenschutzprogramme gekoppelt.

Trockenrasenschutz durch gezielte Landschaftspflege

Damit der Natur bei Pflegearbeiten in Trockenrasen, Halbtrockenrasen und Heideflächen nicht mehr geschadet als geholfen wird, müssen von den Helfern, Pflegetrupps und Naturschutzgruppen – wie auch bei anderen Maßnahmen des Biotopmanagements – folgende Punkte beachtet werden:

- Gründliche Bestandsaufnahme, um einen Überblick über gefährdete Tier- und Pflanzenarten des jeweiligen Gebietes zu erhalten.
- Informationen über die Entstehung des Gebietes, frühere Pflege, landschaftskulturelle und kulturhistorische Bedeutung sammeln.
- Sorgfältige Planung der Pflegemaßnahme. Vor allem Pflegeeingriffe möglichst nur in der kalten Jahreszeit. Bei verschiedenen Mähaktionen, die an warmen Spätsommer- bzw. Herbsttagen stattfanden, wurden nämlich versehentlich Schlingnattern und Eidechsen zermäht, weil sie sich noch nicht in den Ruhequartieren befanden und vor den schnellen Freischneidegeräten nicht rechtzeitig fliehen konnten.
- Rechtzeitige Absprache mit der zuständigen Naturschutzbehörde (Adresse ggf. über Gemeinde- oder Stadtverwaltung erfragen). Naturschutzbehören haben oft auch die Möglichkeit im Rahmen von Landschaftspflegeprogrammen finanzielle Unterstützung (Geräteanschaffung, Verpflegung der Teilnehmer, Fahrtkosten und Treibstoffkosten für Mähgeräte) zu gewähren.
- Einholung des Einverständnisses des Eigentümers bei Flächen, die nicht im öffentlichen Besitz sind.
- Bei öffentlichen Flächen: Information und entsprechende Absprache mit dem zuständigen Liegenschaftsamt.
- Information der jeweiligen Gemeinde- bzw. Stadtverwaltung. Möglichst eine Vertreterin oder einen Vertreter der jeweiligen Kommune zur Aktion einladen.
- Prüfen, ob Landwirte die Aktion mit Sachverstand und eventuell mit Geräten unterstützen könnten. Mit einzelnen Landwirten oder dem betreffenden Bauernverband Verbindung aufnehmen.
- Rechtzeitige Information der Öffentlichkeit, damit Pflegemaßnahmen nicht als negative Eingriffe in die Natur missverstanden werden.
- Dokumentation der Pflegemaßnahme.
- Öffentlichkeitsarbeit nach der Maßnahme.
- Erfolgskontrolle: Beobachtung des Gebiets in der Vegetationsperiode nach der Maßnahme. Fortführung der Inventarisierung des Artenspektrums.
- Frühzeitige Festlegung des erforderlichen Termins für die Folgepflege.
- Terminüberwachung.
- Wo entsprechende Flächen noch nicht als Naturdenkmale, Naturschutzgebiete, geschützte Grünbestände oder generell geschützte Biotope ausgewiesen sind, die Unterschutzstellung bei der zuständigen Naturschutzbehörde beantragen.

Städter helfen Bergwiesen

Ein Stallhase namens Mucki ist der beste Freund von Julia und Tobias Reuter, zwei Kindern aus einer Reihenhaussiedlung in einem Vorort von Berlin. Er ist ihre wichtigste Erfahrungsquelle im Umgang mit Tieren. Nur in den Ferien, wenn sie mit den Eltern ins Gebirge auf einen Bauernhof fahren, lernen sie auch noch andere Haustiere kennen. Das Futter für den Hasen besorgt der Vater der beiden aus einer nahegelegenen Zoohandlung.

Dort verlangt er ein balliertes Päckchen Wiesenheu von Bergwiesen. Als umweltbewusster Verbraucher weiß Herr Reuter, dass er mit diesem Kauf nicht nur die Gesundheit und das Wohlbefinden der Haustiere unterstützt, sondern dass er als städtischer Konsument damit auch den Bergbauern in den Alpen, ihrem Urlaubsgebiet, hilft. Dort gibt es nämlich noch blühende und duftende Bergwiesen, über denen Schmetterlinge gaukeln und in denen Grillen zirpen.

So bietet ein Heimtierfutterhersteller Wiesenheu an, das in der Schweiz, Österreich und auf der Schwäbischen Alb ohne Einsatz von Insektiziden natürlich gewonnen wird. Und so werden die Bergbauern, die ihr Heu von arten- und blütenreichen Alpenbergwiesen vermarkten, durch die Menschen in der Stadt unterstützt. Ohne dieses wirtschaftliche Interesse wären einige bunte Wiesen schon bald verbuscht und bewaldet.

Dieser Markt – in Deutschland umfasst er immerhin ein Wirtschaftsvolumen von 5 Milliarden Mark – könnte, wenn er in gezielte Projekte zur Förderung bedrohter Wiesenbiotope gelenkt würde, für manche bunte, artenreiche Wiese eine Überlebenschance darstellen.

Mit dem Futter, das aus einer Vielzahl verschiedener Gräser und Kräuter besteht, die ohne Einsatz von Pestiziden gewachsen sind, erhalten die Tiere alle lebenswichtigen Nährstoffe, Vitamine und Spurenelemente, die für ihre Gesundheit und ihr Wohlbefinden notwendig sind.

Viele Landwirte und Tierhalter, besonders die Pferdefreunde, wissen über den Futterwert artenreicher Blumenwiesen Bescheid. So wirkt sich das Zufüttern dieser abwechslungsreichen Gräser- und Kräutermischung bei den Kühen gesundheitsfördernd aus. Einen Tierarzt braucht man in der Tat dann seltener, weil die Ernährung der Tiere naturgemäßer ist. Einfühlsame Bauern sind davon überzeugt, dass auch die unter den Wiesenkräutern befindlichen Heilkräuter zur Gesundheit des Viehs beitragen. Auch die im Gras und den Stängeln enthaltenen Ballaststoffe wirken sich auf die Verdauung der Tiere günstig aus.

Dass das Heu von den Alpenwiesen dem Stallhasen gut schmeckt, haben die Stadtkinder aus Berlin schnell herausgefunden. So ist die Portion Heu bereits nach zwei bis drei Stunden weggefressen, während das Kraftfutter aus Körnern und Pellets noch unberührt im Futternapf liegt.

Immerhin gibt es in fast jedem Ort einen Kleintierzüchterverein. Früher waren die Halter von Kleintieren wie Hasen, Ziegen und Schafen auch wichtige Landschaftspfleger. Sie mähten Bahnböschungen, Acker- und Wiesenraine, um das Futter für ihre Tiere möglichst kostengünstig zu gewinnen. Schließlich handelte es sich dabei nicht um ein Hobby, wie es die Kleintierzucht heute häufig darstellt. Vielmehr wurden die Tiere zur Erweiterung des häuslichen Menüplans gehalten. Diese Flächen waren deshalb auch lange Grünland.

Heuwiese statt englischer Rasen?

Vielen Haus- und Gartenbesitzern ist ihr sorgsam gehätschelter Zierrasen lieb und wert geworden. Wurde er doch von den Herstellern der Dünger- und Pflanzenschutzmittel jahrzehntelang propagiert und bei Wettbewerben wie „Unser Dorf soll schöner werden" oder im Rahmen von Ortsverschönerungs- und Blumenschmuckwettbewerben mit höchsten Preisen ausgezeichnet – und dies soll nun alles nicht mehr gelten?

Sicher ist es nicht erstrebenswert, im Vorgarten eine Wildnis aufzuziehen, wie man sie von Schuttplätzen her kennt, oder einen Park gar nicht mehr zu pflegen und sich selbst zu überlassen. Viele Zeitgenossen sehen es als Anschläge auf die öffentliche Ordnung an, wenn Naturschützer für Toleranz gegenüber Wildkräutern plädieren und die Anlage von Wiesen fordern. Viele Gartenbesitzer sind aber einfach nur überfordert, da sie zu wenig Erfahrung haben und mit falschen Vorstellungen an die Sache herangehen.

So werden zum Beispiel häufig Samen von Blumenwiesen verkauft und die Schmetterlingswiese versprochen, ohne dass so etwas je dabei herauskommen kann. Sei es, dass das Ganze schief geht, weil es sich um Arten aus anderen Florengebieten wie etwa aus Italien, Spanien oder gar Afrika handelt, sei es, dass die Mischungen Ackerwildkräuter enthalten, die ganz und gar nicht in der Wiese zu Hause sind, gezüchtet wurden oder weil Ackerwildkräuter wie Mohn und Kornblume angeboten werden, die niemals in einer Wiese wachsen und schon nach dem ersten Mähen verschwunden sind. Oft fallen auch Gartenämter auf solchen Etikettenschwindel herein, weil zu wenig Wissen über natürliche Zusammenhänge vorhanden ist.

Ziel muss es sein, zu mehr Naturverständnis und zu mehr Toleranz gegenüber natürlichen Prozessen zu finden. Dass dies oft mit anerzogenem und oft übersteigertem Ordnungsempfinden kollidiert, ist dabei hinderlich. Zunächst sollten wir als Gartenbesitzer oder als Benutzer öffentlicher Anlagen unsere Einstellung überprüfen. Ist denn ein Gänseblümchen oder ein gelbblühender Löwenzahn im Rasen schlecht? Und sieht ein Blumenrasen, in dem diese Pflanzen in buntem Zusammenspiel mit Gundermann, Kriechendem Günsel oder Veilchen, Ehrenpreis oder Wegerich wachsen, nicht viel schöner und abwechslungsreicher aus als ein steriler grüner Teppich? Wenn wir noch wissen, dass wir mit diesen Pflanzen, ihren Blüten und Samen auch Vögel, Bienen, Schmetterlinge und Heuschrecken erhalten, haben wir schon einen kleinen Umweltschutzpreis verdient. Vollends erreichen wir die Weihen eines naturbewussten Gärtners, wenn wir diese Pflanzen gezielt fördern und sie aktiv in den Garten holen, mit dem Ziel, unseren Garten zu einem kleinen Naturparadies und einer Arche Noah für gefährdete Tiere und Pflanzen umzubauen.

Hierzu zählt, dass wir im Rasen Veilchen, Schlüsselblumen oder Schneeglöckchen erhalten, die sich dort eventuell selbst vermehren. Wenn wir uns dann noch entschließen, um einen Pulk Margeriten, der sich von selbst eingestellt hat, herumzumähen

Wiesenschutzprogramme und Artenschutz

Auch in kleinen Hausgärten gibt es durchaus genügend Möglichkeiten, wieder mehr Natur in die engere Umgebung heranzuholen. Sei es eine kleine Wiesenfläche oder auch nur eine Ecke, wo nicht so intensiv gemäht wird. Veilchen und Gänseblümchen können auch in einem Hausrasen wachsen, wenn der Eigentümer das zulässt.

und ihn bis zum Aussamen stehen zu lassen, ist schon viel erreicht. Wer den Platz für eine echte Wiese hat und wem die Anlage einer solchen gelingt, was höchstens gärtnerisches Können erfordert, der darf sich die Lorbeeren eines echten Naturgärtners aufsetzen. In jedem Fall sollten wir, wenn wir einen Garten kaufen, mieten oder erben, immer zuerst prüfen, ob dort nicht schon eine Naturwiese oder ein Blumenrasen ist, den es zu erhalten gilt. Dies sollten wir im allgemeinen öffentlichen Interesse tun, denn diese Flächen sind überall rar und bedürfen unserer Fürsorge.

Pflege des öffentlichen Grüns

In vielen Grünflächenämtern, Bauhöfen oder Straßenmeistereien hat sich unter dem Eindruck des Wandels der öffentlichen Meinung die Erkenntnis durchgesetzt, dass die Bürger nicht nur intensiv gepflegte und geschleckte Anlagen erwarten, sondern dass sie auch an den Natur- und Umweltschutz denken. So kann es heute schon passieren, dass aufgeregte Bürger bei ihrer Verwaltung anrufen und sich beschweren, wenn ein Arbeitstrupp mit der Giftspritze anrückt oder eine besonders schön blühende Wiese abgemäht werden soll. Im ersten Fall sicher berechtigt, denn auf Pestizide sollte jedes moderne Gartenamt verzichten. Im zweiten Fall tut er vielleicht seiner Verwaltung Unrecht. Denn es kann sein, dass sie ihren Parkrasen in einem weniger genutzten Bereich zur Mähwiese umfunktioniert hat und nur das macht, was der Bauer auch tut, wenn er seine Wiese nach alter Art und Weise nutzt. Er mäht sie dann ab, wenn sie gerade in schönster Blüte steht, nämlich Mitte Juni.

Es ist wichtig, die Bürger über Sinn und Zweck der Maßnahme aufzuklären. Überhaupt ist Aufklärung fast genau so wichtig wie das neue Umwelthandeln. Wurde zum Beispiel früher die Verkehrsinsel mit Unkrautvernichter abgespritzt und wird jetzt darauf verzichtet, so vermuten die Leute zunächst eine Nachlässigkeit der Verwaltung. Dass es sich um eine Umweltschutzmaßnahme handelt, sollte er deshalb aus dem Amtsblatt oder einer Hauswurfsendung erfahren.

Insgesamt ist allen Behörden und Verwaltungen, die Grünflächen betreuen zu empfehlen, ihre Pflegestandards unter Umweltschutzaspekten zu überdenken. Muss auf dem Bolzplatz Unkrautbekämpfung gegen krautige Pflanzen durchgeführt werden? Müssen die Rasenflächen um öffentliche Gebäude als Zierrasen gepflegt werden, reicht ein extensiverer Standard nicht aus? Ist die Düngung in dieser Menge notwendig? Wo lässt sich ein Blumenrasen oder eine Wiese entwickeln? Ist die Verpachtung an Schäfer und Landwirte mit Naturschutzauflagen möglich? Wo wachsen geschützte Pflanzen? Was muss unternommen werden, dass sie erhalten bleiben?

Pflegeverträge sind zu überarbeiten oder Firmen zu wechseln, wenn sie die entsprechenden Voraussetzungen nicht mitbringen. Wichtig ist auch, den umweltverträglichen Standard festzulegen. Leider ist er heute noch nicht in den Regelwerken oder Standardausschreibungen zu finden.

Der Stadtgärtner, Bauhofleiter oder Vorarbeiter muss sich auch hier weiterbilden, oder es muss bei der Einstellung auf entsprechende Kenntnisse und Erfahrungen geachtet werden. Die herkömmlichen Ausbildungen in diesen Berufsbereichen lassen Umwelt- und Naturschutzaspekte oft noch vermissen.

Die Anlage von Wiesen und ihre Mahd mit Abräumen des Mähguts ist in manchen Fällen auch mit Mehrkosten verbunden. Hier sind die Gemeindeparlamente zu überzeugen und die notwendigen Mittel einzustellen bzw. die nötigen Fördermittel aus den verschiedenen Förderprogrammen abzurufen.

Häufig sind Kosten und die Wahl des Maschineneinsatzes mit der Nutzung und den Zielen des Naturschutzes abzuwägen. In jedem Fall wird empfohlen, dem Umwelt- und Naturschutz einen höheren Rang einzuräumen. Die Gemeinde kann eigene Förderprogramme zum Naturschutz für ihre Bürger auflegen. Empfohlen sei die Einrichtung eines Naturschutzfonds, aus dem solche Maßnahmen bezuschusst werden können.

Hier noch einige praktische Empfehlungen: Wo möglich, sollte die Mähfrequenz vermindert oder zu einer wiesenähnlichen Pflege gefunden werden. Das ein- bis zweimalige Mähen im Juni oder September wäre in vielen Fällen ideal, einschließlich Abräumen des Mähgutes, wobei es kompostiert werden sollte, wenn keine andere Nutzung (z. B. Stalleinstreu oder als Futter für Zootiere, Hochlandrinder usw.) gefunden werden kann.

Auch die Wahl der Mähgeräte hat auf den Pflanzenbestand und die Wiesenlebensräume eine gewisse Auswirkung. Ganz abzulehnen sind Mulcher, die Pflanzen- und Tierarten zerhackstücken und die Reste vollends absaugen. Diese Geräte, die vor allem von Straßenmeistereien eingesetzt werden, hinterlassen Wüsteneien. Besser ist der Balkenmäher oder der Messerbalken, der das Gras scherenartig schneidet. Auf ebenen, häufiger gemähten Flächen sind Spindelmäher, Sichelmähern vorzuziehen. Der Mähvorgang mit den Spindeln ist schonender. Je nach Pflegeerfordernissen und Pflanzenbestand muss mehrmals pro Jahr gemäht und abgeräumt werden, um Flächen zu vermagern. Andere Flächen sollten nur gelegentlich gemäht werden. Je nach Pflanzen- oder Tierbestand sind bestimmte Mähzeitpunkte einzuhalten. Hier können private Umweltverbände oder Naturschutzverwaltungen oft weiterhelfen. Auch kann es sinnvoll sein, sich Pflegekonzepte von Fachleuten des Naturschutzes erstellen zu lassen. Ansprechstellen sind hierfür die Unteren Naturschutzbehörden, die Naturschutzverbände und erfahrene Landschaftsarchitekten.

Wie können die Wiesen und Weiden als wesentliche Elemente der Kulturlandschaft erhalten werden?

Die Karlsruher Grünland-Erklärung

Auf Einladung der Akademie für Natur- und Umweltschutz Baden-Württemberg trafen sich im März 1993 in Karlsruhe Ökologen, Landschaftsplaner, Naturschutzpraktiker, Landwirte und andere mit Fragen des Biotopschutzes befasste Personen zum 2. baden-württembergischen Biotopschutzkongress. Unter dem Tagungstitel „Grünland in roten Zahlen?" beschäftigten sich die Teilnehmer mit den Problemen des Grünlandschwundes und dem damit verbundenen Aussterbens vieler auf Wiesen, Weiden und andere Grünlandstrukturen angewiesenen Tiere und Pflanzen. Als Resolution wurde die Karlsruher Grünlanderklärung erarbeitet und verabschiedet. Sie fasst erforderliche Schutz- und Pflegemaßnahmen ebenso zusammen wie die auf politischer Ebene erforderliche Änderung von Rahmenbedingungen.

1. Wiesen und Weiden stellen ein altes Natur- und Kulturgut der Menschheit dar. Die Bewahrung dieses Lebens- und Wirtschaftsraumes ist eine kulturelle Aufgabe für heute und morgen.

2. Grünland ist ebenso wie der Wald eine Nutzungsform, mit der die Ziele des Naturschutzes, wie sie in § 1 Bundesnaturschutzgesetz (BNatSchG) formuliert sind, erreicht werden können. Ebenso trägt Grünland dazu bei, die Ziele des Wasserhaushaltsgesetzes (WHG) zu erfüllen.

3. Grünland mit seinen etwa 300 verschiedenen Ausprägungsformen bietet verschiedene Wohlfahrtswirkungen, die der Allgemeinheit durch die standortverträgliche Bewirtschaftung und die Arbeit der Landwirte zugute kommen. Grünlandnutzung
   – reduziert gegenüber der Ackerbewirtschaftung die Bodenerosion in hängigen Lagen (Bodenschutz);
   – reduziert gegenüber einer intensiven Ackernutzung die damit verbundene Gewässerbelastung (Wasserschutz);
   – reduziert gegenüber der Ackernutzung den Substanzverlust bei moorigen Böden durch Mineralisierung und erlaubt eine ausreichend hohe Bodenfeuchte, um auch auf grünlandgenutzten Moorböden die Mineralisierungsrate des Torfes in Grenzen zu halten. Sie senkt damit auch die Belastung des Grundwassers durch freiwerdendes Nitrat sowie die Belastung der Atmosphäre durch freiwerdende Stickoxide (Trinkwasser- und Klimaschutz);
   – reduziert gegenüber der Ackernutzung die Bodenverluste in periodisch überfluteten Bach- und Flussauen und die damit verbundene Belastung der Gewässer (Wasser- und Bodenschutz);
   – reduziert in Form von Wiesen-Uferrandstreifen gegenüber der Ackernutzung die Stoffeinträge in Oberflächengewässer (Wasserschutz bei Uferrandstreifen);
   – kann bei entsprechend niedrigem Einsatz von Düngestoffen die bei Ackerbewirtschaftung (leichter) möglichen Stoffeinträge ins Grundwasser mindern (Trink- bzw. Grundwasserschutz);
   – kann bei entsprechend niedrigem Einsatz von Düngestoffen und Pflanzenschutzmitteln gegenüber der Ackernutzung erheblich mehr zur Sicherung der Artenvielfalt beitragen (Arten- und Naturschutz). So leben in Feuchtwiesen etwa 3500 Tierarten. Etwa die Hälfte verbringt ihr ganzes Leben in der Wiese. Auf Magerrasen sind etwa allein 40 der 200 Arten von Tagfaltern und Widderchen nachgewiesen;
   – erhält ein zentrales Element der Kulturlandschaft und trägt ganz entscheidend zum Erholungswert der Landschaft bei (Kurz- und Ferienerholung). Wiesen und Weiden bedeuten einen wichtigen Faktor für den Fremdenverkehr.

4. Wiesen sind in den letzten 30 Jahren vor allem durch die agrarpolitischen EU-Rahmenbedingungen sowohl in ihrer Fläche als auch in ihrer traditionellen Nutzung stark beeinträchtigt worden oder verschwunden. Beispielhaft wird die badische Oberrheinebene genannt, wo in den letzten 40 Jahren 80 Prozent der Wiesen – was erheblich über dem Landesdurchschnitt liegt – verschwanden. Bei den noch vorhandenen Wiesen sind die Folgen der zu intensiven Nutzung zu beklagen. Während in den 50er-Jahren in der Oberrheinischen Tiefebene 40–50 Pflanzenarten auf wenigen Quadratmetern Glatthaferwiese die Regel waren, betrug die Durchschnittszahl auf den jetzigen Mähweiden 1984 nur noch 20 Arten.

5. Grünland kann insbesondere in Form der herkömmlichen, extensiven (Wiesen: ein- bis zweischnittig; Weiden: zwischen 0,7 und 1,5 Großvieheinheiten/ha) Nutzungsform nur eine Zukunft haben, wenn die agrarpolitischen Brüsseler Rahmenbedingungen zugunsten dieser Landnutzung und dieses Lebensraumes verbessert bzw. geändert werden. Die EU-Landwirtschaftspolitik muss auf das Ziel der Erhaltung einer vielfältigen und artenreichen bäuerlichen Kulturlandschaft ausgerichtet werden.

6. Grünlandschutzprogramme bringen die Wohlfahrtswirkungen der Grünlandbewirtschaftung zum Tragen. Hierfür ist erforderlich, dass folgende Fördergebiete berücksichtigt werden:
   – Flächen, auf denen die Bodenerosion trotz zumutbarer Eigenleistungen des Landwirts bei Ackernutzung über dem tolerierbaren Wert liegt,
   – alle Flächen auf Moor- und Anmoorböden,
   – alle ursprünglichen Bach- und Flussauen, vor allem hochwassergefährdete Bereiche,
   – alle durchschnittlich weniger als 10 Meter von Fließgewässern und 10 Meter von Stillgewässern entfernt liegenden Flächen,
   – alle bestehenden und geplanten Wasserschutz- und -schongebiete,
   – landwirtschaftliche Flächen in Schutzgebieten, einschließlich Wiesenbrütergebiete,
   – Gebiete in den Mittelgebirgslagen der Schwäbischen Alb, des Schwarzwaldes und im Allgäu und vergleichbare Gebiete über 700 m NN.

7. Darum fordern die Teilnehmerinnen und Teilnehmer des 2. baden-württembergischen Biotopschutzkongresses:
   – Das Grünland bedarf eines höheren Stellenwertes in Politik, Verwaltung, Wirtschaft und Gesellschaft.

Die Aktion

Wohin der Weg unserer Wiesen und damit die Existenzgrundlagen vieler Pflanzen und Tiere führt, haben letztlich die Verbraucher in der Hand. Sind sie bereit mehr zu zahlen für gesünder erzeugte Lebensmittel, können auch die Bauern wieder landschaftsgerechter wirtschaften.

- Der Landschaftsverbrauch, der insbesondere durch Bebauung, Verkehr und Freizeit hervorgerufen wird, muss dringend eingeschränkt werden. Der Pro-Kopf-Bedarf an Wohnfläche muss auf ein verträgliches Maß reduziert werden.
- Die Agrarpolitik muss den Rahmen dafür schaffen, dass eine mit der Bewirtschaftung von Grünland zusammenhängende Tierhaltung mit maximal zwei Rauhfutter fressenden Großvieheinheiten pro Hektar Futterfläche bevorzugt wird. Außerdem muss die Agrarpolitik die ökologischen Leistungen einer Grünlandnutzung ausreichend honorieren.
- Die Programme des Bundes, der Länder, der Gemeinden, Städte und Landkreise zur Förderung des Grünlandes müssen beibehalten und ausgeweitet werden. Die Richtlinien und Rahmenbedingungen sind zu reformieren.
- Auf mindestens 10–15 Prozent des Grünlandes – auch der intensiv wirtschaftenden Betriebe – ist eine extensive Nutzung mit ein bis zwei Schnitten pro Jahr anzustreben. Der erste Schnitt sollte möglichst erst nach der Hauptblüte der Kräuter erfolgen.
- Festlegung der Gewässerrandstreifen auf mindestens 10 m Grünland und ausreichende Ausgleichszahlungen für Landwirte.
- Die so genannte Flora-Fauna-Habitat-Richtlinie der EU vom 21. Mai 1992 führt im Anhang 1 „magere" Flachland-Mähwiesen und Bergwiesen als schützenswerte Biotope auf. Für diese Biotope müssen Schutzgebiete ausgewiesen werden. Es wird deshalb gefordert, die EU-Richtlinien dringend ins Landesrecht zu übernehmen und geeignete Schutzgebiete zu schaffen.
- Keine Aufforstung in landschaftlich oder ökologisch bedeutsamen Bereichen, insbesondere in waldreichen Gebieten sollen weitere Aufforstungen unterbleiben.[1]
- Förderung von Viehstätten und Haltungsformen mit Festmist, da es hier zu keiner Überdüngung des Grünlandes, wohl aber zu der unerwünschten allgemeinen Förderung von buntblühenden Wiesenkräutern kommt.[1]
- Fortführung der in den 50er- und 60er-Jahren begonnenen Grünlandkartierung als Kartengrundlage zur Biotopvernetzung und anderer staatlicher Programme (z. B. MEKA).[1]

[1] Diese Punkte wurden im Rahmen eines interdisziplinären Redaktionsteams ergänzt.

Kleines Lexikon zum Wiesen-Biotopschutz

abiotisch	nicht lebend, nicht zur Biosphäre bzw. zum Leben gehörig
Abundanz	Häufigkeit
Alkalien	Basen (Hydroxide der Alkalimetalle)
Alluvionen	Bodenschichten, die durch Überschwemmungen entstanden sind.
Alluvium	geologische Zeitepoche, in der Bodenmaterial durch Flüsse angeschwemmt wurde (Holozän).
anemochore Art	Pflanzen, deren Samen durch den Wind verbreitet werden.
Anmoor	Moorboden mit hohem Aschegehalt, der in seiner Trockensubstanz 15–30 Gewichtsprozent Verbrennliches (Torf, Humus) enthält.
Annuelle	einjährige Pflanze (Mutterpflanze kann nicht überwintern)
anorganisch	nicht dem Leben zugehörig bzw. nicht von Lebendem herstammend; in der Chemie: alle Stoffe, die nicht Kohlenstoff enthalten, meist Salze. Gegensatz: organisch.
anthropogen	durch den Menschen hervorgerufen, verursacht.
Arthropoden	Gliederfüßler
Assimilation	Aufbau körpereigener Substanzen aus körperfremden Nahrungsstoffen. Bei der Photosynthese grüner Pflanzen: Aufbau von Kohlenhydraten aus CO_2 (Kohlendioxid) und Wasser mit Hilfe von Licht.
Ausläufer	vegetatives Vermehrungsorgan bei Pflanzen
autotroph	sich von anorganischen Stoffen (Mineralien) ernährend
Auxine	organische Verbindungen, die das Pflanzenwachstum fördern.
Azidität	Säuregrad
Basen	die Elemente Kalzium, Kalium, Magnesium, Natrium
basiphil	basische Böden bevorzugend
basophil	mit Basen gesättigt
Beckenton	aus der Gletschertrübe abgesetztes Material (Glazialton)
Biosphäre	die belebte Natur. Alle Vorgänge, die sich in Lebewesen abspielen oder von diesen bewirkt werden.
biotisch	lebend, der Biosphäre (dem Reich der Lebewesen) zugehörig
Biotop	Lebensraum, Raum, der von einer Biozönase (Lebensgemeinschaft) eingenommen wird. Zum Unterschied: Lebensraum von Einzelwesen = Habitat
Biozid	(von griech.: bios = Leben, und …zid von lat.: caedere = töten) Sammelbegriff für Mittel, die eingesetzt werden, um Leben abzutöten (Insektizide, Fungizide, Herbizide usw.)
Biozönose	Lebensgemeinschaft (meist aus Tieren und Pflanzen)
Bodenerosion	Abtragung des Bodens durch Wind oder Wasser
Chamaephyten	Zwergsträucher, Halbsträucher
Chlorose	mangelnde Ausbildung von Blattgrün (Pflanzenkrankheit)
Denitrifikation	Reduktion von Nitrat (NO_3) zu sauerstoffärmeren Stickstoffverbindungen oder zu elementaren Stickstoff
Destruenten	Zersetzer (von organischer Substanz)
Diasporen	Überbegriff für: Früchte, Samen, Sporen, Rhizome, Sprossteilchen (Verbreitungseinheit)
Diluvium	Eiszeitalter (älteres Quartär) mit den durch Gletscher abgelagerten Sedimenten wie Schotter, Geschiebemergel, Sande, Moränenrücken
Dissimilation	Atmung
Diversität	breite Streuung; Vielfalt
Dolomit	in mächtigen Schichtfolgen vorkommendes Kalkgestein, enthält kohlensaures Kalzium-Magnesium. Etwas schwerer und härter als Kalkstein, wirkt oberflächig sandig (zuckerkörnig).
Dormanz	Keim-Hemmung bei Samen
dt TM/ha	Dezitonnen Trockenmasse pro Hektar (einheitliches Maß für den Ertrag landwirtschaftlicher Kulturen)
edaphisch	auf den (Erd-)Boden bezogen
Edaphon	Gesamtheit der lebenden Bodenorganismen
Emission	Ausströmen, Freiwerden von verunreinigenden Stoffen (an der Quelle); Gegensatz: Immission = Einwirkungen von verunreinigenden Stoffen oder Geräuschen (Lärm)
endemisch	begrenzt vorkommend, in einem Bereich oder Areal
eutroph	reich bzw. überreich an Pflanzennährstoffen
Eutrophierung	Nährstoff-Anreicherung. Bezeichnung für die Überdüngung von Oberflächengewässern oder Böden mit Pflanzennährstoffen.
Exposition	exponiert sein, ausgesetzt sein
extrazonale Vegetation	kleinklimatisch bedingte Vegetation aus anderen Vegetationsgebieten (z. B. Südhang-Vegetation) mit Pflanzen aus dem mediterranen Bereich.
Fauna	Tierreich. Gesamtheit der Tiere, die zu einem bestimmten Zeitpunkt in einem bestimmten Lebensraum lebt.
Geest	vorwiegend sandiger Boden der nordwestdeutschen Tiefebene
Genese	Entstehung, Entwicklung
Glazialton	aus der Gletschertrübe abgesetztes Material (Beckenton)
Habitat	Standort, an dem eine Tierart regelmäßig vorkommt (s. auch Biotop)
halophil	Salz ertragend
Hangmoor	saligene Moorbildung in geneigter Lage, überrieselt durch Quell- und austretendes Hangdruckwasser
heliophil	lichtliebend
helomorphe Pflanzen	Pflanzen auf sumpfigen Standorten
Helophyten	Uferpflanzen
Hemikryptophyten	Oberflächenpflanzen (Erdschürfepflanzen), Erneuerungsknospen dicht an der Erdoberfläche
Hemisphäre	Erd-Halbkugel; Bezeichnung für die Erdoberfläche nördlich bzw. südlich des Äquators

Kleines Lexikon zum Wiesen-Biotopschutz

Herbiphore	Pflanzenfresser
heterotroph	sich an organischen Stoffen ernährend
Hochmoor	oligotrophes Moor ohne Kontakt zum mineralreichen Grundwasser (Regenwassermoor)
Holozän	geologische Zeitepoche, in der Bodenmaterial durch Flüsse angeschwemmt wurde (Alluvium).
humid	feucht
Humidität	Feuchtigkeit
Humus	organische Substanz des Oberbodens
Humuszehrer	Pflanzen, unter deren Einfluss saure Humusformen in milde Zustände überführt werden.
Hydrolyse	H-Ionen des Wassers verdrängen basische Kationen der Silikate; diese gehen in Lösung und werden fortgeführt. Das verbleibende Silizium und Aluminium geht neue, unlösliche Verbindungen ein und bildet zusammen mit H-Kationen Tonmineralien (hydrolytische Verwitterung).
hygrophil	Feuchte liebender Organismus
Hygrophyten	nässeliebende Pflanzen
Hymenopteren	Hautflügler (Insekten)
Imago	fertiges Insekt
Invertebraten	wirbellose Tiere
Ionen	elektrisch positiv oder negativ geladene Teil-Moleküle, in die die Moleküle von Säuren, Basen und Salzen in wässriger Lösung zerfallen. Die positiven Ionen heißen Kationen, die negativen Anionen.
Ionenaustauscher	Bodenpartikel, die Ionen sorbieren und austauschen können (v. a. Tonminerale und Huminstoffe). Ein Ionenaustausch erfolgt nur zwischen fester und flüssiger Phase; d. h. die Gegenwart von Wasser ist nötig.
irreversibel	unumkehrbar, nicht mehr rückgängig zu machen
juventil	jugendlich
Kalktuff	poröse Quellausscheidungen von Kalk, z. T. mit Schnecken- und Muschelschalen
Kalzit	Kalziumkarbonat ($CaCO_3$), Salz der Kohlensäure
Kohlenhydrate	Zucker, Stärke, Zellulose. Verbindungen des Wassers (H_2O) mit Kohlenstoff (C). Kristalline, wasserlösliche Kohlenhydrate: Traubenzucker (Glucose), Milchzucker (Lactose), Fruchtzucker (Fructose). Höhermolekulare (=langkettige) Kohlenhydrate: Polysaccharide (z. B. Cellulose als Zellwandbestandteil, Chitin als Gerüstsubstanz von Insektenskeletten, Stärke als Zuckerdepot).
kolluviale Böden	durch Abspülen hangabwärts transportierte Böden
Krytogamen	Sporenpflanzen
Kryptophyten	Erdpflanzen, mit den Knospen unter der Erdoberfläche
kStE	Kilostärkeeinheit = Maßstab für den Futterwert von Grünland- und Feldfutterpflanzen
Marsch	fruchtbares Weideland mit Böden aus Schlick entlang der Nordseeküste
Melioration	technische Maßnahmen, die zur Ertragssteigerung land- und forstwirtschaftlich genutzter Böden führen, z. B. Urbarmachung von sog. „Ödland", Be- und Entwässerung, Grundstückszusammenlegungen.
Mergel	kalkhaltiger Tonboden, früher: „mergeln" = mit Mergel düngen
mesophil	mäßig feucht liebend
mesotroph	mäßige Nährstoffversorgung der Böden
Mikroorganismen	Kleinstlebewesen. Mikroskopisch kleine (im Allgemeinen unter 0,1 mm große), einzellige, teils faden- oder kolonienbildende Organismen, also Bakterien, niedere Pilze und Algen, Protozoen. Viren werden im Allgemeinen nicht zu den Mikroorganismen gezählt, da sie nicht zellulär organisiert sind.
Monokultur	Anbau von nur einer Nutzpflanze auf ausgedehnten land- oder forstwirtschaftlichen Produktionsflächen mindestens 30 cm starke Schicht oder Schichtfolge von Torfen. Trockensubstanz besitzt mehr als 30 Gewichtsprozent Verbrennliches.
Moräne	vom Gletscher bewegter und abgelagerter Gesteinsschutt
N, N_2	Symbol für Stickstoff, welcher als Element stets in Form des zweiatomigen Moleküls N_2 vorkommt.
Neolithische Revolution	Jungsteinzeit. Vorgeschichtliche Epoche der menschlichen Entwicklung, in der unsere Vorfahren vom Jäger und Sammler zum sesshaften Ackerbauern übergingen.
Neophyten	in jüngerer Zeit aus anderen Florengebieten eingewanderte Pflanzen
Netto-Primärproduktion	pflanzliche Trockensubstanz (dt/ha u. Jahr)
Niedermoor	eutrophes Moor mit Grundwasserversorgung
Nitrate	Salze der Salpetersäure (HNO_3). Endprodukte des biologischen, aeroben Stickstoffabbaus, gut wasserlöslich; daher (ins Grundwasser) auswaschbar.
Nitrifikation	Umwandlung von Ammoniak (NH_3) über Nitrit (NO_2) zu Nitrat (NO_3)
NOx	= Stick(stoff)oxide, Verbindungen aus (Luft-)Stickstoff (N) und Sauerstoff (O) verschiedener Zusammensetzung (deshalb x; z. B. NO, NO_2, N_2O, N_2O_5), die bei Verbrennungsprozessen entstehen, abhängig von Temperatur und Verweildauer. Mit Wasser reagieren sie zu Säuren und bilden so einen wesentlichen Beitrag zum sauren Regen.
O, O_2	Symbol für Sauerstoff, welcher elementar vorwiegend in Form zweiatomiger Moleküle (O_2) vorkommt.
Ökologie	Wissenschaft von den Beziehungen (Wechselwirkungen) der Lebewesen zueinander und zu ihrer unbelebten Umwelt; kurz: die Lehre von den Umweltbeziehungen der Lebewesen.
ökologische Nische	Gefüge belebter und unbelebter Umweltfaktoren, in das eine Art eingebunden ist („Lebensraum").
Ökosystem	Wirkungs- und Beziehungsgefüge von Lebewesen und deren anorganischer Umwelt, das zwar offen, aber bis zu einem gewissen Grade zur Selbstregulation befähigt ist. Jedes Ökosystem besitzt besondere Strukturen und Funktionen. Als „vollständig" wird ein Ökosystem nur dann bezeichnet, wenn autotrophe Organismen (grüne

Kleines Lexikon zum Wiesenbiotopschutz

	Pflanzen) in genügender Menge vorhanden sind, um die im System verbrauchte Energie aus der Sonnenenergie zu gewinnen und zur Herstellung organischer Grundstoffe zu verwenden. Biotop + Biozönose = Ökosystem.
Ökoton	Übergangsbereich zwischen Pflanzenformationen (z. B. zwischen Wald und Wiese)
oligotraphente Pflanzen	Pflanzen, die mit sehr wenig Nährstoffen auskommen.
oligotroph	Standort, der arm an Pflanzennährstoffen ist.
omnivor	sowohl herbivor (pflanzenfressend) als auch carnivor (fleischfressend)
organisch	ein Organ oder den Organismus betreffend; der belebten Natur angehörend; im chemischen Sinne: zur organischen Chemie gehörend. Organisch heißt demnach soviel wie Kohlenstoff enthaltend und umfasst auch alle synthetischen Stoffe wie Kunststoffe (PVC, Polystyrol etc.).
Pedologie	Bodenkunde
Pestizid	Schädlingsbekämpfungsmittel. Je nach Art des zu bekämpfenden Schädlings verschiedene Benennungen, z. B. Insektizide gegen Insekten, Herbizide gegen (Un)-Kräuter, Fungizide gegen Pilze usw.
Pflanzensoziologie	Lehre von der Vergesellschaftung von Pflanzen
pH-Wert	(von potentia hydrogenii = Konzentration des Wasserstoffs bzw. der Wasserstoff-Ionen (H+) in einer wässrigen Lösung). Der pH-Wert ist eine Maßzahl für den Säuregehalt einer Lösung: Je saurer wir eine Lösung empfinden, desto mehr Wasserstoffionen enthält sie. Das Gegenteil von sauer ist basisch (= alkalisch, seifiger Geschmack) und ist gekennzeichnet durch ein Überwiegen von OH-Ionen; dazwischen liegt neutral. Der pH-Wert ist gleich dem negativen (Zehner-)Logarithmus der Wasserstoffionen-Konzentration.
Phanerogamen	Blütenpflanzen
Phänologie	Wissenschaft von den jahreszeitlich bedingten Erscheinungsformen bei Tieren und Pflanzen
Phytophage	Pflanzenfresser
Phytozönose	Pflanzengemeinschaft
Plaggenhieb	Abtragen von ca. 10 cm mächtigen Heidekrautboden (Sprosse und Wurzeln) zum Zweck der Einstreu in die Viehställe
Pleistozän	Eiszeitalter (älteres Quartär) mit den durch Gletscher abgelagerten Sedimenten wie Schotter, Geschiebemergel, Sande, Moränenrücken
Polykormone	Sprosskolonien von wurzelbrütigen Gehölzen (Ausläufer, Absenker)
Population	Kollektiv von Organismen einer Art in einem bestimmten Areal (potenzielle Fortpflanzungsgemeinschaft)
postglazial	nacheiszeitlich
Provenienz	Herkunft, Ursprung
Pyrophyt	Pflanze, die besonders durch Brand gefördert wird.
Refugium	Zufluchtsstätte
Respiration	Atmung
Ressourcen	natürliche Hilfsquellen (Boden, Wasser, Luft, Tier- und Pflanzenwelt)
rezent	gegenwärtig lebend
Rhizom	Wurzelstock oder Erdspross (verdickte Sprossachsen mit meist kurzen Internodien)
Rhizosphäre	durchwurzelte, stark belebte Bodenschicht (Wurzelbereich)
Ruderalpflanzen	Pflanzen, die sich mit Vorliebe an Gebäuden oder im engeren Einwirkungsbereich des Menschen ansiedeln.
saurer Regen	Regenwasser mit niedrigem pH-Wert durch Säure. pH 6 bis 5: sauberer Regen; unter pH 5: tödlich für Fische; unter pH 4: „saurer Regen"; pH 3: Essig
Schlick	feinkörniges Sediment organo-mineralischer Zusammensetzung
Silikate	Salze der Kieselsäure
Stauden	ausdauernde, überwinternde Kräuter und Gräser (perennierende Pflanzen)
Stolone	Wurzel- und Sprossausläufer bei Pflanzen
Sukzession	die im Laufe der Zeit erfolgenden Veränderungen der Vegetation, die sich im Wechsel der Pflanzengesellschaften äußern.
Symbiose	Zusammenleben verschiedener Lebewesen zu gegenseitigem Nutzen
Synergismus	Form des Zusammenwirkens von Substanzen oder Faktoren, die sich gegenseitig fördern. Die Gesamtwirkung ist daher größer als die Summe der Einzelwirkungen wäre.
Taxa	Sippen; systematische Einheiten beliebiger Hierarchiestufe (Art, Gattung, Familie, Ordnung, Klasse)
Therophyten	einjährige Pflanzen (Mutterpflanze kann nicht überwintern)
Triften	Grünland (Weiden) mit Trockenrasencharakter
trophisch	auf die Ernährung bezogen
Übergangsmoor	entwicklungsgeschichtliches Zwischenglied (zeitlich) vom Nieder- zum Hochmoor
Ubiquist	Allerweltspflanze oder -tier
Vegetationskomplex	kleinräumiges Mosaik aus verschiedenen Pflanzengesellschaften
xerophil	trockenliebend (-ertragend)
zoochore Art	Pflanze, deren Samen durch Tiere verbreitet werden.
Zwischenmoor	entwicklungsgeschichtliches oder räumliches Zwischenglied vom Nieder- zum Hochmoor

Anhang

Wichtige Kontaktadressen zu Fragen des Arten- und Biotopschutzes

Bundesrepublik Deutschland

Bundesministerium für Umwelt,
Naturschutz und Reaktorsicherheit
Alexanderplatz 6
10178 Berlin

Baden-Württemberg
Ministerium für Umwelt und Verkehr
Baden-Württemberg
Kernerplatz 9
70182 Stuttgart

Ministerium für Ernährung und Ländlichen Raum
Baden-Württemberg
Kernerplatz 10
70182 Stuttgart

Bayern
Bayerisches Staatsministerium
für Landesentwicklung und Umweltfragen
Postfach 81 01 40
81901 München

Bayerisches Staatsministerium für Ernährung,
Landwirtschaft und Forsten
Postfach 22 00 12
80535 München

Berlin
Senatsverwaltung für Stadtentwicklung,
Umweltschutz und Technologie von Berlin
Am Köllnischen Park 3
10179 Berlin

Senatsverwaltung für Wirtschaft und Betriebe
Referat Ernährung und Landwirtschaft – IV E
10820 Berlin

Brandenburg
Ministerium für Landwirtschaft,
Umweltschutz und Raumordnung des
Landes Brandenburg
Postfach 60 11 50
14411 Potsdam

Bremen
Senator für Frauen, Gesundheit,
Jugend, Soziales und Umweltschutz
der Freien Hansestadt Bremen
Postfach 10 15 27
28195 Bremen

Freie Hansestadt Bremen
Senator für Wirtschaft,
Mittelstand und Technologie
Postfach 10 15 27
28195 Bremen

Hamburg
Umweltbehörde der Freien und Hansestadt
Hamburg
Billstraße 84
20539 Hamburg

Wirtschaftsbehörde Amt für Wirtschaft
und Landwirtschaft
der Freien und Hansestadt Hamburg
Postfach 11 21 09
20421 Hamburg

Hessen
Hessisches Ministerium für Umwelt,
Landwirtschaft und Forsten
Postfach 31 09
65021 Wiesbaden

Mecklenburg-Vorpommern
Umweltministerium
Mecklenburg-Vorpommern
Schlossstraße 6–8
19053 Schwerin

Ministerium für Landwirtschaft und Naturschutz
des Landes Mecklenburg-Vorpommern
Postfach 544
19048 Schwerin

Niedersachsen
Niedersächsisches Umweltministerium
Postfach 41 07
30041 Hannover

Nordrhein-Westfalen
Ministerium für Umwelt und Naturschutz,
Landwirtschaft und Verbraucherschutz des
Landes Nordrhein-Westfalen
Postfach 30 06 52
40190 Düsseldorf

Rheinland-Pfalz
Ministerium für Umwelt
und Forsten des Landes Rheinland-Pfalz
Postfach 31 60
55021 Mainz

Ministerium für Wirtschaft, Verkehr,
Landwirtschaft und Weinbau
Rheinland-Pfalz
Postfach 32 69
55022 Mainz

Saarland
Minister für Umwelt, Energie und Verkehr
Abt. Landwirtschaft und Forsten
Postfach 10 24 61
66024 Saarbrücken

Sachsen
Sächsisches Staatsministerium
für Umwelt und Landwirtschaft
Postfach 10 05 50
01075 Dresden

Sachsen-Anhalt
Ministerium für Raumordnung,
Landwirtschaft und Umwelt
des Landes Sachsen-Anhalt
Postfach 37 60
39012 Magdeburg

Schleswig-Holstein
Ministerium für Umwelt, Natur und Forsten
des Landes Schleswig-Holstein
Postfach 50 09
24062 Kiel

Ministerium für ländliche Räume,
Landesplanung, Landwirtschaft
und Tourismus des Landes Schleswig-Holstein
Postfach 11 31
24100 Kiel

Thüringen
Ministerium für Landwirtschaft,
Naturschutz und Umwelt
Postfach 10 03
99021 Erfurt

Österreich

Bundesministerium
Für Land- und Forstwirtschaft,
Umwelt und Wasserwirtschaft
Stubenring 1
A-1010 Wien

Wichtige Kontaktadressen

Schweiz

Bundesverwaltung für Umwelt und Wald
Papiermühlenstraße 172
CH-3003 Bern

Luxemburg

Landwirtschaftsministerium
L-2918 Luxembourg

Umweltministerium
L-2918 Luxembourg

In allen Ländern gibt es noch Landesämter, Anstalten, Fachstellen und Institute zu speziellen Fragen des Biotopschutzes, des Artenschutzes, der Ökologie und des Naturschutzes. Anfragen werden von den genannten Stellen weitergeleitet oder man erhält eine Auskunft mit der entsprechenden Adresse. Zentrale Anlaufstellen für Fragen der Ökologie, des Naturschutzes und der Umweltvorsorge sind auch:

Umweltbundesamt
(UBA)
Postfach 33 00 22
14191 Berlin

Bundesamt für Naturschutz
(BFN)
Konstantinstraße 110
53179 Bonn

Auskunft darüber, ob eine Naturschutzmaßnahme der Genehmigung bedarf, geben die unteren Naturschutzbehörden der Landratsämter und der Stadtkreise. Zur Vermittlung von Grundlagenwissen zu Fragen des Arten- und Biotopschutzes, der Landschaftspflege und der Umweltvorsorge wurden in verschiedenen Bundesländern Akademien und Umweltbildungsstätten eingerichtet. Interessenten können dort die jeweils aktuellen Programme direkt anfordern.

Deutschland

Hier die im bundesweiten Arbeitskreis der Bildungsstätten im Natur- und Umweltschutz (BANU) zusammengeschlossenen Institutionen:

Akademie für Natur- und Umweltschutz
Baden-Württemberg
beim Ministerium für Umwelt und Verkehr
Dillmannstraße 3
70193 Stuttgart

Akademie für Natur- und Umwelt
des Landes Schleswig-Holstein
Carlstraße 169
24537 Neumünster

Thüringer Landesanstalt für Umwelt
(Akademie für Umwelt
und Naturschutz im Aufbau)
Prüssingstraße 25
07745 Jena

Bayrische Akademie für Naturschutz
und Landschaftspflege (ANL)
Seethalerstraße 6
83410 Laufen/Salzach

Landeslehrstätte für Naturschutz und
Landschaftspflege (LLN)
„Oderberge Lebus"
im Landesumweltamt Brandenburg
15326 Lebus

Bundesamt für Naturschutz
Außenstelle Internationale Naturschutzakademie
Insel Vilm
18581 Lauterbach (Rügen)

Landesamt für Forsten,
Naturschutz und Großschutzgebiete
Landeslehrstätte für Naturschutz und Forsten
Fritz-Reuter-Platz 9
17139 Malchin

Institut für Weiterbildung
und Beratung im Umweltschutz e. V.
Gerhart-Hauptmann-Straße 30
D-39108 Magdeburg

Landeszentrale für Umweltaufklärung
Rheinland-Pfalz
Kaiser-Friedrich-Straße 1
55116 Mainz

Naturschutzzentrum Hessen
Akademie für Natur- und Umweltschutz e. V.
Friedensstraße 38
35578 Wetzlar

Natur- und Umweltschutzakademie
des Landes Nordrhein-Westfalen (NUA)
Siemensstraße 5
45610 Recklinghausen

Sächsische Akademie für Natur und Umwelt
in der Sächsischen Landesstiftung
Natur und Umwelt
Blockhaus 1
Neustädter Markt 19
01097 Dresden

Alfred Toepfer Akademie
für Naturschutz (NNA)
Hof Möhr
29640 Schneverdingen

Schweiz

Schweizerisches Zentrum für
Umwelterziehung des WWF
CH-4800 Zofingen

Österreich

Stiftung Europäisches Naturerbe (Euronatur)
Dr. Uwe Kozina
Brockmanngasse 53
A-8010 Graz

Oberösterreichische Umweltakademie
beim Amt der o. Ö. Landesregierung
Stockhofstraße 32
A-4020 Linz

Niederösterreichische Umweltakademie
Akademie für Umwelt und Energie
Schlossplatz 1
A-2361 Laxenburg

**Natur- und Umweltschutzverbände
und andere Organisationen**

Bund für Umwelt und Naturschutz
Deutschland (BUND)
Am Köllnischen Park 1
10179 Berlin

Stiftung
Europäisches Naturerbe (Euronatur)
Konstanzer Straße 22
78315 Radolfzell am Bodensee

Stiftung
Europäisches Naturerbe (Euronatur)
Bahnhofstraße 35
71638 Ludwigsburg

Stiftung
Europäisches Naturerbe (Euronatur)
Grabenstraße 23
53359 Rheinbach

Deutscher Naturschutzring
Postfach 32 02 10
53205 Bonn

Naturschutzbund Deutschland e. V.
(NABU)
Bundesgeschäftsstelle
Herbert-Rabius-Straße 26
53225 Bonn

Landesverband für Vogelschutz Bayern
Eisvogelweg 1
91161 Hilpoltstein

Anhang

Umweltstiftung WWF Deutschland
Hedderichstraße 110
60596 Frankfurt a. M.

Greenpeace Deutschland e. V.
Große Elbstraße 39
22767 Hamburg

Schweiz

Schweizer Vogelschutz (SVS)
Postfach
CH-8036 Zürich

Schweizer Bund für Naturschutz
Wartenbergstraße 22
CH-4020 Basel

WWF Schweiz
Postfach
CH-8027 Zürich

Österreich

Österreichischer Naturschutzbund
Arenbergstraße 10
A-5020 Salzburg

Stiftung
Europäisches Naturerbe (Euronatur)
Brockmanngasse 53
A-8010 Graz

Luxemburg

Natura
6, Boulevard Roosevelt
L-2450 Luxembourg

Mouvement Ècologique
6, rue Vauban
L-2663 Luxembourg

Bei Fragen zum internationalen Biotopschutz

WWF International
Av. Du Mont Blanc
CH-1198 Gland

Stiftung Europäisches Naturerbe (Euronatur)
Konstanzer Straße 22
78315 Radolfzell am Bodensee

Stiftung Europäisches Naturerbe (Euronatur)
Bahnhofstraße 35
71638 Ludwigsburg

Stiftung Europäisches Naturerbe (Euronatur)
Grabenstraße 23
53359 Rheinbach

Literatur

Angres, V.; Hutter, C.-P.; Ribbe. L. (2001/2002): *Futter für's Volk – Was die Lebensmittelindustrie uns auftischt.* München.

Avifaunistische Arbeitsgemeinschaft für Lüchow und Dannenberg (1986): *Lebensbilder aus der Vogelwelt zwichen Elbe und Drawehn.*

Bayerisches Landesamt für Umweltschutz (1988): *Das Acker- und Wiesenrandstreifenprogramm in Bayern.* München.

Bayerisches Staatsministerium für Landesentwicklung und Umweltfragen (1990): *Arten- und Biotopschutzprogramm.* München.

Bayerisches Staatsministerium für Landesentwicklung und Umweltfragen (1992): *Mager- und Trockenstandorte*; Band II. 1 *Kalkmagerrasen* (1994); Band II. 3 *Bodensaure Magerrasen* (1996); Band II. 4 *Sandrasen* (1995); Band II. 5 *Streuobst* (1994); Band II. 6 *Feuchtwiesen* (1994); Band II. 9 *Streuwiesen* (1995). München.

Blab, J. (1993): *Grundlagen des Biotopschutzes für Tiere.* Greven.

Boness, M. (1953): *Die Fauna der Wiesen unter besonderer Berücksichtigung der Mahd.* Z. Morph. u. Ökol. Tiere. Gießen.

Briemle, G. (1990): *Extensivierung von Dauergrünland – Forderungen und Möglichkeiten.* Bayer. Landw. Jahrb. 3. München.

Briemle, G. (2000): *Ansprache und Förderung von Extensiv-Grünland.* Naturschutz und Landschaftsplanung 32, Jg. 6: 171–175. Stuttgart.

Briemle, G.; Eickhoff, D.; Wolf, R. (1991): *Mindestpflege und Mindestnutzung unterschiedlicher Grünlandtypen aus landschaftsökologischer und landeskultureller Sicht.* Beih. 60 der Veröff. f. Naturschutz und Landschaftspflege. LfU Karlsruhe.

Briemle, G., Kunz, H.-G.; Müller, A. (1987): *Zur Mindestpflege der Kulturlandschaft, insbesondere von Brachflächen aus ökologischer und ökonomischer Sicht.* Veröff. Naturschutz und Landschaftspflege 62: 141–160. LfU Karlsruhe.

Däschner, W. (2002): *Die neuen Aufgaben und Chancen für Grünlandwirtschaft und Futterbau.* Lippstadt.

Ebert, G.; Rennwald, E. (1991): *Die Schmetterlinge Baden-Württembergs.* Band 1: Tagfalter. Stuttgart.

Egloff, Th. (1984): *Richtlinien zur Bewirtschaftung und Pflege von Rieden und Mooren im Sinne des Naturschutzes.* Schweizerischer Bund für Naturschutz. Basel.

Eisele, C. (1972): *Rasen, Gras und Grünflächen.* Berlin.

Ellenberg, H. (1996): *Vegetation Mitteleuropas mit den Alpen in ökologischer Sicht.* Stuttgart.

Ellenberg, H. u. Mitarb. (1991): *Zeigerwerte von Pflanzen in Mitteleuropa.* Scripta Geobotanica 18. Göttingen.

Elsässer, M. (1992): *Konsequenzen umweltgerechter Grünlandbewirtschaftung.* Bayer. Landw. Jahrb. 69 (7). München.

Elsässer, M.; Briemle, G. (1992): *Grünland extensiv nutzen – worauf kommt es an?* Top agrar 4.

Gessl, E. (1989): *Das Grünland.* Graz.

Göttke-Krogmann, P. (1983): *Grünland in Niedersachsen. Gefährdung und Schutz.* Lölf-Mitteilungen 8 (3). Recklinghausen.

Hettich, M. H.-K., Krebs, S. (2000): *Erhalt und Förderung der Offenlandschaft im geplanten Naturpark Südschwarzwald.* Nürtingen.

Hollweck-Flinspach, M. (1992): *Kartierschema für kolline und montane Grünlandstandorte Nordbadens.* Vegetationskundliche Untersuchungen und Kartierung 1:5000 in 7 ausgewählten Gebieten des Odenwaldes und des Schwarzwaldes. Unveröff. Manuskript. Karlsruhe.

Hölzinger, J. (1987): *Die Vögel Baden-Württembergs. Gefährdung und Schutz.* Artenschutzprogramm Baden-Württemberg. Stuttgart.

Hutter, C.-P. (1994): *Schützt die Reptilien.* Stuttgart und Wien.

Hutter, C.-P. (Hrsg.); Kapfer, A.; Konold, W. (1993): *Seen, Teiche, Tümpel und andere Stillgewässer. Biotope erkennen, bestimmen, schützen.* Band 2. Stuttgart und Wien.

Hutter, C.-P.; Keller, H.; Ribbe, L.; Wohlers, R. (1993): *Die Ökobremser.* Schwarzbuch Umwelt Europa. Stuttgart und Wien.

Hutter, C.-P.; Link, F.-G. (1990): *Wunderland am Waldesrand.* Stuttgart und Wien.

Hutter, C.-P., Link, F.-G. (1992): *Wunderwelt Acker und Feld.* Stuttgart und Wien.

International Council for Bird Preservation (1990): *Important Birdareas in Europe.*

Jedicke, E. u. L. (1992): *Farbatlas Landschaften und Biotope Deutschlands.* Stuttgart.

Jedicke, E. (1994): *Biotopverbund: Grundlagen und Maßnahmen einer neuen Naturschutzstrategie.* Stuttgart.

Jilg, T.; Briemle, G. (1993): *Futterwert und Futterakzeptanz von Magerwiesen-Heu im Vergleich zu Fettwiesen-Heu.* Naturschutz und Landschaftsplanung. Stuttgart.

Kaule, G.; Holz, B. (1997): *Biotop- und Artenschutz in Deutschland: eine Status-quo-Analyse der Forschungsprojekte.* Berlin.

Kauter, D. (2002): *Sauergras und Wegbreit. Die Entwicklung der Wiesen in Mitteleuropa zwischen 1500 und 1900.* Stuttgart.

Kersting, G. (1991): *Allmendweiden im Südschwarzwald. Eine vergleichende Vegetationskartierung nach 30 Jahren.* Hrsg.: Ministerium für ländlichen Raum, Ernährung, Landwirtschaft und Forsten Baden-Württemberg. Stuttgart.

Klapp, E. (1983): *Wiesen und Weiden.* Berlin.

Konold, W. (1991): *Wasser, Wiesen und Wiesenwässerung in Isny im Allgäu.* In: Schr. d. Vereins für Geschichte des Bodensees und seiner Umgebung. 109. Friedrichshafen.

Konold, W.; Böcker, R.; Hampicke (Hrsg) (1998): *Handbuch Naturschutz und Landschaftspflege.* Landsberg.

Korneck, D.; Sukopp, H. (1988): *Rote Liste der in der Bundesrepublik Deutschland ausgestorbenen, verschollenen und gefährdeten Farn- und Blütenpflanzen und ihre Auswertung für den Arten und Biotopschutz*. Schr.-R. für Vegetationsurkunde. Bonn-Bad Godesberg.

Kratochwill, A.; Schwabe, A. (1984): *Trockenstandorte und ihre Lebensgemeinschaften in Mitteleuropa*. In: Ökosystem III. Sonderdruck Ökologie und ihre biologischen Grundlagen. Inst. f. chem. Pflanzenphysiologie der Univ. Tübingen. Tübingen.

Krause, W.; Speidel, P. (1953): *Zur floristischen, geographischen und ökologischen Variabilität der Glatthaferwiese im mittleren und südlichen Westdeutschland*. Bericht der Deutschen botanischen Gesellschaft 65, 403–419. Stuttgart.

Krebs, S. (1990): *Gras- und Krautsäume. Strukturelemente der Kulturlandschaft*. Reihe Biotopvernetzung in der Flur. Hrsg.: Ministerium für Ländlichen Raum, Ernährung, Landwirtschaft und Forsten Baden-Württemberg, Stuttgart.

Landesanstalt für Umweltschutz Baden-Württemberg (1988): *Artenschutzsymposium Braunkehlchen*. Beiheft 51, Karlsruhe.

Lehmann, J.; Rosenberg, E. (1992): *Blumenwiesen*. AGFF-Information K 8. Hrsg.: Arbeitsgem. z. Förderung des Futterbaus, Zürich-Reckenholz.

Lohmann, M. (1991): *Bergwiesen und Almen*. Ravensburg.

Lölf-Mitteilungen Nr. 3 (1992): Ergebnisse: *Naturschutz und Landwirtschaft in den Feuchtwiesen*. Recklinghausen.

Maertens, Th.; Wahler, M.; Lutz, J. (1990): *Landschaftspflege auf gefährdeten Grünlandstandorten*. Schrift.-Reihe Angewandter Naturschutz. Band 9. Hrsg.: Naturlandstiftung Hessen e. V., Lich.

Mahn, D. (1992) *Untersuchungen zur Vegetation von biologisch und konventionell bewirtschaftetem Grünland*. Vortrag auf der 22. Jahrestagung der GfÖ in Zürich. Verhandlg. Ges. Ökologie. Göttingen.

Mattern, H. (1983): *Unsere Wacholderheiden – Naturschutz und Schäferei*. Band 17. Deutsche Schafzucht.

Matzke, G. (1989): *Die Bärwurz-Wiesen (Meo-Festucetum) der West-Eifel*. Tüxenia 9. Göttingen.

Meineke, J. U. (1978): *Die Tagfalter des Federseebeckens im württembergischen Oberland*. Veröff. Naturschutz Landschaftspflege Baden-Württemberg. Karlsruhe.

Meisel, K. (1977): *Die Grünlandvegetation der nordwestdeutschen Flußtäler und die Eignung der von ihr besiedelten Standorte für einige wesentliche Nutzungsansprüche*. Schriftenreihe für Vegetationskunde. H. 11. Bad Godesberg.

Oberdorfer, E. (1983): *Pflanzensoziologische Exkursionsflora*. Stuttgart.

Oberdorfer, E. u. Mitarb. (1977–1983): *Süddeutsche Pflanzengesellschaften*. Teil I bis III. Stuttgart.

Oppermann, R.; Briemle, G. (2002): *Blumenwiesen in der landwirtschaftlichen Förderung*. Stuttgart.

Österreichisches Bundesinstitut für Gesundheitswesen (1989): *Umweltbericht Vegetation*. Wien.

Peschel, T. (2000): *Vegetationskunde in Untersuchungen der Wiesen- und Rosengesellschaften historischer Gärten in Potsdam*. Stuttgart.

Plankl, R. (1999) *Synopse zu den Agrarumweltprogrammen der Länder in der Bundesrepublik Deutschland*. Braunschweig.

Quade, J. (1993): *Faustzahlen für Landwirtschaft und Gartenbau*. Hrsg.: Hydro Agri Dülmen GmbH, Dülmen. München.

Quinger, B. (1992): *Landschaftspflegekonzept Bayern. Teilband 2: Kalkmagerrasen*. München.

Rachse, S. (1996): *Lebensraum Grünland: Veränderungen in der Kulturlandschaft*. Wiesbaden.

Reisigl, H.; Keller, R. (1994): *Alpenpflanzen im Lebensraum*. Stuttgart.

Riecken, U., Ries, U., Ssymank, A. (1994) *Rote Liste der gefährdeten Biotoptypen der Bundesrepublik Deutschland*. Schriftenreihe Landschaftspflege und Naturschutz 41. Greven.

Rieder, J. B. (1983): *Dauergrünland*. München.

Ringler, A. (1976): *Verlustbilanz nasser Kleinbiotope in Moränengebieten der Bundesrepublik Deutschland*. Natur & Landschaft 51 (7/8), 205–209. Stuttgart.

Ringler, A. (1987): *Gefährdete Landschaft: Lebensräume auf der Roten Liste. Eine Dokumentation in Bildvergleichen*. München.

Rothmaler, W. (2000): *Exkursionsflora für die Gebiete der DDR und der Bundesrepublik Deutschland*. Band 3: Atlas der Gefäßpflanzen, Berlin.

Runge, F. (1980): *Die Pflanzengesellschaften Mitteleuropas*. Münster.

Ruthsatz, B. (1979): *Die Pflanzengesellschaften Mitteleuropas*. Münster.

Schauer, Th.; Caspai, C. (1984): *Der große BLV-Pflanzenführer*. München.

Schiefer, J. (1981): *Brachversuche in Baden-Württemberg*. Beihefte zu den Veröff. Naturschutz Landschaftspflege Baden-Württemberg. Karlsruhe.

Schüßler, H. (1982): *Unbekanntes Hohenlohe-Franken*. Bergatreute.

Schwabe-Braun, A. (1980): *Weidfeld-Vegetation im Schwarzwald. Geschichte der Nutzung – Gesellschaften und ihre Komplexe*. Urbs et Regio 18. Kassel.

Schwabe-Braun, A. (1983): *Die Heustadelwiesen im nordbadischen Murgtal. Geschichte, Vegetation, Naturschutz*. Veröff. Naturschutz Landschaftspflege Baden-Württemberg. Karlsruhe.

Schwabe-Braun, A. (1990): *Veränderungen im montanen Bortsgrasrasen durch Düngung und Brachlegung. Atennaria dioica und Vaccinium vitis-idea als Indikatoren*. Tüenia 10. Göttingen.

Schweizerischer Bund für Naturschutz (1987): *Tagfalter und ihre Lebensräume*. Stuttgart.

Sprau, A. (1996): *Zur Ökologie von Wiesen und Brachen*. Bad Kreuznach.

Staatliche Lehr- und Versuchsanstalt für Viehhaltung und Grünlandwirtschaft Baden-Württemberg (1993): *Grünlandextensivierung. Forderungen und Grenzen*. Tagungsbericht eines gleichnamigen Symposiums vom 5. November 1992. Aulendorf.

Stebler, F. G.; Schröter, C. (1892): *Versuch einer Übersicht über die Wieentypen der Schweiz*. Landw. Jahrb. d. Schweiz.

Storm, H. H. (1988): *So war es damals. Das Leben auf dem Lande*. Band 1.

Succow, M. (1992): *Unbekanntes Deutschland*. München.

Sukopp, H. (1981): *Veränderungen von Flora und Vegetation in Agrarlandschaften*. Ber. aus der Landwirtschaft. Hamburg.

Thielcke, G.; Hutter, C.-P.; Herrn, C.-P.; Schreiber, R.L. (1991): *Rettet die Frösche*. Stuttgart und Wien.

Umweltbundesamt Österreich (1989): *Biotoptypen in Österreich. Vorarbeiten zu einem Katalog*. Wien.

Voigtländer, G.; Jacob, H. (1987): *Grünlandwirtschaft und Futterbau*. Stuttgart.

Wanninger, K. C. (1989): *Wie's früher war*. Heilbronn.

Weller, F. (1999): *Streuobstwiesen schützen*. Bonn.

Woike, M. (1983): *Bedeutung von feuchten Wiesen und Weiden für den Artenschutz*. Lölf-Mitteilungen 8.

Wörle, H. (2000): *Grünlandnutzung für Könner*. München.

Zucchi, H. (1988): *Wiese. Plädoyer für einen bedrohten Lebensraum*. Ravensburg.

Der Herausgeber

Claus-Peter Hutter (Jahrgang 1955), Dipl.-Verwaltungswirt, hat an verschiedenen ökologischen Untersuchungsprogrammen mitgewirkt und zahlreiche regionale und internationale Modellprojekte für den praktischen Naturschutz konzipiert sowie gezielte Biotopschutz- und Artenhilfsprojekte umgesetzt.

C.-P. Hutter ist Leiter der *Akademie für Natur- und Umweltschutz* des Landes Baden-Württemberg. In dieser Funktion und als Präsident der *Stiftung Europäisches Naturerbe* setzt er sich international für die gesellschaftliche Etablierung ökologischer Themen ein. So begründete er die ersten Umwelt-Städtepartnerschaften in Europa und machte mit weit beachteten Aktionen wie *Natur ohne Grenzen* und *Ökologische Bausteine* auf die internationale Naturraumvernetzung und die Verletzlichkeit von Biotopstrukturen aufmerksam.

C.-P. Hutter ist Autor zahlreicher auch mit Preisen ausgezeichneten Publikationen zum Natur- und Umweltschutz.

Die Autoren

Dr. Gottfried Briemle (Jahrgang 1948) ist gelernter Gärtner und Landschaftsökologe. Er ist beruflich als Grünlandbotaniker und -ökologe bei der *Staatlichen Lehr- und Versuchsanstalt für Viehhaltung und Grünlandwirtschaft* in Aulendorf tätig. Gottfried Briemle ist Verfasser von über 250 wissenschaftlichen und populärwissenschaftlichen Veröffentlichungen und hat sich zu den Themen Landschaftsökologie, Landschaftspflege, Grünland-Extensivierung, Gründlandbotanik, Feuchtgebiets- und Standortskunde weit über das heimatliche Bundesland hinaus einen Namen gemacht. In seiner beruflichen Position an der Berührungsstelle von Landwirtschaft und Naturschutz ist es ihm stets ein besonderes Anliegen, die Divergenz zwischen diesen beiden naturwissenschaftlichen Disziplinen abzubauen.

Als ökologischer Idealist wie Realist brachte er 1990 im Selbstverlag das Buch *Wie wir überleben können* heraus, worin sein denkerisch-philosophische, aber auch gesellschaftskritisches Wesen zum Ausdruck kommt. Mit globalökologischem Weitblick macht er in diesem Buch Vorschläge zum Überleben der Menschheit.

Conrad Fink (Jahrgang 1950) ist Dipl.-Ingenieur für Landespflege (TU Weihenstephan) und verfügt über ein in vielen Modellprojekten praktisch erprobtes Fachwissen zu Fragen der Landschaftspflege und des Biotopmanagements. Als Naturschutzfachmann in der Grundstücksverwaltung der US Army Europe war er mit nahezu allen Fragen der Grünpflege und des Landmanagements konfrontiert.

Seit 1984 ist Conrad Fink bei der Stadt Stuttgart für den Umweltschutz tätig. In der Koordinierungsstelle für Umweltschutz brachte er viele praktische Umweltinitiativen auf den Weg. Zahlreiche Pilotprojekte zur Förderung der Umweltbildung und des Umweltbewusstseins gehen auf seinen Einsatz zurück. Praktische Fragen des Naturschutzes in der Großstadt gehören zu seinem Aufgabengebiet im Amt für Umweltschutz der Stadt Stuttgart. Darüber hinaus engagiert er sich etwa als Mitglied verschiedener Gremien des *Bund für Umwelt und Naturschutz BUND* und mehrerer Expertengruppen für die Erhaltung des Gleichklangs von Natur- und Kulturlandschaft. Außerdem betreut er verschiedene internationale Umweltprojekte der Stiftung Euronatur.

Dank

Allen, die zum Gelingen dieses BiotopBestimmungsBuches beigetragen haben, sagen wir an dieser Stelle herzlichen Dank. So danken wir der Stiftung Naturschutzfonds Baden-Württemberg für die Förderung der Erstausgabe des Buches. Für die wissenschaftliche Beratung und vielfältige Unterstützung gilt unser herzlicher Dank Dr. Jürgen Marx (Leiter des Referats Naturschutz, Landschaftspflege, Artenschutz bei der Landesanstalt für Umweltschutz Baden-Württemberg), Dr. Hans-Dieter Knapp (Leiter der Internationalen Naturschutzakademie Insel Vilm), Dr. Frank Neuschulz (Gorleben), Dr. W. Dietl (Eidg. Forschungsanstalt für landwirtschaftlichen Pflanzenbau, Zürich) und Dr. Karl Buchgraber (Bundesanstalt für alpenländische Landwirtschaft, Gumpenstein) und Prof. Dr. Gerhard Thielcke (Bund für Umwelt und Naturschutz). Für die Erstellung der Grafiken und Zeichnungen danken wir Dipl.-Biol. Wolfgang Lang (Grafenau) und für die zahlreichen Aufnahmen den im Abbildungsverzeichnis genannten Bildautoren. Für das weit über die Verlagsbetreuung hinausgehende Engagement gilt unser herzlicher Dank Verlagsleiter Dr. Christian Rotta, Dr. Angela Meder und Wilhelm Studer. Für die Entwicklung des Gesamtkonzepts und die Projektvernetzung danken wir Gunter Ehni sowie dem Projektteam Barbara Honner, Bärbel Strasser und Walter Lachenmann.

Bildnachweis

Bäuerle: 5/6, 23, 55, 100 u., 103, 115, 139 u. l.
Blessing: 123, 135 o. M.
Brettfeld: 42, 94 o.
Briemle: Vorsatz, 7, 29 o. r., 47, 54 u., 63 u. r., 68 M. l., 74 u., 78 M., 81 M. l., 83 M. u., 88 u., 92 M. l., 92 u., 93 u., 118 l., 131 u. r.
Dittes: 66 o., 86 l.
Elsäßer: 60 o., 63, 83 u. l.
Fink: 12, 49, 51 r., 58, 61 u., 66 u., 80, 82, 95, 106
Göthel: 9, 30, 76 o., 84 u., 87 o., 87 M. l., 90 r., 94 u. l., 98 o., 112 u.
Hafen: 15
Hildebrand: 11, 46 u. l., 68 o. l., 77 o., 88 o., 98 u., 99 M. l., 99 u., 126 u. r.
Hornung: 51 o., 135 o. r.
Hutter: 3/4, 6, 13, 17, 18 o. r., 50 u., 52 o., 53, 56 o. l., 56 o. r., 57, 61 o., 62, 63 o., 65 u., 67 o. l., 67 o. r., 70 u. l., 90 o., 93 o., 96 l. u., 110, 118 r., 119, 125 r., 131 l., 139 o. l., 142, Umschlagvorderseite u. M.
Limbrunner: 26 u. r., 27, 29 l., 29 r., 35, 40 o., 40 u., 43, 59, 66 M., 67 u., 72, 73 o., 74 o., 75 o., 77 u., 79 r., 81 u., 85 o., 86 r., 89, 90 u. l., 91, 105, 112 o., 113, 121, 125 l., 127, 128, 132, Umschlagvorderseite großes Bild, u. l., u. r., Einklinker l., r., Umschlagrückseite
Mauritius: 22 (Reinhard)
Merbach: 135 o. r.
Meßner: 96 r., 97
Natterer: 60 u.
Naturkundemuseum Stuttgart: 8 (Lumpe)
Neubacher: 39 o. l., 69 o., 94 M. l., 94 M. r.
Nill: 19, 46 o., 46 u. r., 50 o., 52 u. r., 56 u., 64 o., 107, 108, 109, 130, 135 M. r., 150
Norddt. Naturschutzakademie: 84 o., 85 u.
Rastätter: 70 u. M.
Rösler: 114
Schreiner: 69 u.
Schrempp: 102
Stöcker: 71, 76 u., 78 o., 122
Umweltbild: 14 (Kratz), 64 u. (Kratz), 65 o. l. (Möbus), 65 o. r. (Kratz), 70 o. (Möbus), 81 o. (Schneider), 81 M. r. (Möbus), 87 M. r. (Arndt), 92 o. (Kratz), 135 M. l. (Mastmann)
Vogt: 78 u.
Wothe: 2, 18 o. l., 26 u. l., 54 o. l., 54 o. r., 68 o. r., 68 M. r., 68 u., 70 M., 73 u., 75 u., 79 l., 83 o., 93 M., 94 u. r., 96 o., 99 o. r., 100 o., 100 M., 101 u., 126 o., 126 u. l.
Wüstenberg: 101 o., 139 o. r.

Bewohner offener Wiesenlandschaften: Steinkauz

Stichwortverzeichnis

abbrennen 35
Agrarfabrik 114
Allelopathie 117
Allmende 14
Allmendflächen 18
Almauftrieb 25
Almen 66
Almwirtschaft 100
Alpgenossenschaft 25
Alpine Kalkmagerrasen 100
Alpine Sauerbodenrasen 98
Ammoniak-Abdampfung 117
Ansaat 131
Apfelsorten 24
Apollofalter 89
Artenverarmung 128
Auerochse 11
Aufforstung 113
Aufforstungsverbot 134
Ausbreitung 18
Aushagerung 16

baden-württembergisches Biotop-
  schutzgesetz 89
Bahnböschungen 37
bandförmige Biotopstrukturen 29, 37
Baumhöhlen 22
Besucherlenkung 101
Binnendünen 86
Biosphärenreservat 72
Biotopkartierung 19, 135
Biotop-Neuanlage 133
Birkhuhn 82
bodensaure Kleinseggenwiesen 80
Bodenschutz 38
Borstgras 82
Borstgras-Magerrasen 82
Boxenlaufstall 106
Brache 21
Brachegräser 117
Braunkehlchen 125 ff.
Breitblättriger Ampfer 109
Bremer Wesermarsch 129 f.
Bröckelverluste 50
Bruchwälder 78
BSE 124
Buckelwiese 112

Calluna-Heide 84
Christbaumkultur 112
Corn belt 111

Dämme 29
dengeln 104
Denitrifikation 40
Deutsches Weidelgras 62
Deutsches Weideschwein 109
Diemen 105
Düngung 120

EG-Exensivierungsprogramm MEKA 122
Eindeichung 97
Einstreumaterial 15
Elbe 130 f.
Elbtalauen 74, 131
Erholungsgebiete 46
Erzeugerpreis 113
Eutrophierung 69
Eutrophierung durch Luftschadstoffe 121
Extensivgrünland 123
Extensivierungsprogramme 122, 129

Fairway 34
Favoritepark 30
Feldhäcksler 107
Felsenbrüter 89
Fertigrasen 32
Fichtenforste 113
Fichtenmonokulturen 113
flächenunabhängige Betriebstypen 114
Florenverfälschung 131
Flugplätze 36
Flugsandgebiete 86
Flurbereinigung 37, 113
Frische bis feuchte Glatthaferwiese 54
Fungizide 33
Futterbaubetrieb 106

gedüngte Feucht- und Nasswiesen 72
Gehölzanflug 71
Geilstellen 25
Genehmigungspflicht 134
Gewässerrandstreifen 142
Glatthafer 52
Glatthaferwiese 64
Goldhafer 64
Goldhaferwiese 64
Goldrute 70
Golfrasen 33
Golfsport 34
Grabwespen 27
Grasnarbe 32
Great Plains 9
Green 34
Greenkeeper 34, 35
Grenzertragsstandorte 117
Großflughafen München II 36
Großseggenwiesen 76
Großtrappe 129
Grummet 14, 107
Grundwasser 42
Grünlandumbruch 110
Gülle 116
Gülle-Flora 121
Güllewirtschaft 116, 121

Habitatansprüche 44
Halbtrockenrasen 93
Hauswiesen 138
Heidekraut 84, 85
Heidschnucken 85

Heimtierfutter 137
Herbizide 58
Herbstmahd 15
Heublumensaat 109
Heuernte 104
Hochäcker 13
Hochleistungskühe 20
Hochstaudenflur 21, 73
Hochwasserereignisse 110
Hofdüngung 50
Hohenloher Fleckvieh 109
Höhlenbrüter 22
Hortisol 58
Hortobagy-Nationalpark 9
Hude- und Triftweiden 13
Hutungen 12, 18

Isolationseffekt 110

Jahresmilchleistung 21

Kalk-Kleinseggenwiesen 78
Kalk-Magerweiden 94
Kalk-Pfeifengraswiese 15
Kalk-Trocken- und Halbtrockenrasen 92
Karlsruher Grünland-Erklärung 140
Keimfähigkeit 132
Kleintierzucht 37, 138
Konkurrenzkraft 117
Kontinentaler Steppenrasen 90
Kopfdünger 117
Kreiselheuer 107
Kriechrasen 33
Kulturlandschaft 22, 104
Kumpf 19

Lagg 68
Landröhrichte 74
Landschaftspflege 137
Landschaftspflegerichtlinien 123
Landwirtschaftliche Produktionsgenossenschaft
  112
Laube 13, 38
Laubheu 13
Lockere Sandrasen 86
Löwenzahn 60
Luftverunreinigung 121

Magerkeitszeiger 93, 121
Mähbalken 20
Mähfrequenz 140
Mähgeräte 140
Mähweide 60
Mammut 8
Mecklenburg-Vorpommern 123
MEKA (Marktentlastungs- und Kulturlandschafts-
  ausgleich) 122, 125
Messerbalken 107
Milchkraut 66
Milchkrautweide 66
Milchquotenregelung 110
Milchsäuregärung 107, 115

Milchviehhaltung 106
Mineraldünger 11, 116
Mitteleuropäischer Einheitsrasen 58
Mongolisches Wildpferd 8
Monokultur 110
Moosrasen 34
Mykorrhiza-Pilze 120

Nachhaltigkeit 13
Nährstoffentzug 118, 121
Nährstoffverarmung 16
Narbenlücken 109
nasse Hochstaudenbestände 70
Nationalpark Unteres Odertal 76, 130
Naturpark Feldberg Lychener-Seenlandschaft 78
Naturpark Lüneburger Heide 84
Naturpark Niederlausitzer Heidelandschaft 80
Nebenerwerb 21
Nebenerwerbslandwirt 109
Neuaussaat 134
Niederschläge 10
Niedervieland 130
Nitratauswaschung 39
Nitrifikation 40
nitrophile Pflanzen 116
Nomadenvölker 9
Nutztierrassen 123

Oberboden 31
Obergräser 52
Obstbaumsorten 57
Öhmd 14, 107
Ökoton-Effekt 57

Pampasgras 9
Pfeifengras-Streuwiesen 68
Pfeifengraswiese 15
Pferdekoppel 19
Pflanzenarten 18
Pflege des öffentl. Grüns 139
Pisten 100
Plaggen 84
Priele 96
Przewalski-Pferd 8
Pufferzone 70
Puszta 9, 28

Quecken-Halbtrockenrasen 21
Queller 26

Rasenmäher 31
Rasensaatgut 32
Regelsaatgutmischungen 32
Rheinstetten 28 f.
Rodungswellen 13
Rohhumus 82
Rohhumusbildung 84
Rosensteinpark Stuttgart 30
Rosettenpflanzen 52, 120
Rot- und Schwarzwildpark Stuttgart 30

Rote Liste 112
Rote-Liste-Arten 49
Rühstädt 130

Saarland 125
Saatgutverkehrsgesetz 132
Salzrasen 26
Salzwiesen 26, 96
Salzwüste 28
Sand- und Felsgrus-Trockenrasen 88
Sandabbau 28
Sandrasen 26, 27
Säuberungsschnitt 25
Saumgesellschaften 51
saure Niederschläge 67
Schäferei 13
Schirm-Akazien 9
Schlegelmäher 33
Schleswig-Holstein 123
Schlick 26
schneiteln 134
Schnitthäufigkeit 120
Schorfheide Chorin 72
Schwadbrett 107
Schwaden 19
Schwarzerdegebiete 8
Schweinemast 17
Schwermetallrasen 102
Sensendengeln 19
Sensenkurs 21
Sichelmäher 33
Silage 107, 115
Silbergras-Fluren 86
Skizentren 31
Sommertrockenheit 28
Sozialbrache 12
Spindelmäher 33
Stallmist 121
Standortnivellierung 113
Standortproduktivität 44
Standweide 14, 25
Steppe 8, 9
Steppenrasen 28
Steppenvegetation 90
Stickstoffeintrag 121
Stickstoffliebende Pflanzen 25
Stickstoffsammler 134
Stilllegungsprogramm 113
Strandnelke 26
Straßenböschungen 37
Streugewinnung 68
Streuobstwiese 23, 56
Streuwiesen 15
Strukturwandel 104
Symbiose 120

Tataren 8
Trampelpfade 99, 100
Trinkwasserreserven 42
Trinkwasserschutz 38
Trittbelastung 33
Trittsteinbiotop 97

Trockene Glatthaferwiese 50
Trockenrasen 93
Trockenrasenpflege 134
typische Tal-Glatthaferwiese 52

Überdüngung 116
Übergangsmoor-Seggenrasen 80
Umbruchverbot 134
Umtriebs- oder Rotationsweide 14, 63
Unkrautvernichtungsmittel 35
Unter- und Mittelgräser 52

Vegetationsruhe 136
Verdichtungsschäden 79
Verkehrsflughäfen 36
Verlandungsröhrichte 74
Vermarktungsstrategien 129
Vielschnittwiese 60
Vorlandgewinnung 97
Vorratsdünger 117

Wacholder 95
Wacholderheiden 94, 95
Wachtelkönig 127
Waldbodenpflanzen 38
Waldweide 16
Wanderschäferei 95
Wässerwiesen 24
Wattenmeer 26, 96
Watvögel 26
Watussi 9
Weidelgras 109
Weidelgras-Weißkleeweide 62
Wespenspinne 21
Wetzstein 19
Wiesenbrüterprogramm 124
Wiesenpflege 105
Wiesenvögel 44, 125
Wiesenwässerung 24
Wildbienenarten 87
Winterfutter 11, 38
Winterweide 17
Wisent 11
Wochenendhausgebiete 31
Wuchsstoffherbizide 33